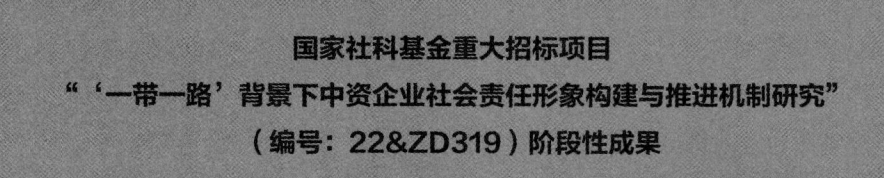

国家社科基金重大招标项目
"'一带一路'背景下中资企业社会责任形象构建与推进机制研究"
(编号:22&ZD319)阶段性成果

共享与善治
网络媒体与平台社会责任治理

INTERNET MEDIA

包国强 黄 诚 著

中国社会科学出版社

图书在版编目（CIP）数据

共享与善治：网络媒体与平台社会责任治理／包国强，黄诚著.
—北京：中国社会科学出版社，2023.10
ISBN 978 - 7 - 5227 - 2389 - 1

Ⅰ.①共⋯　Ⅱ.①包⋯②黄⋯　Ⅲ.①计算机网络—传播媒介—社会责任—研究—中国　Ⅳ.①G219.2

中国国家版本馆 CIP 数据核字（2023）第 143877 号

出 版 人	赵剑英	
责任编辑	张　玥	
责任校对	杨　林	
责任印制	戴　宽	

出　　版	中国社会科学出版社	
社　　址	北京鼓楼西大街甲 158 号	
邮　　编	100720	
网　　址	http://www.csspw.cn	
发 行 部	010 - 84083685	
门 市 部	010 - 84029450	
经　　销	新华书店及其他书店	
印　　刷	北京明恒达印务有限公司	
装　　订	廊坊市广阳区广增装订厂	
版　　次	2023 年 10 月第 1 版	
印　　次	2023 年 10 月第 1 次印刷	
开　　本	710×1000　1/16	
印　　张	19.5	
插　　页	2	
字　　数	292 千字	
定　　价	109.00 元	

凡购买中国社会科学出版社图书，如有质量问题请与本社营销中心联系调换
电话：010 - 84083683
版权所有　侵权必究

目　录

第一章　导论 ……………………………………………………（1）
　第一节　开展网络媒体及其平台"社会责任治理研究"
　　　　　迫在眉睫 …………………………………………（1）
　第二节　人类命运共同体观照下的传媒社会责任的内涵及
　　　　　基本内容 …………………………………………（7）
　第三节　信息爆炸与传播社会责任的挑战与回归 ………（20）
　第四节　构建人类命运共同体成为媒介社会责任的追求 ……（33）

理论篇

第二章　网络媒体及平台与社会责任理论 ……………………（45）
　第一节　网络媒体社会责任研究综述 ……………………（45）
　第二节　传媒社会责任的主体与客体 ……………………（52）
　第三节　传媒社会责任履行的意义、作用和功能 ………（55）
　第四节　网络媒体社会责任的内涵多维解读 ……………（63）
　第五节　网络媒体企业社会责任特征 ……………………（72）
　第六节　网络媒体社会责任层次模型及层次关系 ………（76）

第三章　中国特色社会主义网络媒体社会责任体系 …………（86）
　第一节　深刻认识新时代中国特色媒体社会责任体系构建的
　　　　　重大意义 …………………………………………（86）

第二节　中国特色媒体社会责任体系及其主要内容 ………… (89)
　　第三节　如何践行中国特色社会主义媒体社会责任 ………… (94)

第四章　媒体社会责任价值体系构成及内生逻辑 ………… (98)
　　第一节　新闻价值体系:尊重新闻规律,复归与夯实新闻本位,
　　　　　　满足受众的新闻需求 ………………………………… (99)
　　第二节　公益价值体系:努力做社会的建设者,对社会
　　　　　　发展负责 …………………………………………… (101)
　　第三节　市场价值体系:尊重经济规律,赢得消费者,承担
　　　　　　经济责任 …………………………………………… (103)
　　第四节　中国特色媒体社会责任的四大价值体系:内在逻辑
　　　　　　与命运共生 ………………………………………… (106)

机制与评价篇

第五章　大数据时代网络媒体社会责任治理机制研究 ………… (111)
　　第一节　网络媒体的社会责任治理机制构成及关系 ………… (112)
　　第二节　如何构建网络媒体治理机制 ………………………… (119)

第六章　网络媒体社会责任评价指标体系及模型研究 ………… (123)
　　第一节　研究方法及网络媒体社会责任评价体系的建立 …… (123)
　　第二节　网络媒体企业社会责任评价指标体系的确立原则及
　　　　　　指标体系内容解读 ………………………………… (126)
　　第三节　运用层次分析法分析 ………………………………… (128)
　　第四节　应用举例 ……………………………………………… (131)

**第七章　基于科学评价的对我国网络媒体社会责任的整体
　　　　　测度与分析** ………………………………………… (134)
　　第一节　调查背景及说明 ……………………………………… (134)

第二节　调查结果及分析 …………………………………（136）

策略篇

第八章　我国网络媒体企业社会责任管理体系的建构 …………（157）
　　第一节　我国网络媒体企业社会责任管理的现状分析 ………（157）
　　第二节　我国网络媒体企业社会责任管理体系的
　　　　　　一般范式 ………………………………………………（160）
　　第三节　我国网络媒体企业实施社会责任管理的
　　　　　　一般路径 ………………………………………………（165）

第九章　网络媒体社会责任综合治理体系 ………………………（175）
　　第一节　网络媒体社会责任治理体系的内涵及原则 …………（175）
　　第二节　网络媒体社会责任治理体系模型及解析 ……………（177）

第十章　善治与共享：我国网络媒体社会责任治理路径 ………（184）
　　第一节　网络媒体社会责任：从"管理"到"治理" ……………（185）
　　第二节　网络媒体社会责任的内部治理路径 …………………（187）
　　第三节　网络媒体社会责任治理的外部治理 …………………（189）
　　第四节　强化网络空间社会责任综合治理 ……………………（192）

**第十一章　基于社会责任的网络谣言及网络信息传播的
　　　　　　综合治理** …………………………………………（196）
　　第一节　"网络谣言"相关研究述评 ……………………………（197）
　　第二节　深刻认识网络谣言及网络信息治理意义 ……………（202）
　　第三节　网络谣言的再认知 ……………………………………（205）
　　第四节　网络谣言的传播机制 …………………………………（215）
　　第五节　网络谣言及网络信息治理的对策 ……………………（219）
　　第六节　网络舆情的疏通与引导 ………………………………（228）

案例篇

第十二章 网络平台社会责任治理体系构建 …………… (235)
　第一节　互联网平台概况 ………………………………… (235)
　第二节　互联网平台和互联网平台企业界定及特征 …… (243)
　第三节　网络平台社会责任的主要成就、问题及
　　　　　原因、对策 ……………………………………… (249)
　第四节　构建网络传播平台社会责任治理体系 ………… (262)

**第十三章 多方较力下的平台责任：基于《王者荣耀》青年守护
　　　　计划案例** ……………………………………… (273)
　第一节　问题的提出 ……………………………………… (273)
　第二节　文献回顾：青少年在数字游戏的权益研究 …… (276)
　第三节　政企合力："青少年模式"的探索 …………… (279)
　第四节　实践漏洞："青少年模式"的反思 …………… (281)
　第五节　对策思考：基于《王者荣耀》的青少年模式
　　　　　优化路径 ………………………………………… (284)

参考文献 ………………………………………………… (290)
后记 ……………………………………………………… (303)

第一章　导论

第一节　开展网络媒体及其平台"社会责任治理研究"迫在眉睫

互联网作为人类科技生产力的重大进步，给人类社会发展带来了巨大的冲击和变化。以互联网技术为基础的网络媒体及其平台日新月异，发展迅猛，网络媒体的社会责任治理，也是一个不容忽视的问题，这事关互联网行业健康发展，事关国家安全与治理。党的十九届四中全会明确提出"推进国家治理体系和治理能力现代化"的国家战略。网络媒体及平台（以下简称"网络平台"）作为平台（共享）经济社会发展新动能，是网络时代生产力、传播力的新型组织形式，不仅是新时代生产和传播体系的重要生力军，而且是"国家治理体系和治理能力现代化"的重要推动者和建设者，网络平台作为平台（共享）经济时代先进生产力的代表，肩负着重要历史责任和社会责任，是国家创新驱动战略的重要实施者，是提升国际竞争新优势的重要塑造者，其社会责任治理成为国家治理及传播治理不可或缺的关键内容。

互联网被称为"20世纪末人类社会最伟大的创造"。网络媒体将如何更好地坚守社会责任，如何处理好经济效益和社会效益的关系，关乎互联网行业发展乃至社会稳定与国家安全。网络时代，百媒丛生。公共媒体和自媒体各领风骚。数量众多的自媒体，一度成为监管的难题，有一点可以确认，即自媒体一旦拥有大众传播的属性，它就和传

第一章 导论

统的广播电视、报刊门户网站一样，具有一定的公共性，必须担当起对公众的社会责任。

众所周知，媒体的社会责任是构建其公信力的重要基石，决定着媒体舆论引导作用能否发挥及发挥的程度。大众媒体，包括网络媒体的社会责任问题，从一开始就被社会和政府高度关注。2016年4月19日，习近平总书记在网络安全和信息化工作座谈会上，对互联网企业承担的社会责任就提出了要求，"我们要本着对社会负责、对人民负责的态度，依法加强网络空间治理，加强网络内容建设，做强网上正面宣传，培育积极健康、向上向善的网络文化，用社会主义核心价值观和人类优秀文明成果滋养人心、滋养社会，做到正能量充沛、主旋律高昂，为广大网民特别是青少年营造一个风清气正的网络空间"。[①]

随着社会、经济、文化的发展，网络媒体社会责任理论研究不断深入，越来越多的网络媒体认识到，经济利益与社会责任并非截然对立，而是相互依存、互为基础的。网络媒体通过承担社会责任，"一方面可以赢得社会声誉和组织认同，同时也可以更好地体现自己的文化取向和价值观念，为自身发展营造更好的社会氛围，使网络媒体得以保持生命力，长期持续地发展。"[②] 构建我国网络媒体社会责任评价体系，对于引导和规范网络媒体企业行为，推动我国网络媒体企业把追求经济效益与履行社会责任有机统一起来，实现科学发展、可持续发展，促进社会和谐，具有十分重要的意义。

网络媒体已深入人民的生活，其影响日益巨大和深远，同时其负面问题和影响也日益凸显，突出表现就是社会责任缺失，这已引起整个社会和政府的高度关注。对网络媒体来说，秉持社会责任感比以往任何时候都更重要，但理论研究明显不足，尚没有一套完整社会责任理论体系对网络媒体履行社会责任予以指导，没有一套完善的评价指标体系对网络媒体社会责任进行全面评价。因此，构建科学的网络媒

---

① 中共中央文献研究室编：《习近平关于青少年和共青团工作论述摘编》，中央文献出版社2017年版，第36页。

② 王占雷：《关于企业社会责任的再思考》，《经济师》2018年第6期。

体社会责任治理机制和评价指标体系就显得迫在眉睫。

强调媒体社会责任的重要性并不能解决其社会责任缺失问题，对于媒体来说，相比各种利益集团的诱惑与压力，研究者和社会的道义呼声显得十分苍白，关键在于如何治理。① 因此，开展我国网络媒体社会责任治理的理论与实践研究在当下就显得十分必要。

一 是构建和谐社会的需要

切实履行社会责任是构建社会主义和谐社会过程中对新闻领域提出的要求。新闻媒体的一切传播活动都必须以维护公共权利和公众利益为根本准绳。而建设社会主义和谐社会，就是要使全社会形成"民主法治、公平正义、诚信友爱、充满活力、安定有序、人与自然和谐相处"的社会。② 在构建社会主义和谐社会的过程中，离不开新闻媒体通过正确行使党、国家和人民赋予的权利，积极履行社会责任，正确引导舆论，做好新闻宣传工作，为实现和谐社会做好服务。新闻媒体在构建社会主义和谐社会过程中应承担以下责任：正确引导社会舆论，维护社会主义核心价值；实施舆论监督职能，为公众搭建平等的意见表达平台，促进社会和谐；真实全面地传播社会信息，为公众提供高质量的信息服务；继承与发扬先进文化，抵制社会低俗之风，促进社会进步文明等。

二 是全社会、法律与道德对网络媒体及平台的必然要求

媒体的活动涉及社会生活诸多方面，事关国家和人民，因此其影响范围十分广泛。积极履行社会责任，承载着全社会对新闻媒体深厚

---

① 参见包国强《强化媒体社会责任意识 建立传媒社会责任报告制度》（2013年中共中央宣传部、湖北省委宣传部、《湖北日报》委托调研报告）；江作苏《媒体建立社会责任报告制度势在必行》，《新闻战线》2014年第1期；包国强、张曼《简论报刊社会责任评价模型》，《新闻传播》2012年第4期。

② 杨江涛：《新闻报道应当注意的问题》，《新闻采编》2010年第12期。

而迫切的期望和要求。

媒体的政治、经济以及社会属性决定了其必须要承担遵守现行法律法规以及社会主流道德义理的责任。作为重要的社会力量之一，新闻媒体需要履行作为社会组织所应承担的法律和伦理义务，具体包括深入宣传贯彻党的路线方针政策，自觉履行政治责任，客观公正地反映社会现实、真实地报道社会热点事件、正确行使其作为社会公器和舆论监督的权利、积极投身社会公益事业、制作公益广告等。

"新闻媒体社会责任不仅表现在传播的一般理性和道德层面，而且要体现在所有的传播行为之中。"[1] 因此，我国社会主义价值观也对媒体行为提出要求，要求其在行使工作职能时必须遵循合理的道德伦理观，要弘扬社会正气，以贴近群众和生动活泼的形式报道事实，监督社会生活的各个方面。通过提供准确的信息服务、客观的事实报道，服务社会，服务国家。

三 是网络媒体及平台提升自身的公信力和传播价值，实现媒体可持续发展的必然选择

媒体与一般社会组织有所不同，它因占有一定的稀有公共资源而拥有某些特殊的权利，进而为其带来巨大的影响力。媒体凭借这种资源优势所产生的影响力效应，为自身创造了巨大的经济价值。只有胸怀强烈社会责任感的媒体才能将高度的自律贯穿于日常的行为当中，才能始终坚持正确的舆论导向，以客观公正的态度报道事实、传播信息，树立高雅的媒体品格，从而获得公众的高度信赖，产生公信力。媒体公信力与媒体的传播价值之间相互作用，互为因果。只有具有高公信力的媒体，才能获得更多公众的注意力，从而创造出可观的注意力经济，此时新闻媒体的传播价值才能最大化地发挥出来；而具有高传播价值的新闻媒体，因其拥有更多的媒体资

---

[1] 冯臻、涂颖清：《新形势下新闻媒体的履行社会责任的动因及途径》，《重庆科技学院学报》（社会科学版）2012年第20期。

源,可以更大限度地发挥自身的功能,并更好地履行自身职责,从而进一步提升自身公信力。因此,主流媒体通过切实履行社会责任提高公信力和传播价值,使自身能够始终保持主流媒体的地位,并以此实现可持续发展。

四 是我国新闻媒体增强国际传播力和参与国际经济文化交流合作的前提条件与客观需要

在全球化趋势日益深入的今天,履行社会责任已成为各国新闻媒体的共识。党的十八届三中全会强调"提高国际传播能力,增强国家文化软实力"的目标,而中国的外宣工作成为实现这一目标的重要组成部分。"全面履行社会责任,提升中国传媒的国际影响力,对树立负责任的发展中大国形象具有重要作用。"[①] 因此,提升我国新闻媒体的国际传播能力就显得尤为重要。国际传播能力建设需要新闻媒体履行社会责任,因为国际社会早已将其视为评价一国新闻媒体实力的重要标准之一。我国的新闻媒体可以通过树立积极履行社会责任的良好形象,来提升和扩大自身在国际范围内的声誉和认可度。因此,新闻媒体社会责任也成为国际影响力的重要体现。

五 是网络媒体及平台的"公共性"要求其必须承担社会责任的义务

新闻媒体作为某些特殊公共资源的受托使用者,具有明显的公共属性。"新闻媒体在工作中必须使用到的资源,例如频道、频率、刊号等属于国家重要的战略性资源,是国家'软实力'的重要组成部分。"[②] 国家和公众既然将这些重要的公共资源托付于新闻媒体,赋予其近乎无偿的使用权利,也就表明了其对新闻媒体能够合理使用这些

---

① 江作苏:《公信力寓于履责尽责之中——社会需求我国出版单位实施"社会责任报告制度"》,《出版发行研究》2014年第1期。
② 冯臻、涂颖清:《新形势下新闻媒体的履行社会责任的动因及途径》,《重庆科技学院学报》(社会科学版)2012年第20期。

第一章 导论

资源维护公共利益的期望。自由与义务是相伴相生的，新闻媒体自由是使用公共资源的前提和最终落脚点，都是要履行承担社会责任的义务。合理运用这些公共资源，对于正确引导社会舆论、顺畅传达政策法规、传播社会信息、维护社会正常秩序、弘扬先进文化、维护国家信息安全和文化主权等方面都具有战略性的意义。因此，新闻媒体的"公共属性决定其行为必须符合社会责任的要求，要求其必须严格规范自身的行为"。[①]

媒体社会责任问题一直是党和国家高度关注的问题，党和国家历来重视。中国特色的媒体社会责任理论与马克思主义新闻观理论是相辅相成，相得益彰的，将共同为我国新闻事业的健康、可持续发展打下良好的思想基础。

媒体社会责任始终是媒体发展的根本问题，贯穿整个媒体发展史和人类发展史，其中媒体能否积极履行社会责任，对于媒体功能的正常和超常发挥具有决定性作用，人类社会发展离不开媒体的传播推动和传播协商，负责任的媒体对于国家、民族、世界、人类的健康发展具有重大意义。当下，人类发展面临诸多严峻问题，媒体更应积极承担社会责任，推动人类命运共同体的发展。

随着互联网的发展，媒体社会责任问题当下越发严重失范，传媒企业化、自媒体普及化所面临问题的复杂化，越发严重，强化未来专业传媒人的媒体社会责任意识和管理能力十分必要。人类命运共同体观照下的媒体社会责任管理的研究，将为形成中国特色的媒体社会责任理论研究体系打下一定的学科基础。传媒社会责任不仅是一个理论问题，更是一个实践问题，不仅是一个伦理的问题，更是一个管理的问题。传媒社会责任管理创新研究是新闻传播学理论与管理学理论交叉融合的一个新学科。本书致力于推动中国特色媒体社会责任理论体系的形成，推动中国媒体社会责任理论研究、教学实践的全球话语权

---

① 包国强、江作苏、黄诚、梁锋等：《强化媒体社会责任意识　建立传媒社会责任报告制度》（2013年中共中央宣传部、湖北省委宣传部、《湖北日报》委托课题调研报告）。

构建。

本书着力于网络媒体社会责任理论体系建设，构建我国网络媒体社会责任治理理论，解析网络媒体社会责任典型案例，为网络媒体履行社会责任提供理论支持和参考。本书应用实证分析法，研究影响网络媒体社会责任的因素，构建网络媒体社会责任评价指标体系和模型，从定量角度对其履行社会责任水平加以分析并提出合理化建议。

本书对促进网络媒体全面、深入履行社会责任，具有重要理论和现实意义：首先，推进我国网络管理制度与体制创新，促进政府更有效地对网络媒体实行监管，更好地指导网络媒体最大限度履行社会责任。其次，网络媒体社会责任评价指标体系的建立有利于政府主管部门对网络媒体进行分类评估，也有助于网络媒体评估其履行社会责任综合效果，引导我国网络媒体更好履行社会责任和媒体使命，实现可持续发展。最后，进一步丰富了我国网络传播学、媒体社会责任理论、媒介经营与管理等交叉理论研究和实证研究及内容。

第二节 人类命运共同体观照下的传媒社会责任的内涵及基本内容

传媒对现代社会的影响持续增强。媒介化生存、媒介化社会、媒介化政治等相关概念不断涌现，揭示了信息时代的媒介对相应领域的深刻影响。媒介已成为现代信息基础设施的重要组成部分，在从事信息生产传播和经营活动的同时，必然需要履行社会责任。

一 什么是社会责任

"社会"既指由一定的经济基础和上层建筑构成的整体，也泛指由于共同物质条件而相互联系起来的人群。① "责任"在现代汉语中所表达出的最普遍、最一般的含义是：责任是出于社会生活和社会事实

---

① 参见《现代汉语词典》（第7版），商务印书馆2018年版。

中特定的角色、职务等所应当承担的职责，它是我们分内应做之事或没有做好分内应做之事而应承担的过失。① "责任"不仅是在强调个人需要承担的私德，更主要是在强调一种社会公德，是一种社会发展和进步的精神力量。

中国传统文化蕴含着丰富的社会责任伦理思想，发挥着净化个人精神世界、约束个人和群体行为、促进社会安定团结的作用。② 现代中国社会责任观则以社会主义核心价值观为基础，继承和弘扬了中国优秀传统文化中的责任伦理思想，批判地吸收了西方现代社会责任观念中的有益成果，形成了具有中国特色的社会主义新型责任体系，具有丰富内涵和重要意义。

履行社会责任的主体不仅包括政府，还包括广大企业、各种营利性和非营利性组织以及个人等。国际标准化组织（International Organization for Standardization，ISO）于2010年发布的社会责任国际标准ISO26000将社会责任定义为"组织通过透明和合乎道德的行为，为其决策和活动对社会和环境的影响而承担的责任"③。该标准是国际各利益相关方代表对社会责任达成的基本共识性成果，概括并表达了社会责任的基本特征和发展趋势，将企业社会责任（Corporate Social Responsibility，CSR）推广到任何形式组织的社会责任（SR），将社会责任融入组织战略和日常活动，④ 支持组织实现可持续发展。

二　传媒社会责任的定义、本质与内涵

传媒社会责任从传媒所处的社会关系中诞生，社会制度、媒介体制以及媒介性质都对传媒社会责任的界定有重要影响，在内涵与外延方面既有共性也有特性。

---

① 参见《现代汉语词典》（第7版），商务印书馆2018年版。
② 解琳那：《现代中国社会责任伦理构建研究》，博士学位论文，陕西师范大学，2018年。
③ 李伟阳：《社会责任定义：掌握ISO26000标准的核心》，《WTO经济导刊》2010年第11期。
④ 孙继荣：《ISO26000——社会责任发展的里程碑和新起点》，《WTO经济导刊》2010年第10期。

从历史沿革来看，传媒的社会责任理论是对传媒的自由至上主义的重大修正。1947年3月，新闻自由委员会发布了具有里程碑意义的调查报告《一个自由而负责的新闻界》，认为美国新闻自由不仅面临政府可能和正在开展的加强新闻管制的风险，还有来自新闻界内部的集中趋势问题。委员会宣布"新闻界担负起新的公共责任的时刻已经来临"。至此，美国的新闻自由史从报刊的自由自上主义理论转向了报刊的社会责任理论，要求新闻界承担为公众利益服务的责任。1956年施拉姆等出版的著作《传媒的四种理论》全面论述了传媒的社会责任理论，强调"自由与责任相伴而生"，传媒在宪法保障下享有特殊地位，具有大众传播的重要功能，因此有义务对社会承担责任。① 20世纪80年代，随着传媒竞争日趋激烈，商业利益与社会利益冲突更加强烈，引发了对传媒社会责任论的更多理论关注和研究探讨，② 著作成果丰富，在信息技术迅速发展之后，对网络媒体和社交媒体应承担的社会责任展开了多方面的研究，核心在于确保新闻报道和信息传播活动符合真实性、客观性和公正性的标准，对公众和社会负责。

中国新闻学界和业界对于新闻媒体承担社会责任有广泛共识，认为媒体拥有国家和社会公众所赋予的传播权利，同时也应承担相应的社会责任。新闻媒体应从社会的政治、经济、文化及伦理等多方面来理解并履行社会责任，即需要从一定的政治制度、经济制度和社会文化与道德意义上来认识并履行社会责任。③ 主流新闻机构作为政府的喉舌，承担着坚持正确舆论导向、传播国家主流意识形态、营造社会共识和舆论监督等重要功能和责任。中国的传媒产业同时具有事业属性和产业属性。市场化传媒机构、包括网络媒体时代产生的自媒体等商业化组织和个人，在实现自身经济效益的同时，也需要履

---

① 参见［美］西伯特、施拉姆等《传媒的四种理论》，戴鑫译，中国人民大学出版社2008年版，第62页。
② 参见贺琛《新闻传播者的道德责任研究》，博士学位论文，中南大学，2013年。
③ 参见郑保卫《权力·责任·道德·法律——兼论新闻媒体的属性、职能及行为规范》，《国际新闻界》2005年第4期。

第一章 导论

行传播客观真实内容、坚持正确价值导向、服务公众利益等基本社会责任。

综上所述，本书将媒介社会责任界定为：新闻媒体在从事信息传播活动和经营活动的过程中，所应承担的维护和增进社会公共利益的职责和义务。

新闻媒体在从事内容生产、信息传播和广告经营、活动经营、平台经营等一系列活动的过程中，必然会与新闻媒体所处的现代社会环境中的其他社会成员形成各种形式的关系，包括新闻媒体与受众之间的以内容传播为主的传受关系、新闻媒体与股东等利益相关者之间的经济关系和新闻媒体与国家管理机构之间的规制关系等。新闻媒体与其他社会成员之间的各种关系对于敛声屏气传播业本身的健康发展、持续发展有重要影响，因此新闻媒体会产生重视并主动维护这些社会关系的内在要求，即承担社会责任。因此，媒介社会责任的本质就在于为了持续健康发展而维护与其利益相关的媒介受众、利益相关者、国家管理机构等其他社会成员之间的关系。

以报刊为代表的早期商业传媒机构主要追求发行量和广告市场份额等直接的经济利益关系。随着广播、电视和互联网等媒介技术和产品不断发展，新闻媒体对社会公众、公共利益的影响力与日俱增，早已超越了直接的经济利益关系，形成了新的、更为系统化的"义利观"，即内涵更为复杂多元的现代传媒社会责任。社会公众要求新闻媒体承担更为多样的社会责任，以满足不同社会关系成员及社会整体对于媒体的需求和期待。在这种新型"义利观"中，"义"和"利"并非截然对立的，可以并行不悖，行"义"能够生"利"，而行"不义"而会害"利"。[①] 也就是说，新闻媒体被广泛的社会成员要求重视并主动履行社会责任，这也能够为传媒获取更多利益，以及可持续发展带来积极影响；媒体拒绝履行或损害社会公共意义，则会对新闻媒体自身带来不利影响。从而，媒介社会责任对于媒体逐渐"内生化"，

---

① 参见环境与发展研究所《企业社会责任在中国》，经济科学出版社2004年版。

媒体自愿承担社会责任。

对于媒介社会责任的内涵，既有研究存在多种措辞或表述。从中国的媒体制度及媒体性质考量，媒介社会责任可包括坚持正确舆论导向、服务于国家和社会的发展和满足受众日益增长的精神文化生活需要。① 从社会责任的类型考量，也可将媒介社会责任划分为专业责任、职业责任和秩序守护责任。② 经对比和归纳中西方媒体理论以及企业社会责任论中的相关主要概念维度，有学者提出我国媒体应承担的社会责任主要包括九个概念维度：国家使命、价值引导、信息传播、文化传承及教化、舆论监督、社会进步、经济责任、提供娱乐以及道德法律。③

尽管表述多样，但万变不离其宗，媒介社会责任的内涵核心是一致的。从政治角度来看，媒介根植于一定的政治制度和国家治理模式之中，中国的传媒政治责任主要体现在"耳目喉舌"的功能之中，包括宣传党和国家政策、引导正确舆论、媒介监督和反映人民呼声等。④ 从经济角度来看，新闻媒体能够通过市场化运营产生经济效益，满足传媒经营者、股东、员工等直接利益相关者的经济利益，同时也能够传播经济信息和监督社会经济行为。从伦理角度来看，新闻媒体需要确保基本的新闻客观性、真实性专业伦理，服务社会公共利益，避免过度商业化、低俗化等伦理失范现象。从社会公益角度来看，传媒社会责任则包括遵守基本法律道德规范、热心社会公益慈善事业、传播与引导健康先进的社会文化等。

三 媒介社会责任的边界

媒介的社会责任理论已经成为中西方不同社会制度之下的传统媒

---

① 梁建增：《略论新闻媒体的社会责任》，《新闻战线》2007年第11期。
② 金梦兰：《媒体的社会责任》，山西人民出版社2015年版。
③ 肖利花：《媒体社会责任概念维度的归纳性分析》，硕士学位论文，中南大学，2011年。
④ 黄诚等：《基于网络空间治理的网络社会责任内涵及治理结构的多维解析》，《科技传播》2019年第11期。

第一章 导论

体、新型媒体等媒介组织和个人的一项基本行为规范，但是具体执行过程中却并非一帆风顺。其中不可忽视的原因之一，就是媒介社会责任的相关理论本身存在着模糊不清的内容界定，从而导致了社会责任泛化、窄化、弱化或虚化等问题。

媒介社会责任的泛化与虚化体现在有的媒介以追求社会责任为旗号，越过功能定位的边界，以选择性的报道、偏颇的立场或不当的炒作等方式，[①] 正当化自身的失范行为。常见的媒介社会责任泛化行为包括：第一，为树立自身公益或正义形象，不惜策划新闻甚至虚假报道，从新闻的报道者变成新闻的制造者，如"纸馅包子"事件、记者用茶水当尿液送检事件等，都引发了激烈的新闻伦理争论；第二，监督权"越位"，以舆论干涉司法、媒介道德审判或媒介主观判断先行等，如"寻找汤兰兰"事件、"苟晶"事件，以及多起司法案件中媒介或者案件当事人通过新闻报道的方式扭曲事实、放大舆论等；第三，违背社会协调、社会平衡的客观现实秩序和社会公共利益，对某些非典型事件过度渲染或过度解读，致使本来个体的、局部的事件或案件被人为放大，从而影响公众心理乃至造成恶劣后果，如媒体倾向于广泛报道受害者为女性的犯罪报道，加重公众对社会治安形势的判断、加重公众性别对立情绪等；第四，以公众知情权或公共责任的名义，或迎合某些受众的猎奇心理，侵犯私域，过度披露个人隐私、事件细节等；[②] 第五，在缺少专业知识或实际调研的情况下，在自己不熟悉的专业领域随意刊发报道、随意评论，误导公众，特别是专业性较强的医疗新闻、自然科学新闻，以及复杂性和系统性较强的公共政策制定与执行等问题。

媒介社会责任的窄化与弱化体现在某些传媒仅将承担社会责任狭义理解为公益慈善行为，而在内容报道和运营活动中不再考虑其他社会责任，一味迎合受众，注重感官刺激，吸引流量，过度商业化或娱

[①] 参见王传宝等《媒体责任的泛化及矫正》，《青年记者》2012年第22期。
[②] 参见金梦兰《媒体的社会责任》，山西人民出版社2015年版。

乐化。有的媒介组织或个人逐渐放弃维护社会公共道德或公序良俗，也不再注重内容深度或善意关怀等价值，在内容选择上注重刺激公众兴趣，不惜低俗媚俗或撕裂社会共识。如以"咪蒙"为代表的一些性别类、情感类公众号、自媒体等，刻意放大性别矛盾，放大社会交往矛盾，制造性别对立和信任危机，刺激公众情绪，追求篇篇"10万+"和广告市场份额，成了现代社会矛盾和风险的"放大器"乃至"制造皿"，为社会风险跨边界、跨地域、跨时空扩展增大了可能性和途径，并有可能与新闻事件、社会制度、公众心理等互动和叠加，影响公众的风险感知，诱发风险行为，严重时甚至将具有可能性的社会风险转变为具有现实性的社会危机，对社会稳定和社会秩序造成灾难性影响。① 这些都是媒介社会责任弱化甚至损害社会公共利益的行为。

部分媒介仅将承担社会责任理解为捐款捐物、参加公益慈善活动，也是窄化媒介社会责任的行为，这是"小"的社会责任，媒体或平台行为逻辑中的小善。公益慈善可以说已成为一些市场化媒体履行社会责任的主要方式。常见方式有两种：一是通过内容报道的影响监督或推进公益慈善事业，如报道社会公益类慈善组织的资金使用情况、项目实施情况，监督慈善资金使用和项目运行健康、公开、透明运营发展；二是由媒体自身开发公益类、慈善类、民生救助类栏目，募集慈善基金，推进慈善事业，或直接举办承办公益慈善活动，创立公益慈善类基金会等。需要进一步认识的是，传媒因广泛而巨大的社会影响力，能够也应当承担更为深刻致远的社会责任，更应强调如何运用媒介和技术的力量去解答社会发展、时代进步过程中的大问题，承担大责任，这才是"大善"。

目前，虽然尚无法律法规明确界定出媒介社会责任的具体条款，但是，传媒机构的权利行使和责任承担显然是相协调的。传媒机构以

---

① 参见贾佳《风险社会语境下自媒体的社会责任研究》，硕士学位论文，西南交通大学，2016年。

内容生产、新闻报道、面向公众等方式获得的媒介采访权、公共表达权或监督评论等权利，必然需要承担与之相对应的社会公共责任，既不应扩大化为媒体特权，也不应狭义化为捐款慈善。传媒对广大受众或用户的影响，不仅表现为显性的影响受众态度，更在于潜在地影响受众的社会感知、价值观念、情感倾向和行为模式，传播效果会经过长时间积累体现出来，一旦形成稳定的社会心理，会在相当长的时间内固化下来，甚至对社会观念和社会思潮产生影响。[①] 从这一点看，媒体作为"社会公器"，在行使采访、报道、监督、评论等权利时，尤其需要严守边界，恪守新闻职业规范和伦理道德规范，并通过学习调研、采访专家等方式克服专业能力不足或主观认识偏颇等问题，以专业、严谨、客观的新闻报道，坚守媒体基本职责，正当行使媒介权利，维护社会公序良俗，营造清朗的公共空间，正确履行社会责任。

四　媒介社会责任的基本内容

媒介社会责任的基本内容体现在企业社会责任的内容框架、传媒社会责任工作报告或评估指标体系中。

社会责任国际标准 ISO26000 是国际社会责任领域的第一个、也是唯一一个全球标准，从 2010 年 11 月 1 日正式发布以来，在世界各国快速推进应用。ISO26000 对社会责任的定义、内容和主体都进行了明确的规定。首先，履行社会责任的主体不仅包括企业，还包括政府、所有营利性组织和非营利性组织；其次，社会责任的内容包含管理、人权、劳工实践、环境、公平运营、消费者、社区参与和发展等七个方面；再次，企业履行责任的对象是所有的利益相关方，包括股东、员工、供应商、用户、消费者、企业所在社区、社会和环境等；最后，履行责任的工作不单纯是捐款做慈善，而是与

---

① 参见谷一飞《中国足球调查报道及其社会责任研究》，硕士学位论文，上海交通大学，2014 年。

所有利益相关方的协调和谐、利益共享。因此,社会责任管理是一种全面责任管理。①

相对于企业而言,媒体通常具有营利性组织与公共服务机构的双重属性,既符合ISO26000的普遍性标准,又具有不同的特点。特别是在经济飞速发展的今天,媒体在服务社会、保障国家意识形态安全和文化安全方面责任重大。

从反映媒介社会责任履行情况的评价指标体系来看,构建评价指标一般会综合选取理论研究成果、国际标准化组织颁布的社会责任指南ISO26000、媒介社会责任年度报告和各单项报告等,构建出一个能够全面客观反映传媒履责情况并进行量化排名的评估体系。2012年4月,包国强教授从治理视角,运用AHP层次分析法,建构了针对报刊的媒介社会责任专项评价体系,包含舆论导向、信息传播、舆论监督、法律法规、社会伦理、健康文化、公共利益和公民权益、创富能力、内部员工满意度等9个一级指标及19个二级指标(见表1-1)。②2012年5月,北京大学新闻与传播学院中国传媒社会责任课题组拟出了中国传媒业第一套社会责任标准参考指标体系,将媒介社会责任细分为责任管理、市场责任、机构责任、公益责任、环保责任、文化责任等六个一级指标,每个一级指标后还可延伸细化成上百个具体方面(见表1-2)③。

2018年5月,中国新闻出版研究院"中国传媒社会责任研究"课题组研究认为,新闻媒体社会责任的主要利益相关方包括公众(读者和社会大众)、政府、出资人、媒体从业人员等。社会责任的概念按照广义的标准进行界定,原则上应包括以下内容:对党和政府的责任,主要发挥舆论导向作用,重点是意识形态与主流价值观的导向,遵守

---

① 参见黎友焕、魏升民《企业社会责任评价标准:从SA 8000到ISO 26000》,《学习与探索》2012年第11期。
② 参见包国强、张曼《简论报刊社会责任评价模型》,《新闻传播》2012年第4期。
③ 参见周志懿《做负责任的媒体——中国传媒社会责任课题研究概述》,《青年记者》2012年第13期。

国家法律法规，发挥社会效益；对出资人的责任，主要是确保企业盈利能力与经济效益；对读者的责任，主要是确保提供内容精良丰富多样的传媒产品，满足消费需求；对作者的责任，主要是保护知识产权，使作者获得最大化的精神利益与财产利益；对社会的责任，主要是积极开展公益慈善行动，披露企业履责信息；对环境的责任，主要是绿色出版、环保与生态文明建设等。①

表1-1　　　　　　　　报刊企业社会责任评价指标体系②

传媒社会责任评价指标体系	
一级指标	二级指标
舆论导向	政治
	经济
	文化
信息传播	真实
	快速
	全面
	准确
舆论监督	对权力机关的监督力度
	对社会生活的监督力度
法律法规	遵守相关法律
社会伦理	社会主义伦理道德观
健康文化	弘扬健康、积极向上的文化
公共权力和公民利益	坚守正义与良知
	维护公民权益
创富能力	纳税
	盈利
	吸收社会劳动力
内部员工满意度	职业前景
	员工工资及福利

---

① 参见段艳文《中国传媒社会责任研究（2017—2018）》，《中国传媒科技》2018年第5期。
② 参见包国强、张曼《简论报刊社会责任评价模型》，《新闻传播》2012年第4期。

表 1-2　中国传媒社会责任课题组制定的传媒社会责任评价标准体系[①]

一级指标	二级指标	三级指标
责任管理	责任治理	(1) 媒体有可持续发展的声明及理念 (2) 明确社会责任理念 (3) 建设社会责任领导机构 (4) 培育责任文化
	责任推进	(1) 制定传媒社会责任发展规划 (2) 构建传媒社会责任指标体系 (3) 传媒社会责任风险管理 (4) 开展传媒社会责任培训 (5) 社会责任管理制度 (6) 设置传媒社会责任部门或设立传媒社会责任专员 (7) 推动合作伙伴（上下游企业）履行社会责任 (8) 推动下属单位履行社会责任
	责任沟通	(1) 明确利益相关方 (2) 利益相关方与高层沟通机制 (3) 利益相关方需求调查 (4) 媒体内、外部社会责任沟通机制 (5) 媒体领导参与的内部社会责任沟通与交流 (6) 媒体领导参与的外部社会责任沟通与交流 (7) 发布传媒社会责任报告 (8) 第几份传媒社会责任报告 (9) 传媒社会责任报告参考标准或指引 (10) 社会责任报告披露负面信息 (11) 网站上有社会责任专栏 (12) 传媒社会责任报告数据可比性（包括纵向可比性与横向可比性）(13) 企业社会责任报告可信度（报告含利益相关方评价、专家点评或第三方审验）
	守法合规	(1) 合规体系 (2) 制定行为规范 (3) 守法合规培训 (4) 守法合规培训绩效 (5) 反商业贿赂措施 (6) 反腐败措施 (7) 记者管理实施办法
市场责任	客户责任	(1) 研发创新投入 (2) 产品或服务质量管理 (3) 受众满意度调查 (4) 客户关系管理体系 (5) 保护客户信息 (7) 积极应对客户、受众投诉客户 (8)（广告主、代理商、发行商、供应商）满意度调查 (9) 推动客户（上下游产业）共赢发展
	伙伴责任	(1) 建立战略合作机制及平台 (2) 合同履约率 (3) 诚信经营的理念与制度保障 (4) 公平竞争的理念和制度保障 (5) 诚信经营和公平竞争培训
	产业责任	(1) 成长性 (2) 收益性 (3) 安全性 (4) 投资者关系管理体系 (5) 宏观经济环境及政策变化对财务绩效的影响及对策
机构责任	政府责任	(1) 响应宏观政策 (2) 纳税总额 (3) 确保就业及（或）带动就业的政策与措施 (4) 报告期内吸纳就业人数 (5) 响应政府关于传媒行业发展和管理的宏观政策 (6) 坚守舆论阵地，加强舆论引导
	员工管理	(1) 遵守国家劳动法律法规 (2) 员工社保覆盖率 (3) 员工合同签署率 (4) 员工工会参与率 (5) 员工薪酬体系 (6) 员工培训体系及培训力度 (7) 员工职业规划 (8) 员工休假政策 (9) 员工救助政策 (10) 员工健康培训及职业安全健康管理体系 (11) 离退休员工管理政策及办法
	内容管理	(1) 获奖作品 (2) 杜绝有偿新闻、虚假新闻的举措 (3) 思想道德、环保、公益慈善等栏目设置

[①] 参见周志懿《做负责任的媒体——中国传媒社会责任课题研究概述》，《青年记者》2012年第13期。

续表

一级指标	二级指标	三级指标
公益责任	公益慈善	（1）评估运营对受众群的影响（2）建立公益基金或基金会（3）员工本地化政策（4）本地化采购政策（5）员工志愿者（6）社会捐赠方针（含理念、对象、政策、措施等）（7）捐赠总额（含实物捐赠、现金捐赠、服务捐赠等）（8）公益慈善活动（含新闻报道活动、公益活动及公益性质的活动）
环保责任	环境保护	（1）环保理念、政策及执行（2）环保理念、法规的宣传
	节约资源	（1）资源节约制度、措施（2）资源节约理念、措施的宣传
文化责任	文化内力	（1）设置文化栏目（2）内容产品的文化内涵
	传承传播	（1）对区域文化的挖掘与传承（2）对民族文化的保护与传承（3）对多样性文化的传播（4）举办文化活动

综合来看，媒介社会责任的基本内容主要包括以下四个方面：

一是舆论导向责任。这主要是指媒介的政治责任，即坚持正确舆论导向，服务于国家意识形态安全和文化安全。在新闻舆论的引导方面，媒介需要坚持马克思主义新闻观，践行社会主义核心价值观，注重宣传党和国家的重要路线和方针政策，反映人民群众意愿和呼声，同时履行媒介监督职责，保障人民的知情权、参与权和监督权。在意识形态话语权方面，媒介需充分认识到当前意识形态领域斗争依然复杂，国家信息安全、特别是网络意识形态安全仍然面临很多新情况，因此要积极承担传媒政治责任，不断增强意识形态领域主导权和话语权，提高新闻舆论传播力、引导力、影响力、公信力。在重大主题报道和重大舆情中，媒介需要以党和国家的重大战略思想和重要决策部署为主题，集中连续开展重大报道和密集宣传。在国际传播中，积极报道国家经济实力的提升和国际影响力的不断扩大，推进国际传播能力建设，特别是在国际舆论环境、媒体格局和传播技术深刻变革的背景下，更加需要争夺国际传播控制权，"讲好中国故事，展现真实、立体、全面的中国，提高国家文化软实力"。[1] 坚持正确舆论导向能够凝聚人民精神力量、巩固全民共同思想基础，[2] 是社会主义文化制度

---

[1] 《习近平谈治国理政》（第三卷），外文出版社2020年版，第35页。
[2] 参见《习近平谈治国理政》（第三卷），外文出版社2020年版。

和媒体制度的基本工作机制，已成为国家治理体系和治理能力现代化的重要组成部分。

二是信息传播责任。这主要是指传媒的专业责任，即确保媒体的新闻报道内容真实客观、快速、全面、准确，这是信息传播实践过程中的基本原则。在信息化时代和媒介化社会中，媒介适应新媒体技术、新媒介产品和新传播生态的能力也已成为重要的专业能力。内容是媒体的核心产品，是媒介实现传播效应和社会功能的基础。根据传媒类型的不同，所承担的信息传播责任重点也不尽相同。主流媒体、市场化媒体、自媒体等根据媒介定位、内容类型和运营模式差异而发挥不同的社会职能并承担相应的传播责任，其从业者所遵守的职业伦理规范也有差异。新闻报道的真实性原则是传媒信息传播责任的基础。新闻是新近发生的事实的报道，客观存在的事实是新闻的本源。① 建立在真实性原则基础上的传媒内容生产，需要进一步重视信息质量和内容价值，实现信息传播的社会效益和精神价值。

三是经济管理责任。这主要是指传媒的市场责任，即媒介需要通过经营活动履行对股东等投资者、对广告商和经销商等合作商以及对媒体从业者的经济责任。媒介具有产业属性，处于由上下游产业链共同构成的传媒市场中，涉及来自产业链中的投资方、股东、广告主、受众等多方面的利益相关方。媒介虽是按照个人和社会的信息文化需求而产生并发展的，在职能和功能方面更接近一种社会机构或公共事业，从来不只是一般企业，但传媒却主要是以商业方式在经营，② 具有事业属性的同时也具有产业属性。在市场化运营过程中，媒介作为一个经济组织必须面对市场，通过提供信息产品或服务满足市场特定需求。媒体的经营收益主要来自两个方面，一是信息产品的销售收益，主要体现为报刊发行量订阅率、广播电视收视听率、网络点击率或客户端活跃用户数据等量化指标；二是广告收益。媒介从事市场经营活

---

① 参见《马克思主义新闻观十二讲》，高等教育出版社2019年版。
② 参见［英］丹尼斯·麦奎尔《麦奎尔大众传播理论》（第四版），崔保国、李琨译，清华大学出版社2006年版。

动是其生存和发展的前提。市场经营活动为媒介带来经济效益的同时，也为媒介传播失范带来了相应的风险，常见的有偿新闻、虚假广告、标题党、消费主义等现象都与传媒运营过度市场化有关。

四是社会伦理责任。这主要是指媒介促进公共利益的社会责任，即媒介需要承担价值引导、文化传承及教化、促进社会公益与社会进步、提供健康积极精神娱乐及遵守基本道德法律规范等公共性和公益性社会职责，实现传媒的社会效益。媒介作为社会责任主体具有特殊性，即在社会系统中具有特殊的社会角色和功能、特殊的社会影响和作用，需要在国家管理与行业自律、法律规范与道德评价、公益属性与市场运作、社会效益与经济效益之间找到平衡点，超越一般的企业社会责任或狭义的慈善捐助责任，实现商业性与公共性的统一、短期效益与长期效益的统一、自律与他律的统一，从而实现传播权利和社会责任的统一。

第三节 信息爆炸与传播社会责任的挑战与回归

诞生于报刊时代的"社会责任论"是对新闻自由主义理论的重大修正和发展，但是并未能回答报刊自身与经济利益集团的关系问题，以及如何避免发展成为一个"特权产业"的问题。同时，该理论主要应对新闻业在美国国内的问题，对于其在全球传播中的新闻客观性、专业性和中立性等国际责任问题并未涉及。尼罗等学者[①]认为美国"社会责任论"长期占领全球新闻业话语制高点，但并没有给新闻业带来真正的变革与好转，媒介新技术才让公众的声音真正可以广泛传播。[②] 信息化时代，媒介社会责任论强调媒体与个人的自由表达权必须与其他人的私人权利和重要的社会利益相协调。媒介社会责任理论的一些基本原则面临新一轮挑战与回归。

---

① 参见［美］约翰·C. 尼罗、威廉·E. 贝里等《最后的权利：重议〈报刊的四种理论〉》，周翔译，汕头大学出版社2008年版。
② 参见赵云泽、赵国宁《"理想"和"技术"哪个更让新闻业负责任？——兼论中国新闻实践中对美国"社会责任论"的批判借鉴》，《新闻界》2018年第9期。

21世纪以来，技术发展为媒介社会责任带来更多挑战。在数字化生存和媒介化生存的环境中，随着技术和产品模式的不断创新变化和责任道德主客体的泛化与互换，媒介技术平台与社会主体之间的利益与道德责任关系正在重构。① 以互联网和移动互联网为技术基础的新型媒介产品形式和传播模式涌现，深刻改变了全球信息传播格局和人类媒介化生存形态，同时也产生了虚假新闻、平台垄断、侵犯网络知识产权、个人隐私数据泄露等新的挑战与问题。具体而言，在新闻领域，出现了虚假新闻、媒介审判、媒介暴力等突出问题；在广告经营方面，出现了虚假广告、低俗广告、违法广告等问题；在技术层面，出现了侵犯用户个人数据安全和隐私问题、搜索引擎竞价排名商业化和商业干预检索结果公正的问题、算法推荐新闻缺失传播社会责任等问题。在国际传播领域，还出现了基于数据分析的个性化信息推送服务技术②（算法推荐新闻）出口与国家信息安全、技术安全等新问题。特别是数字技术革新之下产生的新兴网络媒体平台，产品迭代迅速，重视商业化运营和实现经济效益，社会责任意识有待增强；同时，由于尚缺乏针对网络新兴平台的成熟管理体制和普遍化管理举措，相较于主流媒体，网络媒体的传播失范现象较为严重。

网络媒介社会责任建设具有规范传播秩序、形成正确网络舆论工作格局的重要作用。面对部分商业化网络媒介机构和自媒体等，在媒介社会责任的履行过程中存在着违反新闻真实性原则、舆论导向错位、舆论内容不健康、传播秩序不规范、侵犯知识产权和隐私权、责任主体严重缺位等现象，③ 相关主管部门也不断推出相应规制举措，管理规范新模式、新问题、新挑战。信息爆炸与媒介信息化时代，包括虚假新闻、低俗内容、侵犯知识产权等此前已广受争议的问题在内，新

---

① 参见卢家银《数字化生存中的伦理失范、责任与应对》，《新闻与写作》2020年第12期。
② 参见商务部科技部公2020年第38号，关于调整发布《中国禁止出口限制出口技术目录》的公告（2020-08-28），http://www.most.gov.cn/tztg/202008/t20200828_158545.htm，2021-03-07。
③ 参见胡玉璋、易鹏《中国网络媒介社会责任建设探析》，《长安大学学报》（社会科学版）2015年第4期。

型传媒与技术仍然面临的一些新型挑战主要包括以下几个方面。

一是算法驱动的媒介平台获取了内容聚合和内容分发的关键权利,并收获超额商业利润,却相对缺失承担传媒社会责任。算法已成为媒介平台处理海量用户数据,绘制用户画像、个性化推送和精准定价的"生产工具",成为平台运行的核心动力,[①] 应当注重强化平台责任、设置监管框架,建立完善平台算法监管机制和问责体系。

今日头条、抖音等算法推荐平台,已经是广大传统媒体、新闻媒体、企业媒体和自媒体等广泛主体的信息发布平台和内容聚合平台,以庞大的活跃用户数量和领先的信息推送技术,发展成为媒介化社会的结构性"基础设施",是新型媒体平台和传播平台,是"媒体的媒体"。[②] 用户使用媒介的习惯从"主动搜索""主动选择和使用"转变成了被动式的"个性化推荐"。用户的信息选择和媒介化生存环境感知渐渐掌握在算法和平台一方。截至2020年1月,算法推荐资讯平台今日头条日活跃用户达到1.3亿,月活跃用户达4.1亿,位居资讯类应用榜首,人均日使用频次、人均日使用时长同样领跑;[③] 截至2020年8月,短视频平台抖音的日活跃用户突破6亿,日均视频搜索量突破4亿。[④] 经由数以亿计用户训练出的算法推荐模型已经超出了普通用户的认知理解范围和驾驭能力,成为高度复杂化和专业化的算法技术模型,仅基础算法就包括基于协同过滤的推荐算法、基于模型的推荐算法、基于流行度的推荐算法和基于群体的推荐算法、基于文本的推荐算法和混合式推荐算法等,其中又以协同过滤算法最为基础和重要。[⑤] 而深受算法影响的用户除了被动接受算法之外,难以获悉算法

---

① 参见张凌寒《〈个人信息保护法(草案)〉中的平台算法问责制及其完善》,《经贸法律评论》2021年第1期。

② 钱魏:《十字路口上的搜索引擎媒介责任构建——以"魏则西事件"后百度整改为例》,《新闻研究导刊》2016年第7期。

③ 《2020年今日头条用户画像》,http://www.docxj.com/doc/9f2414038562caaedd3383c4bb4cf7ec4bfeb663.html,2021-03-23。

④ 《抖音发布2020年数据报告,18亿次评论关于"加油"》,https://www.bytedance.com/zh/news/60489e2c5dc4ed02d13cb3b9,2021-03-23。

⑤ 参见吴小坤《热搜的底层逻辑与社会责任调适》,《人民论坛》2020年第20期。

原则、难以理解算法或参与修改算法。特别是基于模型的推荐算法则使用了机器深度学习技术，算法准确性和效率持续提高，相应技术仍然在高速更迭之中，以达到更好推荐效果。算法驱动的媒介信息平台为用户营造出"沉浸式"的使用体验，建构出一个超真实的虚拟媒介空间。如果算法模型缺失信息把关机制和责任承担机制，用户就会在人机协作中被算法及背后的平台市场利益强化自身的认知盲区与偏见歧视等人性弱点，形成人为设置的信息过滤泡，损害个人的信息，获取质量和媒介素养，造成用户社群化分割和圈层化分离，阻碍社会共识建设。

对于算法的隐忧在于：谁来决定信息的价值？谁来决定算法的架构？算法驱动下的平台运营责任主体转向了谁？谁来监督算法或者为算法运行承担社会公共责任？从哲学意义上来说，价值判断是受判断主体需要和客体属性双重制约的实践活动。[①] 算法参与新闻分发和用户信息获取，触发了新闻价值判断和责任判断的主体、客体和中介关系的嬗变。信息社会，人们面对海量信息和数据冗余，存在信息焦虑和社交疲倦现象，数量庞大的用户群体选择接受精准信息推送服务及其相关产品。算法技术、用户心理、信息内容和平台经济利益共同构成了此类平台的运营逻辑。从产品逻辑角度来看，建立在推荐算法、信息流自动更新和热门排行与推荐基础上的媒介平台，能够为用户减轻甚至消解信息选择压力，帮助用户快速找到热点信息和个人偏好的信息，降低信息冗余和信息过载压力，提高了用户体验和平台信息转化率。平台据此形成了媒介权力，最大化压缩了人们浏览、认知和选择信息的过程，挤压了个体自主选择异质化、多样化内容的权利，直接影响平台用户的信息感知和对世界的整体性理解。但是，算法一旦被低质量信息、平台利益或商业化信息、错误的价值观影响或俘获，会造成广泛和深刻的影响。如果算法推荐技术基于流量利益和商业利

---

① 参见张军辉、沈宇《理想的彼岸抑或意义的迷失：算法驱动新闻社会责任反思》，《中国出版》2019年第4期。

第一章 导论

益，一味地迎合用户心理和个人喜好，会导致个人信息流高度同质化、内容低俗化，而缺失信息质量把关，缺少关键重要信息推荐机制，会导致用户信息获取质量不足，扭曲用户对现实世界的客观感知，影响数字社会和公共舆论环境健康可持续发展。同时，平台收集、存储和分析数以亿计的大规模用户个人信息作为"原料"，通过机器深度学习、用户个人数据挖掘和算法模型等技术收集信息、分析信息，有可能通过信息还原的方法掌握一个国家或地区的社会风貌[1]和社会深层心理动态，甚至形成影响甚至干涉公共意见、公共舆论的能力，威胁国家信息安全。在这个意义上，对影响力巨大的算法技术立法的声音出现，要求对算法技术、推荐机制、算法模型等进行更加有力的公共监管，并完善算法平台问责机制。目前，我国《个人信息保护法（草案）》初步确立了我国算法自动化决策治理的基本框架，要求平台作为最重要的自动化决策主体承担事前风险预防义务、事中安全运行义务和事后的相关责任，设定了对算法运行的全生命周期监管框架。[2] 但是从实施"算法问责"到促进"算法履责"还需要更多的技术条件和社会条件。

算法平台所建构的传播秩序脱离了内容生产和内容把关，强化了事关媒介权利和商业利益的内容聚合和内容分发功能，以"技术中立"作为标签，并未针对信息客观性和全面性、信息品质、商业操控等设置相应技术机制，相对缺失履行传媒社会责任。在算法广泛成为制度、意识形态、传播机制关键参与者的当下，算法推荐的可控性、可预测性、透明度和履行社会责任等问题，已经成为传播领域和技术领域的新型关键问题。

二是在国际化传播中，传媒企业特别是传媒技术企业面临维护国家利益、承担国际传播责任的挑战。特别是随着中国政治经济全球化影响力增强和参与全球治理的新时代背景下，对于传媒企业承担国际传播责任出现了一些新挑战和新要求。

---

[1] 参见卢家银《数字化生存中的伦理失范、责任与应对》，《新闻与写作》2020年第12期。
[2] 参见张凌寒《〈个人信息保护法（草案）〉中的平台算法问责制及其完善》，《经贸法律评论》2021年第1期。

在信息化时代，中国已逐渐形成互联网商业模式、产品模式和传播模式上的一系列领先创新优势，并积极拓展海外市场版图，形成国际影响力。2020 年以来，数字经济展现出抗击"逆全球化"的强大韧性和巨大活力，人工智能、大数据、云计算等数字信息技术在各国抗击新冠肺炎疫情的进程中快速发展。以数字技术为基础的短视频传播、电子商务、远程办公、视频会议、云端经济等新产业、新业态、新模式异军突起。① 这既为维持各国经济社会正常运转发挥了重要作用，也为对冲世界经济下行注入了新的动能，具有低成本跨国经营、跨国协同的优势，有利于中国发展全球数字经济、参与全球数字治理。

在经济全球化受阻和国际冲突加剧的背景下，中国传媒企业、技术企业出海受阻，面临国外政府的一些不合理规制举措或国际冲突压力。一些已形成国际影响力的媒介平台以及具有媒介功能的技术平台、商业平台等，在国际化运营、对外传播过程中，应同时承担传播中华优秀文化、讲好中国故事的国际传播责任。而根植于中国市场和中国用户之中的本土企业，将基于数据分析的个性化信息推送服务技术、算法模型或人工技术交互界面技术、关键专利技术等运用于海外市场的过程中，当遭受国外政府不合理规制甚至违法限制时，也应配合本国政府，维护基于国家利益的企业合理利益，承担本土企业出海应承担的技术保护职责、国家安全职责，履行媒介传播责任、文化传播责任和企业社会责任。

2017 年"出海"运营获得巨大成功的短视频平台 TikTok 是以中国为源头的一款真正的世界级应用。② 数据显示，2020 年上半年，TikTok 全球下载量已达 6.26 亿次，在苹果和谷歌系统内产生收入为 4.21 亿美元，位列全球第三。③ 需要强调的是，在产品模式创新、算法推

---

① 参见马相东《抵御"逆全球化"数字经济展现韧性》，《光明日报》2021 年 2 月 18 日第 2 版。
② 参见张颐武《珍视平台跨文化传播价值》，《环球时报》2020 年 8 月 18 日第 15 版。
③ 参见第 47 次《中国互联网络发展状况统计报告》，（2021 - 02 - 03）［2021 - 03 - 24］，http://www.cnnic.net.cn/hlwfzyj/hlwxzbg/hlwtjbg/202102/t20210203_71361.htm。

第一章 导论

荐等方面，TikTok根植于中国市场和中国用户数据，离不开其中国总公司字节跳动的核心算法技术支持和运维支持。在国际竞争中，理想意义上的政治经济全球化并未完全实现，所谓开放公平的国际传播格局和国际互联网竞争格局也并未按照技术逻辑和经济逻辑一蹴而就。在未来发展中，中国传媒技术企业也应以本土企业和本土利益为根本，积极配合中国发展战略与全球化治理进程，维护基于国家安全利益的企业合理利益，承担国际传播责任。

三是传播主体泛化背景下，媒介组织、自媒体或传播个体等过度追求流量增长和过度商业化等问题。

新媒体语境下，传播主体泛化增加了传播风险，弱化了传播职业规范和传媒社会责任。人人皆可为媒体，传播主体多元化，消解了传媒专业壁垒和专业边界。在传统媒体时代，通过专业新闻教育、专业传媒组织和职业培训等全面强调和恪守规范的专业伦理和职业道德，在主体泛化的过程中被大大消解。而泛化的自媒体个人或组织机构，缺少专业"把关人"，缺少信息核实与保持信息品质的根本动力，也缺少强有力的规制措施予以规范，仅依赖一般媒介素养、一般社会道德等弱约束机制或自我规制意识，很难抵御强大的商业流量和商业利益的冲击。同时，娱乐新闻、社会新闻等软新闻内容能够为大众提供精神层面的调剂、缓解现实压力，相比国计民生和公共政策相关的硬新闻，大众的日常内容选择也相对泛娱乐化。[①] 但是提供的娱乐，从社会公共利益角度来看，应当是"好的"娱乐，而非脱离语境、肤浅和碎片化的"娱乐至死"类型的娱乐;[②] 特别是媒介技术进化升级之下涌现的游戏直播、VR等新型媒介样态，相比电视时代，更加提升了即时交互效果和临场用户体验,[③] 放大了娱乐效应和娱乐效果。在

---

① 参见杨美杰、蒋佳臻《新媒介语境下媒体社会责任的困境及应对策略》，《现代视听》2019年第12期。
② 参见刘肖《超越表象：对"娱乐至死"命题的批判性思考》，《新闻界》2007年第4期。
③ 参见王长潇、刘瑞一《网络影像奇观的生成逻辑、类型建构与意义解码》，《现代传播》（中国传媒大学学报）2018年第4期。

技术驱动和商业驱动下，如果以市场化媒体、新媒体为主的内容生产者缺失社会责任，制作媚俗、低俗，甚至虚假低劣的内容以获取商业流量和商业利润，会影响公共舆论空间的理性与建设性，影响大众新闻议程设置。

传媒机构的过度商业化运营、缺失社会责任危害深远。媒介化生存时代，传媒机构以损害信息真实性和客观性原则、甚至制作与传播虚假低俗信息等短期化行为过度追求流量增长或商业化变现，甚至通过产品创新或技术研发等形成固化的运营模式，造成信息相关度失真、损害信息真实性和客观性，干扰公共讨论议程设置，长期运营之后形成更为持久和固化的信息传播问题，损害用户利益和社会公益，造成比传统媒体时代更为恶劣和广泛的后果。在激烈的市场竞争和生存压力之中，市场化媒介组织难以保持严格自律和遵守行业他律，最终也使得追求媒介社会责任成为空谈。[1] 约束多样化、多元性的传媒责任主体，不可能仅依赖具有软约束力的道德责任或行业自律，必然需要有力的法律法规、制度规制和落实到明确主体的实现路径。一些对社会危害较大的传播行为治理尤其依赖强有力的法律法规约束和行政化干预管理。

以用户基数庞大、技术和运营模式成熟的搜索引擎和社交媒体平台为例，其基本功能本应是提供客观信息，满足用户信息需求和社交需求，并完善信息把关和监督，遵守法律法规和维护社会公共利益。但在过度商业化驱动下，有的搜索引擎或社交媒体平台在运营中扭曲信息呈现质量、流量造假或推广虚假广告等，损害社会公共利益。如搜索引擎在搜索结果或热搜中屏蔽关联企业负面新闻，或通过竞价排名、信息流广告等为资质不健全的民营医疗机构或不规范的商业机构导流，造成用户获取虚假信息、无效信息或信息盲区，损害用户利益和社会公共利益，引发如魏则西事件等严重事故。[2] 在商业利益驱动

---

[1] 参见谷一飞《中国足球调查报道及其社会责任研究》，硕士学位论文，上海交通大学，2014年。

[2] 参见余瀛波《魏则西事件的十大法律问题》，《法制日报》2016年5月6日第6版。

第一章 导论

下,社交媒体的信息流、热搜榜等产品的客观性和真实性也受到广泛干扰,资本通过购买热搜榜的方式获取公众注意力,另外也有通过购买"水军"刷榜、刷流量等方式干预公共讨论,并已渐渐固化为舆论生产的一部分,为社交媒体平台带来更大的流量经济和实际商业收益。

承担社会伦理的责任主体,不仅包括组织化的信息内容的生产者、发布者和传播者,也包括技术开发者、平台运营者;不仅包括广泛的个人化自媒体和普通网络用户,也包括组织化的专业传媒机构、企业主体和各种社会组织。这些媒介主体都需要承担与媒介使用和信息传播相对应的社会责任。商业化自媒体主体因缺乏稳定的身份和固定的产业收益,传受身份界限消失,更加解构了现实中媒介的权利和义务。自媒体的传播优势在于成为公众表达自我、抒发己见、获取信息、建言献策和社会感知的重要主体和重要中介;[①] 但是因自媒体专业意识和专业能力不足、缺乏信息把关人和信息约束机制、商业化冲动较强等客观原因,其内容质量不能确保稳定优质和客观理性,特别是在新闻信息核实、专业化知识的认知与传播,以及提供建设性讨论和服务社会公共利益等方面,有待加强与其传播权利相匹配的社会责任履责能力。值得期待的是,一些不断涌现的知识型自媒体、专业型自媒体,如《博物杂志》及运营者张辰亮、法医秦明、沈逸教授等,在科学传播、专业传播和大众科普与沟通方面起到了开拓性和建设性的作用,并且通过全媒体平台运营和社群传播等多种方式,获得了良好的经济效益和社会效益。

需要看到,信息化技术进一步发展之下,媒体社会责任还在持续面临新问题和新挑战,如使用模拟语音、图像合成和 AI 换脸等深度造假(Deep Fake)技术制造更加难以识辨的虚假信息,已被应用于政治竞选领域和低俗内容制作等实践领域。VR、AR、5G、无人机航拍等

---

① 参见贾佳《风险社会语境下自媒体的社会责任研究》,硕士学位论文,西南交通大学,2016 年。

新型媒体技术也孕育着具有多种可能性的传播新技术、新业态和新模式，带着巨大的变革潜力和发展空间而来。面临重要而关键传播社会责任问题，仍然需要强调，不论媒介形态和所有制形式，不论产品模式和技术形式，任何媒介都需要承担社会责任。这是由媒介的公共属性、强大影响力及其行业特性所决定的，是传媒权利与责任相一致原则的体现，是媒介社会责任理念与实践再次回归。

为确保国家信息安全、网络传播秩序以及社会公共利益，国家已发布相应政策法规予以规范管理。互联网信息安全与传播治理已成为国家现代化治理体系的重要组成部分。2014年8月，国务院授权国家互联网信息办公室负责互联网信息内容管理工作,[1] 为网络信息安全提供了组织保障。2016年11月发布的《中华人民共和国网络安全法》[2] 是我国网络安全领域的技术性法律，规定了网络空间主权原则，保护国家关键信息基础设施，强化个人信息保护并规制跨境数据转移等，是网络传播安全与传播秩序的法律保障。[3] 2019年8月，国家网信办发布《儿童个人信息网络保护规定》；12月，国家网信办发布《网络信息内容生态治理规定》；2019年1月发布《区块链信息服务管理》，皆是对相应传播领域的专门化规定。2019年12月，多部门联合发布《App违法违规收集使用个人信息行为认定方法》。2021年2月，多部门联合发布《关于加强网络直播规范管理工作的指导意见》[4]。国家已制定发布一系列法律法规，对我国互联网领域安全秩序和最新问题予以有效规制与专业化管理。整体上看，我国已形成了法律、行政法规、部门规章和规范性文件、政策文件等规制手段，具有先进性、整体性和可操作性等特征，为国家互联网治理和全球网络治理贡献了

---

[1] 参见《国务院关于授权国家互联网信息办公室负责互联网信息内容管理工作的通知》，http://www.cac.gov.cn/2014-08/28/c_1112264158.htm，2021-03-20。

[2] 参见《中华人民共和国网络安全法》，《中华人民共和国全国人民代表大会常务委员会公报》2016年第6期。

[3] 参见王春晖《〈网络安全法〉六大法律制度解析》，《南京邮电大学学报》（自然科学版）2017年第1期。

[4] 参见《关于加强网络直播规范管理工作的指导意见》，《电子政务》2021年第3期。

第一章 导论

中国智慧和中国方案。

主流媒体是我国媒体格局和舆论生态的中流砥柱，建设一批具有强大影响力和竞争力的新型主流媒体成为引领主流舆论格局、服务文化传播和人民信息需求的重要战略举措。新型主流媒体通过内容资源优势、渠道整合能力和平台融合传播提高传播力、引导力、影响力和公信力，体现并传播社会主义主流意识形态与核心价值观，凝聚社会共识。主流媒体主要是指以严肃新闻为主要报道内容，具有专业理念和文化自觉精神，着力弘扬主流价值，在竞争区域内处于重要地位并占较大市场份额，在社会发展中勇于担当社会责任的媒体。① 新型主流媒体不以网络"流量"或数据为首要指标，强调遵守互联网技术逻辑和传播规律，树立信息权威性和公信力。传媒技术革新要求主流媒体快速适应并强化意识形态影响力，做好舆论引导，传播主流价值。以党报党刊党台为主体的主流媒体本身即具有事业属性，在管理部门工作部署下注重把握导向、发挥职能、践行责任理念。而新兴的多样态网络媒体平台、网络媒体组织和自媒体等市场化程度相对较高的媒体，在履行社会责任方面有待加强。新媒体环境带来传播主体泛化、传播职业道德弱化、把关难度增大、内容同质化和媚俗化等现实问题。特别是在舆论环境复杂化和社会群体利益诉求多元化的背景下，社交媒体、技术平台及自媒体等市场化媒介具有较强议程设置能力和话语博弈能力，逐渐形成舆论倒逼或越位现象，带来局部的传播秩序混乱甚至社会舆情危机，② 对主流媒体的舆论引领产生了一定冲击。

2014年8月，中央全面深化改革领导小组第四次会议审议通过了《关于推动传统媒体和新兴媒体融合发展的指导意见》，要求推动传统媒体和新兴媒体在内容、渠道、平台、经营和管理等多方面的

---

① 参见强月新等《我国主流媒体的传播力现状考察——基于对广东、湖北、贵州三省民众的问卷调查》，《新闻记者》2016年第5期。

② 参见许向东、邓鹏卓《新媒体环境下主流媒体的社会责任》，《新闻战线》2018年第18期。

深度融合。^① 2020 年 9 月，中共中央办公厅、国务院办公厅印发《关于加快推进媒体深度融合发展的意见》，要求尽快建成一批具有强大影响力和竞争力的新型主流媒体，建设以内容建设为根本、先进技术为支撑、创新管理为保障的全媒体传播体系。^② 2020 年 11 月，《中共中央关于制定国民经济和社会发展第十四个五年规划和二〇三五年远景目标的建议》也强调实施全媒体传播工程，做强新型主流媒体，并将之作为繁荣和发展社会主义文化事业和文化产业的重要举措。^③ 打造新型主流媒体即是重建主流媒体与网络用户的连接，使主流媒体重新成为网络社会中的中心节点和关键意见平台，增强议程设置能力和舆论引导能力，^④ 增强社会主义意识形态凝聚力和引导力，团结国民理想信念、价值理念和道德观念，巩固共同奋斗的思想基础，构建网上网下思想同心圆，形成立体多样、融合发展的现代传播体系。

特别是在突发事件、重大舆情事件、重大公共卫生事件等重大、重要、重点的新闻传播中，事件发展和传播路径不可预测性增强，舆情热点升温迅速，所构建的短期舆论场剧烈变化，难以把关关键新闻事实的发布与传播，难以把控虚假新闻和谣言的生成与恶劣影响，极易产生较大社会影响。作为国家治理和社会治理重要组成部分的主流媒体尤其应当承担起正确舆论导向的职能，权威发布客观真实全面的新闻事实，持续追踪，理性发声，消解传播风险，引领建设性讨论和正向社会价值观传播，切实承担主流媒体在政治传播和社会治理方面的重要责任。2020 年新冠肺炎疫情以来，85% 的受众对主流媒体的信息需求度明显增加，^⑤ 认为主流媒体发布信息更加具有可靠性、真实

---

① 参见陈昌凤、杨依军《意识形态安全与党管媒体原则——中国媒体融合政策之形成与体系建构》，《现代传播》（中国传媒大学学报）2015 年第 11 期。
② 参见中共中央办公厅　国务院办公厅印发《关于加快推进媒体深度融合发展的意见》，http：//www. gov. cn/zhengce/2020 - 09/26/content_5547310. htm，2021 - 03 - 23。
③ 参见《中共中央关于制定国民经济和社会发展第十四个五年规划和二〇三五年远景目标的建议》，《人民日报》2020 年 11 月 4 日第 1 版。
④ 参见李良荣、袁鸣徽《锻造中国新型主流媒体》，《新闻大学》2018 年第 5 期。
⑤ 参见艾瑞咨询《中国新型主流媒体发展案例研究报告》，http：//report. iresearch. cn/report/202101/3723. shtml，2021 - 01 - 12。

性和准确性,并且重视从主流媒体获取各级政府权威声音,感受政府回应与国家关切;同时,主流媒体更能够邀请到顶尖专家,有益于高效学习有效知识。主流媒体具有党媒属性、专业内容生产力和传播渠道掌控力,在日益复杂的现代环境和风险社会进一步凸显了战略价值和治理价值。

信息产品和网络服务的使用者也是承担网络传播责任的重要主体。网络空间中,个体的传播自由程度空间提升,权利意识不断增强,思潮与意见交锋高频高强度出现。普通网络用户并不会自动生成体系化、规范化的社会秩序和传播规范,[①] 需要由政府及传播平台等积极指导和有效监管,建立健全虚拟社会的舆论引导机制,强化网络传播社会责任,规范个体传播行为。

在技术层面,从治理根源上讲,通过对网络基础设施、关键技术的研发与运用,对算法推荐、深度造假、侵害隐私等信息传播问题进行物理限制和技术阻遏,是一种更为有效和值得期待的强制性规范措施和彻底变革。在互联网时代,传统媒体专业把关人的角色已被弱化和替代,依靠人工编辑进行信息把关的可行性不断降低,探索优化技术把关的可能性或训练能够承担社会责任的算法机制更加具有紧迫性。资本和平台利用中立的算法技术和传播技术,实质上掌握了超出商业范畴的媒介权利和社会影响力,需要由政府在信息聚合市场、算法推荐等智能内容分发市场及社交媒体平台等积极介入指导和有效监管,建立健全虚拟社会的舆论引导机制,强化大型平台网络传播社会责任,并规范管理个体传播行为。商业平台未必有足够的驱动力研发与应用相关责任伦理技术,仍然需要国家法律法规、制度规范、行业联盟自律等多种方式"多元共律",才能避免选择冲突式、短期化的治理举措,形成稳定长效的履责机制。

新技术背景和传播生态下,媒介社会责任面临新一轮迫切需求与回归。整体上看,我国传媒机构仍然重视承担社会责任,但尚缺乏可

[①] 参见杨胜利《网民个体化及其媒介社会责任研究》,硕士学位论文,湖南大学,2019年。

落实的指导标准和统一的评价指标体。提倡媒介承担社会责任，需要有具体可执行、可落实的措施，不能仅使用提倡自律等方式，应从顶层设计层面重视传媒社会责任治理的制度创新与机制创新，明确责任主体，形成硬法与软法并举、法律与伦理兼具、强制性规范与鼓励性规范并包、自律和他律结合等多个维度、多元主体的治理体系，建构规制媒介传播行为的有效治理模式，使传媒真正承担起维护社会公共利益、维护"道义良心"和社会责任。

媒体承担社会责任在信息时代的回归也有一些新举措和新亮点。新冠肺炎疫情期间，主流媒体充分发挥传播优势，及时主动公开疫情最新信息和政府、专家的权威信息，凝聚社会共识，动员社会力量，化解疫情带来的紧张氛围和恐慌情绪；社交媒体平台、短视频平台、自媒体等也积极传播科学防控措施，发掘民间抗疫故事；电商直播平台蓬勃发展，创新发展线上消费，提振市场信心。扶贫攻坚期间，传媒业和技术企业也发挥着讲好扶贫故事、助力扶贫传播和乡村旅游、发展助农电商和汇聚社会扶贫力量等功能，如短视频平台积极为乡村文旅和农村电商导流，充分发挥了短视频下沉式、普惠式的产品优势，积极主动承担社会责任。在影视制作领域、文娱领域和经济领域，中华传统文化、中国故事成为新国潮和新风尚，彰显年轻人新的情感诉求、价值归属和社群认同，传递强烈的民族自豪感和国家认同感，坚守中华立场，传承文化基因。

第四节　构建人类命运共同体成为媒介社会责任的追求

一　经济效益与社会效益的平衡成为不可逃避的责任

当代社会，经过传媒体制的深化改革，传媒组织多已成为市场经济中的独立主体，既追求其作为市场经营主体的经济利益，又应追求其作为社会公器的社会利益。事实上，经济效益与社会效益之间是相辅相成的，传媒组织经济效益的增长会提升其实现社会效益的能力，扩展其社会责任的范围与限度；媒介社会责任的落实则会提高传媒组织的社会美誉度,增强其实现经济利益的能力。[①]

正确处理好社会效益和经济效益的关系,坚持社会效益第一,实现社会效益和经济效益的统一,必须通过切实履行社会责任来实现。媒介社会效益提升有利于提升传媒的公信力和影响力,这是媒介在社会和受众中的信誉、权威和影响,是媒介生存和发展的基础与保障。而影响大众媒介公信力的三个维度是[②]:媒介的专业主义品质(如客观公正);公众对于媒介的社会角色期待;公众对于媒介在文化上、情感上和价值观上的认同。

因此,媒介应坚守新闻专业主义,客观真实、完整准确地报道公众所需的日常信息,做好舆论监督工作,维持社会公平正义,传播优秀文化倡导主流价值观。

当媒体过度追求经济利益时,就会造成"媒介迷失",媒介的社会责任在媒介行为中发生了异化或扭曲,成为谋取私利的借口。具体而言,有如下几种情况[③]:如"媒体寻租",又称"有偿新闻"或"媒体(从业人员)受贿";"媒体媚俗",指为了吸引受众眼球而对趣味低下的内容进行大肆炒作、煽情,或是把严肃的内容进行"泛娱乐化"的处理;"媒体侵权",即媒体在采访和报道过程中对被采访和报道对象的人格尊严、名誉权、隐私权、肖像权和信用权的侵害。具体表现为暗访偷拍成风、缺乏人文关怀等;"媒体崇富",即报道内容更多地关注富裕地区和富裕阶层,媒体的价值趋向更贴近消费主义和富人的价值观,而对弱势群体和贫困地区漠不关心。

在新媒体时代,媒介的经济效益有了新的衡量指标,传媒公司开始追求流量,为了吸引受众注意力,发布耸人听闻的新闻来博人眼球,争当"标题党"来获得阅读量;有些媒体则是没有核实信源真实性就

---

① 参见朱辉宇《传媒社会责任理论再思考》,《传媒》2010年第11期。
② 参见李明德、张园《传媒社会责任意识的深层建构》,《西安交通大学学报》(社会科学版)2017年第1期。
③ 参见杜志红《传媒社会责任的缺失原因与实现路径》,《中国广播电视学刊》2006年第7期。

予以发布，导致反转新闻层出不穷，损害了媒体的公信力。在进行新闻报道时，也只顾煽动情绪，而非寻求真相，忽视了公民权利，也缺乏人文关怀。

一些媒体过度追逐商业利益甚至会损害社会利益。比如部分媒体出于商业利益的考虑而讨好广告主，在媒介资源和话语权支配方面，大幅度向广告客户倾斜，在某些广告客户应该成为舆论监督的对象时，媒体非但不发挥其作用，反而设法使之幸免。这样的行为有损于社会公平正义[①]。

此外，在追求商业利益时，媒介资源分配不均也会损害社会利益。部分相对弱势的群体，他们虽然不能给媒介带来经济回报，但他们毫无疑问也是媒介的服务对象，更需要媒介提供扶持和帮助。媒介在发布信息时若只注重能带来经济回报的群体，就会忽略某些部分社会成员的需求，没有一视同仁地尊重其知情权，也没有为其提供表达意见的机会、资源。弱势群体就这样从广度和深度上被强势力量的媒体集体边缘化了，成为利益集团转述、描写与设想的对象。

对于传媒在片面追求经济利益过程中的种种偏差问题，媒介责任制度的建立就十分必要。具体包括两个方面：一是建立媒介的自律制度，从媒介自身出发，不断提升传媒从业人员的专业素养，加强职业道德规范的培育，保障公众知情权、表达权、参与权等合法权益，利用同行和公众的舆论来强化道德信念和意识，通过同行谴责和公众批评来使传媒主体产生道德压力。同时，还要成立新闻自律监督机构来有效执行专业标准并进行监督批评。二是传媒的他律制度，即来自传媒之外的约束和控制力量。一方面要建立并完善相关的法律制度，确保基本道德底线的实现，另一方面，政府和相关部门也要对媒介市场进行及时引导、规范，让媒体对公众负责[②]。

媒介社会责任必然是通过媒介、公众、政府等多方共同努力来实

---

① 参见丁柏铨《社会公平正义与新闻传媒的责任》，《新闻大学》2007年第3期。
② 参见杜志红《传媒社会责任的缺失原因与实现路径》，《中国广播电视学刊》2006年第6期。

现，公众有义务和责任了解与监督大众媒介是否满足社会需要，政府也有规范媒介市场的责任[①]，通过媒介内部与外部的共同努力，协调社会价值与经济价值之间的内在一致性，自觉承担起社会责任，树立为公众利益服务和社会效益优先的理念，实现经济效益与社会效益的价值共创，实现传媒的名利双收。

二 媒介的社会责任角色将被重新定位

20世纪40年代，"社会责任理论成形的时候，对信息的主要担心是供应不足，人们可能得不到他们行使公民权所需的信息。但是，今天，对信息的主要担心是原始数据的过量：人们可能无法在一团混乱中过滤出他们所需的信息"[②]。

传播技术的进步使社会责任的主体发生显著变化。社会责任理论产生于20世纪40年代末，当时诸如互联网之类的新媒体尚未出现和普及。因此，当时这一理论强调受众作为公民"知晓权的满足"，强调媒体作为"把关人""启蒙者"的责任和功能。然而，随着技术的进步，以互联网为代表的新媒体迅速兴起，社交媒体产生带来的信息共建和共享，使得点对点的传播成为可能，从而改变了传统的大众传播一对多的单向传播模式，传播模式开始"去中心化"[③]。

网络媒介使得过去的受众成为传播者，他们主动发布新闻，挑战了传统的由职业记者进行的组织化的新闻生产过程，过去以职业记者为生产主体、通过"把关"将新闻呈现给受众的单向传播链被移动互联网的多节点互动取代了；通过社交平台，公众同样也成为新闻生产和传播的主体，过往组织化媒介机构和职业记者主导的新闻生产过程因此体现为多主体、多中心的动态实践。在新闻生产技术和方式变迁

[①] 参见严三九、刘峰《试论新媒体时代的传媒伦理失范现象、原因和对策》，《新闻记者》2014年第4期。

[②] 参见[美]菲利普·帕特森、李·威尔金斯《媒介伦理学：问题与案例》，李青藜译，中国人民大学出版社2006年版。

[③] 参见涂光晋、吴惠凡《传媒"社会责任理论"的现实困境》，《武汉理工大学学报》（社会科学版）2010年第6期。

的语境下,"协作性新闻策展"这一新闻生产模式就此产生了。这种新技术和媒介融合主导的新闻生产,使得互联网引发的互动快速成为影响组织化媒介机构的新闻报道逻辑和方向的决定性因素[①]。

互联网为所有人提供了一个平等参与的舞台,在这样一种参与式的媒介生态下,传统媒体的"把关人"作用受到冲击,媒介权威在一定程度上被消解,媒介社会责任的实现面临困难,媒介的社会责任角色亟须进行重新调整定位。

首先,在新闻内容的生产和分发上,传统媒介不再是单一消息来源,网络公众提供了大量消息来源,而传统媒介应当保持专业主义精神,以严谨、客观真实等要求自身,做到准确、快速、理性,核实信源,避免"反转新闻"的出现。

其次,在议题设置上,由于技术导致海量信息的流通加速,快速的网络新闻生产节奏打破了传统媒介新闻生产的时间流程和版面语言,新闻生产也开始加速,此时应确保严肃媒体的职业伦理,以从业人员的专业素养确定新闻内容,不能为了数量而降低质量。在新闻选题上,除了受众想要知道的新闻外,还应提供受众应该知道的新闻,增加硬新闻的比重。

最后,在舆论引导上,传统媒体应注意当前新媒体领域中的社会责任。在新技术的帮助下,公众对政治生活的参与度、关注度不断提高,网络在很大程度上为公众形成议题提供了一个平台,公众可以借助网络来陈述事实、发表意见,以各种不同的传播形式,引起社会舆论的广泛关注。新闻媒体在介入过程中应及时监测舆情,引导舆论,避免群体极化,同时发挥问责、质疑等舆论监督功能,促进问题解决。

传播的技术革命在给人们带来海量资讯的同时也造成了"信息过载"的压力和困扰;"信息过载"所带来的心理压力是巨大的,而海量信息在消解传统权威的同时也引发社会的"价值危机"[②]。

---

① 参见陆晔、周睿鸣《"液态"的新闻业:新传播形态与新闻专业主义再思考——以澎湃新闻"东方之星"长江沉船事故报道为个案》,《新闻与传播研究》2016 年第 7 期。

② 参见喻国明《传媒责任:时代的发展与内涵的转变》,《新闻与传播研究》2009 年第 6 期。

第一章 导论

面对多元化的社会价值体系，传媒过去的信息提供者的角色弱化了，应当转而在不同的观念标准、知识背景和文化转换中寻求对话与沟通、译解与阐释，成为与公众地位平等的"解释者"①。

技术不仅改变了信息的传播和接受的格局，更为深刻的是它还造成传媒市场格局的改变。

"在此背景下，中央于 2014 年 8 月出台了《关于推动传统媒体和新兴媒体融合发展的指导意见》，力图建立新媒体与传统媒体相融合的新型传媒集团。这一意见显示出党和政府既希望通过集团化的方式将新兴崛起的新媒体纳入到传媒体制范畴之内，也寄望利用之前一直位于传体制外的新媒体更为市场化的运作方式来带动与推进传媒体制改革与创新"②。

在我国，互联网社交媒体的兴起催生了新浪、搜狐、阿里巴巴、腾讯、百度、字节跳动等公司。早期作为资讯整合平台的互联网平台，如今也成为传媒市场的重要力量，这些商业媒体不同于传统媒体，它们创立之初就是追求经济利益，缺乏对社会负责的强制要求。近年来因此产生的问题也不容忽视，如字节跳动旗下的"今日头条"基于算法产生的"信息茧房"问题备受关注。"信息茧房"最早由美国学者桑斯坦在其著作《信息乌托邦》中提出，他认为"在网络信息传播中，因公众自身的信息需求并非全方位的，公众只注意自己选择的东西和使自己愉悦的通讯领域，久而久之，会将自身桎梏于像蚕茧一般的'茧房'中"。

"回声室效应"则描述网民更容易接触和自己意识形态相似，或是价值观相符的资讯，进而使得民众得到的讯息越来越趋单一化。人工智能的通过协同过滤算法构建的信息筛选方式使得个性化定制信息越发容易，一方面用户可以选择信息，另一方面媒介则可以同时根据用户偏好为其推送信息。但是这种机制，容易使相同的信息不断被放大扩散，持有相同观点的人更容易聚集，进一步强化他们的观点，最终形成

---

① 范红霞：《解释·建构·变迁·反思：危机中的风险传播与媒体使命——"突发公共事件新闻报道与大众传媒社会责任"研讨会综述》，《当代传播》2010 年第 5 期。

② 殷琦：《1978 年以来中国传媒体制改革观念演进的过程与机制——以"市场化"为中心的考察》，《新闻与传播研究》2017 年第 2 期。

"回音室",这也易造成个人盲目自信,导致群体极化等问题,进而可能危害社会公共安全。

人工智能推送的深层危害在于其损害了传统的新闻价值标准。传统对新闻报道的价值判断一方面以"新闻事实与社会需要"为原则(如时新性、重要性、显著性);另一方面是以"新闻被读者关心"为依据(如接近性、趣味性),大众媒体通过对新闻事实的报道,履行了自己提供公共信息的职能、满足了公众知情权的要求。但是当智能算法大行其道,"你所关注的才是头条"被业界奉为圭臬的时候,新闻价值的客观性就受到挑战,大量具有重要性、显著性的新闻让位于用户的个人趣味,真正有意义、有价值的新闻或许会因为缺失权重而不能进入"热搜榜"中,公众应知而未知的新闻未能准确送达公众手中,大众媒体的公共服务职能就受到了极大侵蚀[1]。

作为媒体机构,随着信息传播系统的越强大,缺乏道德引领只会造成越严重的社会危害。作为工具的技术与算法并不能引导人们的意见自由在市场上的秩序和理性。随着新媒体上越来越多的假新闻、个性定制新闻和"信息茧房"现象的出现,应如何在这个新的信息角逐场构建应有的伦理秩序和操作规范已经迫在眉睫。

互联网新媒体应不断增强自身社会责任意识,在政策把握、内容生产、安全管理、网络问政等方面履行好自己的社会责任[2]。在技术层面,应改进算法,减轻"回音室效应"和"信息茧房",优化议程设置;同时由于用户上传内容的随意性,媒介自身应加强对内容的审核,防止不良内容充斥媒体。在内容层面上,应做好内容安全管理和风险防范工作,确保网络舆论安全,强化传媒技术升级,优化信息互动服务,推进网络问政平台升级,做好政务服务和舆情监测。

技术的进程,不只改变了传统媒体,促进了新兴媒体的出现,重

---

[1] 参见韩鸿、彭璟《论智媒时代社交媒体的社会责任——对 2016 美国大选中 Facebook 假新闻事件的反思》,《新闻界》2017 年第 5 期。

[2] 参见刘建华等《中国传媒业履行社会责任的现状、问题与相关建议》,《传媒》2020 年第 21 期。

要的是，技术改变了公众。普罗大众完成了从传统媒体时代的"受众"到互联网时代的"用户"的身份转变，网络的易得性和发表言论的低成本性、匿名性推动了用户话语权的解放，人们从传统媒体时代被动弱势的"接受者"变成具有一定自主性的"参与者"①。然而，虽然互联网提供了用户交流的平台，人们获取新闻等信息也较之前更加容易，但用户整体媒介素养仍有待提高。

媒介素养，按照美国媒介素养研究中心的定义，是指人们面对媒体各种信息的选择、理解、质疑、评估、创造和生产以及思辨和反应的能力。具体而言，一个生活在现代社会的公民，必须能够主动获取信息，正确理解信息，批判地思考信息，让信息为己所用。毋庸置疑，媒介素养已成为现代人生存、发展必须具备的一种基本素质。提高媒介素养的目的在于培养人正确地使用和有效利用媒介的能力，建立获得正确的媒介信息、独立判断信息价值和意义的知识结构，使之为个人成长和社会发展服务。一旦受众媒介素养不高，极易迷失在由一些媒介所构建出来的对真实世界或夸张，或歪曲，或放大的非正常的"虚拟环境"中②。

当下媒介的另一个重要角色即是发挥自身教育功能，切实提升公众的媒介素养。不仅要培养公众对媒介信息的批判能力，还要培养其在新媒体环境的信息使用和交往能力，鼓励公众成为积极的媒介行动主义者，而非被动的新闻消费者。在加强公众判断力、辨别力的同时，加强他们自身的法制观念、公民意识及责任意识，使其能够在公共领域中进行自由、自主、自律的表达，并且在自律和他律的配合下，成为一个"积极"并且"负责"的公众③。

三 媒介社会的责任是构建人类命运共同体

21世纪以来，伴随着经济全球化，各国之间交往日益深入，国际

---

① 赵云泽、赵国宁：《"理想"和"技术"哪个更让新闻业负责任？——兼论中国新闻实践中对美国"社会责任论"的批判借鉴》，《新闻界》2018年第9期。
② 参见郑瑜《媒介素养与传媒责任》，《当代传播》2007年第4期。
③ 参见涂光晋等《传媒"社会责任理论"的现实困境》，《武汉理工大学学报》（社会科学版）2010年第6期。

环境也复杂多变，人类社会面临诸多问题，社会变迁带来的不确定性加剧，风险治理将成为全球新秩序的核心议题，但任何单一民族国家都不具备控制全球风险的能力，因此，政府之间的跨国合作，比如像《京都议定书》，倡议各个国家通力合作，通过削减碳排放缓解全球变暖，将会变得越来越常见①。

在全球治理问题上，中国也提出了自己的解决方案，即"人类命运共同体"。2012年11月，党的十八大报告中首次提出了"命运共同体"的理念："这个世界，各国相互联系、相互依存的程度空前加深，人类生活在同一个地球村里，生活在历史和现实交会的同一个时空里，越来越成为你中有我、我中有你的命运共同体。"2013年3月，习近平主席全面阐述了其核心观点，即是在追求本国利益时兼顾他国合理关切，在谋求本国发展中促进各国共同发展。新闻传播领域也逐渐从以国家利益为准绳的"国际传播"转向聚焦于全人类普遍关切的"全球传播"。2011年7月，时任新华社社长李从军提出了建立"媒体联合国"的构想和原则。这些原则分别是公平（fairness）、共赢（all-win）、包容（inclusive）与责任（responsibility）——其英文首字母构成FAIR，恰好契合了中文"公正"的要旨，指出传媒应避免国家中心主义或民族中心主义②。我国传媒应在建立全球传播新秩序的进程中能够承担更多的责任与义务，努力打造全球交流合作的平台，促进不同种族、宗教、社会和意识形态群体之间的平等对话，交流互鉴，以此消解文明冲突。

在报道有争议的国际问题时，媒介应尽量保持自身的客观与独立，从全球社会治理的高度出发承担社会责任。媒体一旦受国家民族中心主义影响太深，就容易在敏感的国际事务中失去客观、公允，又由于媒体对公众情绪的影响力，这些失去了客观、公允的报道就

---

① 参见［英］安东尼·吉登斯、菲利普·萨顿《社会学基本概念》（第二版），王修晓译，北京大学出版社2019年版。
② 参见史安斌、张耀钟《构建全球传播新秩序：解析"中国方案"的历史溯源和现实考量》，《新闻爱好者》2016年第5期。

第一章 导论

有可能在公众中酿成有破坏性的情绪。在涉及国际敏感问题的报道上，媒体传统的社会责任感的概念应拓展，目标在于建立一种积极的、为各利益相关国认同的媒体报道准绳。在当今时代，"跨国报道"要基于一种新的社会责任感，这种社会责任感既要兼容各国的利益，又要超越单方面的价值观念。

如今现实矛盾、传播背景已经复杂化的情况下，从人类命运共同体的视角出发，发挥传媒的社会责任，建设全球和谐社会十分必要。

在新闻传媒实践层面，媒介社会责任应该考虑到广义层面的责任，媒介满足的"社会需要"不应以利益或是人数多寡为准绳，应符合人类公益、正义、道义、健康等范畴，要以人为本，遵循人与人、人与自然和谐共生的原则，在社会层面，则要符合"社会公益、正义、道义、健康"的核心原则，眼球效应与经济效益决不能成为媒介社会责任是否践行的考量依据，唯有社会公益与社会效益是首要依据。媒体应关注全人类的福祉，促进以人为本的社会和谐发展。媒介应关注弱势群体，媒介的社会责任的终极目标与关怀就是，通过对社会各个阶层，尤其是弱势人群合法权利的维护，实现公众需要与社会公益的最大化满足。

在一些全球问题中，中国媒体也应展现自己的担当与责任。如在环境问题上，媒介应该把"生态环境保护"嵌入日常议程，把促进社会政治、经济制度向着文明消费、健康生活、关爱环境、以人为本的价值旨归迈进作为自己长期恪守的社会责任，关注与全人类息息相关的环境问题的解决，通过传媒促进各个国家间关于此类问题的共同意识与共同治理[①]。

构建人类命运共同体将成为未来媒介社会责任的共同追求，关注全人类的公共利益、绝大多数人的一致需求以及弱势群体的合法权利等，关注国际政治经济文化交流，推动全球问题共同治理。

---

① 参见朱清河《媒介"社会责任"的解构与重构》，《新闻大学》2013年第1期。

理论篇

第二章 网络媒体及平台与社会责任理论

网络媒体社会责任，是指网络媒体要对社会履行的责任，就是网络媒体的行为自觉或最大限度地向增进社会福利的方向趋近并做出实际贡献。网络媒体最基本的贡献即创造经济效益，传统的网络媒体企业社会责任甚至将利益作为唯一目标，但随着经济、文化的发展，观念已经发生改变，网络媒体在履行经济责任时，同时还要承担其他多种责任，如对员工的培养责任、对受众和消费者的守信责任、对环境的保护责任等。网络媒体社会责任就是指网络媒体在经营管理的过程中，不仅要注重经济效益，更要对社会、对消费者、对环境自觉地履行责任。从广泛的意义上来说，网络媒体的社会责任主要包括：一是经济责任，通俗说就是创造财富、盈利，创造一系列经济效益，丰富人民物质生活；二是守法责任，这是网络媒体企业的基本社会责任，即要做到诚信经营，合法经营，遵纪守法；三是伦理责任，以人为本，对内关爱员工，对外与利益相关方坦诚相待、互相尊重，保护环境，维护社会和谐稳定；四是慈善责任，通过平时所得的经济效益，为发展社会事业添砖加瓦；等等。

第一节 网络媒体社会责任研究综述

国外关于社会责任的研究开展的较早，"公司社会责任"的观点由安德鲁·卡内基（1889）在《财富福音》书中首次提出，"霍华德·R. 鲍恩（1953）所著《商人的社会责任》标志着现代社会责任思想研究的开始"[①]。传媒社会责任理论由"哈钦斯委员会"在1947年创立，倡导"网络媒体要对社会负责"，威廉·霍京、弗雷德·西伯特（1956）、西奥多·彼得森（1956）和韦尔伯·施拉姆（1990）等学者将其发展为主流新闻理论（他们合著《媒体的四种理论》，1956），彼得森对新闻自由，传媒与政府、公众的关系等西方新闻学基本问题重新阐述，把传媒社会责任、道德义务概念融入其中，而且予以强调。通过对文献的梳理，社会责任论把西方新闻自由观推向了一个新的认识高度。但随着20世纪下半叶以来兴起的网络媒体日益成熟，"社会责任论"这种以西方为本位、以传统媒体为背景的传媒理论正面临现实困境。[②]

国内学者对网络媒体社会责任研究的历史很短，但仍有部分相关研究成果，主要是以下几个方面。

一 关于网络媒体及其负面影响和伦理失范研究

近20年来，研究者关注网络传播理论和网络媒体发展规律的同时注意到其负面影响和问题。国内较早的网络传播学者，如闵大洪（2000）、陈力丹（1998）、熊澄宇（2005）、彭兰（2001）、杜骏飞（2001）、匡文波（2008）等对此问题皆有深刻研究，普遍认为网络是一把"双刃剑"，有利有弊，关键是如何兴利除弊。钟瑛自2001年连续著文，集中从伦理文化及宏观管理角度研究网络传播中伦理失范和互联网管理问题，极富理论价值和现实意义。还有学者对社会效益与经济效益的关系进行研究，如陈力丹、刘连喜（2004）、郑素侠（2005）、聂文婷（2006）、陈浩（2007）等对媒体尤其是网络追求经济效益与社会效益

---

① 王风云、于建华：《媒体类网络公司的社会责任评价指标体系的构建研究》，《企业活力》2012年第6期。
② 参见包国强《基于"转制改企"的报刊社会责任评价模型初探》，《科技传播》2012年第6期。

关系进行探析，并从政府、媒体、公众、媒体从业人员四个方面提出解决措施。

二 关于网络媒体"社会责任"相关研究

明确提出"网络媒体社会责任"概念则是近十年的事。学者集中探讨网络媒体社会责任出现的问题及原因、其社会责任内容及如何强化，如郑保卫（2008）、谢胜文（2005）、赵志刚（2004）等。郑保卫教授（2008）的观点最具代表性，他指出网络媒体必须增强社会责任，保证信息传播有益性和有效性，甚至认为"与传统媒体相比较，网络媒体承担的社会责任更加重大"。胡思勇（2009）等从利益相关者、社会和谐、舆论引导、传播社会主义核心价值体系等视角下探讨了网络媒体社会责任的重要性。其他学者，如丁和根（2006）、景朝阳（2008）、韦文杰（2009）探讨社会责任缺失原因，林建宗（2010）认为需要建立社会责任推进机制。王风云（2012）则尝试构建媒体类网络公司社会责任评价指标体系，李钢（2012）等则认为要加强网络媒体建设，创新虚拟社会管理。

三 关于网络治理的内涵与意义研究

学者张志安等（2014）认为互联网尤其移动互联网普及带来对社会心理的冲击和政治改革的要求，构成了当下会加速转型的重要动因。如何从国家治理的角度认识和把握互联网带来的压力、机遇和挑战，是值得思考的问题。[①] 喻国明（2016）则认为网络文化传播场域的供给侧改革，关键是制定和构建一个关于内容表达的规则体系。网络内容的管理者更多地不是通过内容的直接输出来管理和传播文化，而是通过规制的构建、调整与实施，来实现对网络文化传播场域内容生产的总体把握与管理。金质纯（2018）认为应当以互联网内容建设作为

---

① 参见张志安、吴涛《互联网对国家治理的挑战与机遇》，《中国社会科学报》2015年1月21日第3版。

网络管理的核心与关键，积极弘扬社会主义核心价值观，传播网络正能量，综合运用多种手段、多管齐下的方式"建立网络综合治理体系，以此来营造清朗的网络空间"①。总之，国内学者对互联网治理的意义都持有一致的看法。

四 关于对国外网络治理的研究

方兴东等（2015）、董俊祺（2015）认为中美两国是网络空间最大的发达国和最大的发展中国家，对网络空间治理进程的推进举足轻重，同时两国在网络治理上的分歧也很突出。熊光清（2016）比较外国的网络治理情况，认为英国、德国、俄罗斯等国不断强化网络治理，已经开始形成比较成熟的网络安全治理体系。借鉴国外互联网治理的经验与教训，有助于中国网络安全治理能力建设。

郑志平（2016）、周逵等（2016）认为学习借鉴发达国家的有益经验，是后发国家提升治理能力的有效途径，美国互联网治理为我们提供了一个良好的样本。参照美国经验，我国互联网治理的当务之急是完善国家网络和信息安全战略规划，构建多元共治体系，以法治精神重塑互联网治理，约束行政权力，倚重柔性治理机制，还需保持互联网开放、自由与安全秩序的动态平衡。童楠楠（2016）全面总结归纳了西方国家互联网治理的成功经验，包括不断完善互联网治理法制体系，注重各监管机构的协调和信息共享、强调政府、私营部门和民间社会共同参与，注重对互联网弱势群体的权益保护，互联网监管机构日趋统一化和高级别化，高度重视对数据资源的开放和开发利用，加强运用互联网正面引导舆论等方面；分析了当前西方国家互联网治理过程中出现的互联网霸权、隐私保护隐患、信息歧视、政治干预和数据开放质量不高等问题或误区，以期为中国提升新常态下互联网治理能力与治理水平提供有益借鉴。缪锌（2017）则认为我国要结合自身实际情况，在充分了解和掌握国内互联网发展特征和环境的基础上，

---

① 杨延圣、陈凯伦：《论习近平新闻舆论观的科学体系》，《理论界》2017年第12期。

有选择地借鉴美国成功的治理经验，积极构建安全、开放、自由的互联网空间，推动互联网行业的可持续发展。

从国内学者对外国网络治理的研究来看，基本认为，应该大力借鉴学习国外对互联网的治理经验，洋为中用。

五 关于网络治理的目标与机制研究

叶敏（2011）等认为中国互联网治理是一种政府主导型的互联网治理模式。从目标逻辑上来说，中国互联网治理意在实现三重目标，"包括积极发展互联网，推进现代化建设；依法保护社会公众互联网言论自由；互联网要成为传播社会主义先进文化的前沿阵地"[1]。从方式手段上来说，"中国互联网治理已经形成了一整套比较完备的治理方法，包括法律规范、行政监管、行业自律、技术保障、公众监督、社会教育"[2]。从治理过程上说，中国互联网治理也呈现出了一些比较明显的治理特征，包括"联合型治理、学习型治理、冲击回应型治理，以及疏堵结合型治理"[3]。唐绪军研究员在《互联网治理的"中国方案"》（2016）中把互联网治理的"中国方案"概括为一个目标、两大支点、三个理念、四项原则和五点主张。他指出，互联网治理的"中国方案"是一个有机的整体。"推动互联网全球治理体系变革，构建全球网络空间命运共同体"是目标，互联互通和共享共治是达至目标的"两大支点"，共商、共建和共享是达至目标的"三大理念"，"四项原则"是达至目标的基本遵循，"五点主张"则是兼顾当前与长远的实施方案。[4] 对于网络治理维护的作用，有的学者认为应该包括以下三个方面："通过达成集体的共识，规范成员之间的交易；通过加快信息传递的速度与扩大传播的范围，降低信息

---

[1] 叶敏：《中国互联网治理：目标、方式与特征》，《新视野》2011年第1期。
[2] 叶敏：《中国互联网治理：目标、方式与特征》，《新视野》2011年第1期。
[3] 叶敏：《中国互联网治理：目标、方式与特征》，《新视野》2011年第1期。
[4] 参见苗伟山等《互联网治理：实践、规则与发展——首届中外合作互联网治理论坛会议综述》，《新闻与传播研究》2016年第12期。

的不对称；通过增加信任与整合不同成员的文化，规避机会主义与道德风险"①。

针对国内互联网治理问题，喻国明教授（2016）在《互联网治理的有效性前提与操作关键》中探讨了互联网治理规则的制定原则与关键要素。他认为，互联网治理的关键在基于治理目标和诉求建立一整套相关的规则体系以及基于这种规则体系的实践、逻辑。规则制定分为软硬两方面，"硬的方面指对国家安全、人民生活和社会秩序有着严重危害性影响的刑法规则；软的方面指各界人士在互联网上的行为规范"②。

六 互联网治理的发展与挑战

梁虹教授（2016）在《互联网治理的挑战：技术与文化身份的视角》中，从文化研究角度提出了互联网治理中存在着技术与文化间的困境。她认为，互联网加速了全球化进程，实际上在一定意义上加速了文化群体间的文化冲突。③ 殷乐研究员在《互联网治理中的隐私议题》从私人关系、私生活在中国演变的历史视角出发，总结了从20世纪80年代到现在人们隐私观念变化的三个阶段。④ 雷跃捷教授等（2017）认为"网络空间是亿万民众共同的精神家园，天朗气清、生态良好，既是网络社会治理的追求，也符合人民的利益。《互联网新闻信息服务单位内容管理从业人员管理办法》的出台，既是从业人员做好互联网新闻信息传播活动的依据和保证，也加强了我国互联网信息内容管理制度建设，使网信部门在贯彻落实互联网治理职责时有了更加具体的依据，推动了我国网络信息法治建设的步伐，从法律和政策层面为我国构建生态良好的网络空间提供了制

---

① 钱人瑜等：《网络治理的研究综述与理论框架创新》，《商业经济研究》2015年第1期。
② 参见苗伟山、刘金河《互联网治理：实践、规则与发展——首届中外合作互联网治理论坛会议综述》，《新闻与传播研究》2016年第12期。
③ 参见苗伟山、刘金河《互联网治理：实践、规则与发展——首届中外合作互联网治理论坛会议综述》，《新闻与传播研究》2016年第12期。
④ 参见苗伟山、刘金河《互联网治理：实践、规则与发展——首届中外合作互联网治理论坛会议综述》，《新闻与传播研究》2016年第12期。

度保障"①。王帅等（2017）认为网络技术措施的治理，包括司法角度和行业角度，目前 Robots 协议起着一种导向作用，指引搜索行为，来保证网络信息安全。熊光清（2018）认为当前网络空间存在着各种各样的问题，亟须加强全球互联网治理，进行全球互联网治理体系变革。"推进全球互联网治理体系变革，各国应尊重并维护网络主权，共同维护网络安全"②；应和平利用网络空间，加强网络治理的国际合作。刘海霞（2018）认为"互联网传播行为的失范是互联网治理必须面对的问题，法律保障、道德约束的双重模式是互联网治理的两条途径"③。围绕自由与规制这一问题而展开的互联网传播伦理，"需要形成一些核心伦理理念和共识，为新出现的网络传播行为提供规范"④。在新时代下，探讨其切实可行的建设路径，必然要吸纳传统媒体和网络媒体的伦理理念，以传播者的道德规范为根本，通过多元主体参与的综合治理方式，完成网络传播伦理的规范性体系建设，这将是网络治理的发展方向。

总体而言，国外对网络媒体社会责任及其治理研究较早，成果也较系统、丰富。国内学者对此进行了有意义尝试。⑤ 以上研究仍存在明显不足，主要表现在：①国外研究结论主要是针对西方话语环境而取得的，西方学者研究对中国网络媒体治理有一定参照价值，但缺乏针对性。②国内研究，内容上对网络媒体社会责任治理机制和评价指标体系、模型很少涉及。在研究方法上，大部分采用定性方法，没有采用定量和实证分析。在研究理论基础上，单纯从媒体伦理角度，基本没有从"企业社会责任"角度展开研究，没有"从传播、政治、文

---

① 参见雷跃捷等《强化从业者责任意识，构筑互联网治理体系——〈互联网新闻信息服务单位内容管理从业人员管理办法〉解读》，《青年记者》2017 年第 12 期。
② 齐峰：《论习近平国际网络观的鲜明特质》，《中共珠海市委党校珠海市行政学院学报》2017 年第 12 期。
③ 刘海霞：《网络传播治理中的伦理建设》，《中国广播电视学刊》2018 年第 5 期。
④ 刘海霞：《网络传播治理中的伦理建设》，《中国广播电视学刊》2018 年第 5 期。
⑤ 参见包国强《基于实证的报刊企业社会责任评价体系研究的设想》，《中小企业管理与科技》（上旬刊）2012 年第 3 期。

化、法律、伦理、经济和管理等多角度全面审视其社会责任治理和评价指标体系及模型"①。

第二节 传媒社会责任的主体与客体

传媒的信息传播活动作用于社会，需要承担相应的社会责任。由于传媒类型和功能差异，传媒主体承担社会责任的方式及重点也有所不同。从传媒社会责任的定义来看，其构成要素就是作为主体的媒体、作为客体的社会公众和将主体与客体联结起来的信息传播活动、经营活动和公共利益。

一 传媒社会责任的主体

考察传媒社会责任的主体，回答的是"谁负责"的问题，即谁是责任的承担者？不同类型的责任主体承担社会责任的内容有所不同。从媒介技术形态划分，可以分为传统媒体、新媒体等；从媒介传播范围划分，可以分为全国性媒体、区域性媒体和地方性媒体等；从传媒组织层次上划分，可以分为宏观的整体传媒行业、中观的传媒组织和围观的媒体人②；从实际的专业分工角度，可以分为传媒组织、传媒从业者以及每一个参与信息传播的非职业普通用户。

传媒机构以专业化、组织化的方式进行信息传播活动，具有广泛的社会影响力，毫无疑问需要承担相应的社会责任。传媒机构既包括以报刊、广播、电视为主的传统媒体机构，也包括新闻网站与客户端、社交媒体平台、音视频网站及客户端等新媒体机构；既包括党报党刊、央视等主流媒体机构，也包括以市场化运营方式为主的传媒组织、内容平台、新型传媒文化公司、影视制作公司或自媒体团队组织等。传媒产品与技术迭代更新迅速，传媒生态复杂化，以

---

① 包国强：《基于实证的报刊企业社会责任评价体系研究的设想》，《中小企业管理与科技》（上旬刊）2012 年第 3 期。
② 参见金梦兰《媒体的社会责任》，山西人民出版社 2015 年版。

内容生产和信息传播为主要职能的各类专业传媒机构，掌握了传播资源、传播渠道和传播生产工具，传媒责任即建立在传媒基本职能基础之上。①

传媒从业者以专业的方式从事信息传播职业，在传播活动中发挥主导性作用，是承担社会责任的实际主体和基本单元。传媒从业者包括记者、编辑、编导、自媒体运营者等，也包括政府机构或企业、非营利组织等设置的新闻发言人、市场营销及公共关系从业者等，皆以从事专业传播活动、践行职业伦理道德的方式践行社会责任。从事传媒工作的职业媒体人一般隶属于不同的传媒机构，承担组织中某一具体环节的工作，这就形成了组织责任和个人责任的分化。传媒产品往往是多个媒体人共同产出的传媒组织集体作品。因此，传媒社会责任具有双重主体，在具体传播活动中，责任也会在传媒组织与从业者个体之间相互转移、共同承担。② 因此，在传播违规违纪的责任追溯中，既可见对具体问题稿件或内容制作者的责任追究，也可见对问题传媒组织、传媒平台的责任追索，因具体情况而异。

在信息化和媒介化社会，每一个参与信息传播活动的非职业普通用户也是传媒社会责任的主体。非职业个人主体通常具有媒体对象和媒体主体双重身份，以网络、手机等媒介技术和社交媒体、内容平台等媒介产品构建起交互关系。数字技术具有突出的去中心化特征和用户赋权效应，网络空间已经成为人类精神生活的共同生存空间，也成为国家治理体系和网络主权安全的组成部分。网络用户的内容生产、点击、转载、评论等互动传播活动都是网络公共空间的基本内容，也已深刻影响专业媒体机构、专业从业者的传播议程设置。很多网络新闻事件或传播活动能够引起广泛社会关注，甚至影响现实社会运转和机构行动。因此，每一个参与信息传播活动的普通用户也需要意识到自己需要提高网络媒体素养，规范基本的网络使用行为，承担相应的信息传播责任。

---

① 参见燕道成《传媒责任伦理研究》，博士学位论文，中南大学，2010 年。
② 参见杨晓强、廖俊清《大众传媒社会责任的构成分析》，《新闻世界》2013 年第 12 期。

二 传媒社会责任的客体

考察传媒社会责任的客体，回答的是"对谁负责"的问题，即谁是责任的指向对象？传媒是否良好地履行了社会责任，主要是由作为社会责任课题的社会公众来判定的。社会公众即是传媒社会责任的客体。传媒承担社会责任即是要维护社会公众的公共利益，实现社会效益。

社会公众是一个集合概念，在内涵和外延上有着广泛的指代性和较为复杂的构成。[1] 传媒在信息传播活动中会形成不同的公众群体。广义上讲，传媒社会责任的客体可以包括他向之进行传播并受到影响的每个个体和整个社会群体。具体来看，可以根据传媒和各类社会公众的关系和角色作用，将传媒所面向的社会公众分为以下五类。

一是传媒受众，也包括网络媒体用户。传播活动的核心即是以传受者之间的活动。目标受众是传媒履行社会责任的重要客体，是传媒实践活动的根本指向。对于网络媒介产品、社交媒体平台而言，责任客体则是其用户群体；这些用户又具有极强的能动性，能够深度参与传播活动，使得传受关系一体化，传媒履行社会责任则更需要维护平台秩序、保持公共空间内容品质，实现公共管理角色。

二是传媒组织内部公众，即传媒机构内部从业人员。传媒对其组织成员有管理职责、经济职责、专业培训与职业发展职责、权益保障职责等，需要保护从业人员权益，建立健全员工薪酬体系，设置健康管理制度、员工救助制度等一系列以人为本的现代企业管理制度。

三是政府及各级管理部门，即对传媒行使管理监督职能的规制部门及人员。传媒需要遵守国家法律法规等管理规范，也需要遵守相应主管部门发布的本领域规章制度等。常见的传媒管理部门包括中宣部、国家新闻出版署、国家广播电视总局、国家互联网信息办公室（中央网信办）、工业和信息化部及各省市相关主管部门等。

---

[1] 参见居延安《公共关系学》（第四版），复旦大学出版社2008年版。

四是事件性公众，即由突发事件而短暂形成的公众群体。传媒主体因发布某一重大新闻、突发性新闻或重要事件等，短时间内聚集起大量社会公众，形成事件性公众。如汶川地震期间，中央媒体和四川地方媒体发挥了重要的信息传播功能。

五是一般社会公众。传媒信息传播活动的影响范围常常是动态的。特别是在网络环境中，因社交媒体用户的评论、转发而引起广泛社会关注的传播事件层出不穷，虚拟用户群体的聚集和分散极为常见。在广义上，社会整体都是传媒社会责任的客体。在外延上，传媒主体不仅要对当下的社会公众负责，也需要以对历史负责的态度重视历史责任，以建设性和前瞻性的责任意识实现对未来的尊重、责任和义务。①

对于不同的社会群体，传媒承担社会责任的具体内容、尺度要求也不同。客体是传媒主体在具体传播实践活动中的影响对象，是围绕特定传播活动产生的。传媒主体履行社会责任的内容就体现在具体传播实践活动中及其与各类客体的责任关系中。

第三节　传媒社会责任履行的意义、作用和功能

媒介对现实社会的影响，无论是在深度、广度、形式和频度上，都远远超过历史上的任何时期。"媒介化社会"概念即是对媒介与社会关系之间的密切关系的描述，认为媒体媒介已经深刻地介入社会的多个层面，媒介深度影响社会，社会也不断塑造媒介。② 信息技术促进媒介更进一步影响现实社会的生产、生活活动，产生了社会空间、物理空间和精神空间的动态套叠和分离，③ 形成了人们对媒介的深度依赖。媒介不仅是人的延伸，甚至部分或者全部替代了一些社会行动

---

① 参见钟媛媛《传媒责任伦理研究》，中国传媒大学出版社2018年版。
② 参见张涛甫《媒介化社会语境下的舆论表达》，《现代传播》（中国传媒大学学报）2006年第5期。
③ 参见周翔、李镓《网络社会中的"媒介化"问题：理论、实践与展望》，《国际新闻界》2017年第4期。

以及社会机构。媒介与社会形成互动共生关系。人类社会从传播学意义上已经进入了媒介化社会。

一 传媒社会责任履行的意义

传媒需要履行的社会责任既包括具有强约束性的法律责任和政治责任，也包括具有一般约束力的经济责任和专业责任，同时包括具有较弱约束性的道德伦理责任。传媒社会责任随着政治制度和社会条件的演变而演变。社会公众的道德观、价值观和公共利益驱动传媒自觉主动履行社会责任。传媒责任建立在传媒基本职能和社会共识基础之上。传媒承担社会责任具有重要的现实意义和理论意义。

首先，传媒承担社会责任体现了传媒的职责功能定位和社会价值追求，真正践行了传媒的根本目的和价值目标。传媒通过信息传播活动实现人们的思想表达、意见传递、社会整合与媒介监督等功能。履行社会责任能够使传媒在错综复杂的国内国际环境和千变万化的现代社会生活中，正确认识和把握信息传播活动的内在品质要求和客观规律原则，实现传媒专业价值和社会价值。

其次，传媒承担社会责任有利于实现传媒机构长期可持续发展。传媒组织的发展应建立于专业职能、经济职能、社会职能与政治职能等协调发展的基础上，而不是仅仅追逐眼前的短期经济利润。任何发展变化都是相互关联的，任何发展都是离不开人类社会并影响社会的。媒介化社会的传媒主体尤其如此。传媒社会责任根源于传媒所处的社会关系及其利益结构，也必然在协调和解决这些社会关系的过程中获得自身的生存和发展。媒体应将履行社会责任置于关系到组织生存发展的战略位置来重视。短期来看，传媒为吸引商业流量和获取商业利益而易将新闻职业道德与媒介效益利润置于对立。长期来看，具有社会责任的媒体则能够获得投资者、政府和社会的更多关注和帮助，从而使媒体获得更多发展机会和社会综合支持[1]，增强社会资本和核心

---

[1] 参见环境与发展研究所《企业社会责任在中国》，经济科学出版社2004年版。

竞争力，促进长期发展和可持续发展。

再次，媒体承担社会责任有利于增进传媒组织和从业者的职业伦理道德，抵挡不规范的市场秩序行为，克服过度商业化、职业腐败等不良风气的冲击，解决传媒组织运营与发展中的实际问题。社会责任意识能够帮助从业者正确践行专业理念，巩固执业之基，强化立身之本，成为富有使命感、道德品质和社会责任担当的传媒人。

最后，传媒承担社会责任的相关理论研究与建构也具有重要的理论意义和理论价值。中国特色社会主义进入新时代，践行的是社会主义的传媒管理制度和社会责任理念。社会主义的传媒社会责任理论是以马克思主义新闻观为指导，基于社会主义制度的传媒实践而形成的创新理论。这与资本主义国家以传媒私有制为基础而形成的社会责任论形成显著差异。在我国，传媒组织能够通过坚持正确义利观、履行社会责任而有力践行社会主义核心价值观、传播社会主义先进文化、建设社会主义和谐社会和促进社会主义民主政治。中国特色的社会主义传媒社会责任理论是中国新闻理论和社会科学理论创新的组成部分，在指导思想、学术体系和话语体系[①]等方面充分体现了中国特色、中国立场和中国价值。

二 传媒承担社会责任的正向作用

传媒承担社会责任的正向作用指的是传媒机构或从业人员在具体履行职责和功能的过程中所产生的正向影响和效用。对应于传媒承担社会责任的基本内容和现实意义，可以将传媒社会责任的正向作用归纳为以下三个方面。

传媒承担社会责任具有联结与沟通作用。传媒通过信息传播与处理来发挥联结与沟通作用。信息时代，媒介化生存的质量高度依赖传媒是否能够正确履行社会责任，提供有品质、有价值的信息与服务，

---

① 参见习近平《在哲学社会科学工作座谈会上的讲话》，《人民日报》2016年5月19日第2版。

实现联结与沟通作用。在政治层面，传媒机构能够传达国家政策与路线方针，将国家意志与主流价值观广泛宣传告知民众，同时传达多样化的民意呼声，实现权利合法化。在经济层面，传媒机构能够采集并传播经济新闻与经济运行信息，服务社会各经济主体的信息沟通需求。良好践行社会责任的传媒发挥着信息基础设施的作用，作为一种结构性力量，服务与支撑着国家、社会与个人等多领域多主体的生产与生活信息需求，通过"联结"关系建立起媒介化社会。

媒体承担社会责任具有整合与凝聚作用。社会成员具有主观能动性，人们正是发挥主观能动作用进行经济建设与发展生产，才能够保持社会运行与发展。但是人们的需求和思想常常是具有多样化差异的，传媒通过理性公共讨论、聚合意见、整合社群等方式弥合差异，构建社会认同，凝聚意志，建设共识，发挥社会整合作用。而过度追求点击率的一些媒介不惜通过极端观点撕裂社会，制造或扩大分歧，造成社群分化与隔离，会产生放大矛盾、扩大内耗、意见割裂等问题，扩大社会紧张感，引发社会冲突与价值秩序混乱，严重损害社会公共利益。民族凝聚力与向心力关系到社会主义意识形态建设与国家共识建设。维护社会公共利益、道德伦理与公序良俗关系到公众社会生活秩序与媒介化生存质量，起到协调各方、建立共识、促进并维持共同价值观的重要作用。

传媒承担社会责任具有监测与应变作用。传媒不应制造新闻或扩大社会矛盾，而应客观全面采集与制作新闻信息，反映社会动态现实，监测环境，并发挥调节作用与应变作用，服务社会，建设社会，增进社会公益，促进社会进步。当社会面临外部或内部矛盾问题、重大危机时，传媒机构也能够促进政治动员、推动社会组织与动员等，维护社会公共秩序，缓解矛盾冲击并协调社会力量，推动解决问题。传媒已直接渗透介入了社会运行的每个过程和每个环节中去，因此不仅能够在宏观上实现对国家与社会整体的环境监测，如通过舆论监督公权力运行，也能在中观的组织层面和微观的个体层面发挥出经常性的调节作用与应变作用，达到预防、缓解、反映、交流沟通、调节与建设、反馈等目的，良好履行传媒社会责任。

社会主义国家的传媒以马克思主义新闻观为指导,承担着为党和人民服务的职责和使命,践行社会主义传媒责任观。马克思主义新闻观融合了马克思主义理论、新闻理论和责任理论等多个领域,是无产阶级及其政党对于新闻事业的工作性质、工作原则和工作规律等系统和科学的认识。无产阶级领袖投身革命,注重以报刊作为战斗阵地,对无产阶级新闻事业具有丰富实践经验和科学认识,认为"报刊按其使命来说,是公众的捍卫者",① 是自由、准确表达公众意见的平台,报刊的社会职责是坚持事实,要力求经得起事实、实践和历史的检验。列宁通过创办各类党报发表论述,进行思想宣传,认为党报的社会职责是导向正确,② 指出:"思想性、坚定性、政治路线的明确性以及对敌人斗争的不妥协性,是机关报极为重要的品格。我们将严格按照马克思主义的办报方针。"③ 毛泽东继承和发展了世界无产阶级新闻事业的办报传统,与中国革命的伟大新闻实践相结合,是一位卓越的革命报刊活动家和新闻宣传家。毛泽东新闻思想奠定了中国共产党新闻思想的理论基础,构成了中国共产党新闻思想的基本内容,符合中国国情和新闻工作实际需要,具有鲜明的中国特色。④ 中国的领导集体在继承和发扬毛主席新闻思想理论的基础上,与时俱进,不断创新,根据所处时代党的中心任务、基本国情以及当时新闻工作的实际需要,分别阐释了改革开放时期、市场经济条件下和信息化背景下党的新闻宣传和舆论引导的新特点和新规律,不断充实、丰富和发展着中国共产党的新闻思想和马克思主义新闻观的理论体系。

新时代背景下,习近平总书记从党和国家事业发展全局和治国理政、定国安邦整体布局的战略高度,对新闻宣传工作发表了一系列重要讲话和指导,形成了新时代宣传思想观,要求新闻传媒筑牢新时代

---

① 《马克思恩格斯全集》(第6卷),人民出版社1995年版。
② 参见唐欢《马克思主义关于新闻社会责任研究》,硕士学位论文,合肥工业大学,2016年。
③ 《列宁全集》(第8卷),人民出版社1988年版。
④ 参见郑保卫《论毛泽东、邓小平、江泽民、胡锦涛新闻思想的历史地位及理论贡献》,载《新闻学论集》编辑部《新闻学论集》第26辑,光明日报出版社2011年版。

意识形态政治阵地，承担新时代的新使命新任务和新责任。习近平总书记在党的新闻舆论工作座谈会上，要求中央主要媒体做好党的新闻舆论工作，"牢牢坚持党性原则，牢牢坚持马克思主义新闻观，牢牢坚持正确舆论导向，牢牢坚持正面宣传为主"，① 守正创新，提高新闻舆论传播力引导力。以主流媒体为主要力量的中国新闻事业承担着重要的政治责任、宣传责任、历史责任和社会责任。② "人在哪儿，宣传思想工作的重点就在哪儿"，网络空间成为生产生活新空间以来，主流传媒就要在借助移动传播和信息技术，牢牢占据舆论引导、思想引领、文化传承、服务人民的传播制高点，做大做强主流舆论，巩固全党全国人民团结奋斗的共同思想基础，为实现中华民族伟大复兴的中国梦提供强大精神力量和舆论支持。③ 在技术层面，根据传媒智能化和算法驱动的全新发展特征，也需要我国主流传媒增强紧迫感和使命感，推进关键核心技术自主创新不断实现突破，探索将人工智能技术运用在新闻采集、生产、分发、接收、反馈中，用主流价值导向驾驭"算法"，全面提高舆论引导能力。④ 特别是世界面临百年未有之大变局、信息技术对媒体格局和舆论格局带来巨大冲击的背景下，我国新闻传媒事业也正在经历激烈的调整与变动，⑤ 承担更为重大、更为重要、更为复杂深刻的传媒社会责任也成为新时代的新要求。

三 传媒承担社会责任的功能

媒介通过承担社会责任，能够更好地实现媒介社会功能。媒介功能强调媒介使用者所需要的目的和效用，媒介社会功能主要强调媒介对于

---

① 杨振武：《把握好政治家办报的时代要求》，《人民日报》2016年3月21日第7版。
② 参见郑保卫《学好习近平宣传思想工作重要论述筑牢新时代意识形态政治阵地》，《中国广播电视学刊》2021年第2期。
③ 参见新华社评论员《推动媒体融合发展走深走实》，《新华每日电讯》2019年1月27日第1版。
④ 参见《推动媒体融合向纵深发展 巩固全党全国人民共同思想基础》，《人民日报》2019年1月26日第1版。
⑤ 参见郑保卫、张喆喆《习近平新闻舆论观的思想精髓、理论来源与实践价值》，《新闻与写作》2019年第10期。

社会需求的满足。拉斯韦尔认为传媒在社会中的主要功能是监视社会环境、协调社会力量和传承社会遗产。① 赖特为描述媒介的各种影响，将"提供娱乐"补充为媒介的第四个功能，② 认为媒介能够满足人们精神生活的需要，为个人提供轻松的信息，消除紧张。③ 也有研究将媒介功能归纳为社会雷达、操纵控制、④ 社会动员等，并指出传媒也具有强化社会规范、降低审美和麻醉等负面社会功能。⑤ 总的来看，传媒具有信息传递、检测环境、社会协调和文化传承、休闲娱乐等功能。

传媒通过正确履行社会责任，能够更好践行传媒的正面社会功能，最大程度避免负面社会功能。传媒践行社会责任能够发挥治理功能、整合功能和道德功能。

传媒承担社会责任能够履行社会治理功能。随着社会媒介化发展，传媒作为重要的信息枢纽和内容平台，能够通过社会引导、社会服务、激发社会活动等多种方式深度嵌入并多方面参与社会治理，成为真正的社会组织者和管理主体，保障社会系统协调稳定运行。传媒通过弘扬主流价值观、维护意识形态安全进行舆论引导和行为动员，能够设置建设性议题，建构理性公共领域，凝聚共识，维护社会和谐与稳定。同时通过构建社会沟通平台和沟通机制，促进公众表达、讨论与沟通，通过信息传播与舆情监测预判预警社会风险，疏导社会情绪，推动建设性公共空间建设，服务社会公共利益需要，激发社会活力，实现社会协商，构建共治共享的现代化治理体系。在对外传播中，传媒则通过构建国家形象、推动国际传播等方式参与全球传播与全球治理，提升国际影响力和话语权。传媒的社会治理能力是国家治理体系和治理

---

① Lasswell, H. D., *The Structure and Function of Communication in Society*, New York, Harper & Bros, 1948.

② Wright, Charles R., "Functional Analysis and Mass Communication", *The Public Opinion Quarterly*, Vol. 24, No. 4, 1960, pp. 605 – 620.

③ Mendelsohn, H., *Mass Entertainment*, New Haven, CT: College and University Press, 1966.

④ 参见［美］威尔伯·施拉姆等《传播学概论》（第二版），北京大学出版社2007年版。

⑤ Lazarsfeld, P. F. and Robert K. Merton, "Mass communication, popular taste and organized social action", In L. Bryson (ed.), *Communication of Ideas*, New York: Harper and Row, 1948.

能力现代化的有机组成部分。传媒实力与影响力与国家实力、国家发展密切相关,是国家软实力的重要体现。传媒与社会治理在深层次上具有天然的联结性,[①] 可以作为现代社会柔性治理的重要主体,配合政府主体的行政管理和社会治理。传媒在危机治理中也具有显著作用,能够传播科学声音、发布权威信息、实现信息沟通、平衡社会情绪、实现社会动员,与政府的行政治理互动协同,[②] 缓解与平息社会危机,维护社会秩序。传媒通过表达多样化的利益和声音,扩大社会主义意识形态影响力,形成并凝聚社会共识,实现社会治理功能。

  传媒承担社会责任能够履行社会整合功能。传媒已成为思想文化呈现、思潮观念交锋的主要阵地。特别是社会分化快速发展、社会冲突加剧的当下,传媒成为认识社会冲突、反映社会矛盾和修复社会断裂的重要力量,也成为构建社会共识和维护社会稳定的重要平台和重要变量。[③] 传媒可以将不同社会群体的心理动机、思想观念、目标追求和行为规范等予以呈现倾听和讨论协商,并协调为一个社会整体,称之为社会整合。[④] 社会整合要求成员在文化规范、价值意识和目标取向等方面适应群体价值,符合共同规范,从而促进社会协调与进步,形成共同的价值标准和情感纽带,建设社会共同体,实现维护社会整体和提高社会整合度的功能。传媒在形成价值共识、建立社会认同上具有无可比拟和难以替代的优势,其社会整合功能能够包蕴与宽容多元化社会利益和多样化社会观念,形成具有弹性与柔性的社会整合结构力量,促使社会在兼收并蓄中走向平衡与整合。

  传媒承担社会责任能够履行道德文化功能。传媒的道德功能是通

---

  ① 参见朱萌《大数据时代的社会治理功能:新时代思想政治教育的创新发展研究》,《理论观察》2019年第8期。
  ② 参见蔡志强《媒介在危机治理中的功能——以汶川大地震中的媒介为例》,《中国行政管理》2008年第7期。
  ③ 参见龚新琼《关系·冲突·整合——理解媒介依赖理论的三个维度》,《当代传播》2011年第6期。
  ④ 参见黄永林《大众传媒与当代大众世界——论大众传媒的社会功能》,《华中师范大学学报》(人文社会科学版)1999年第2期。

过其传播内容和道德行为所产生的实际效果而创造出的道德价值,具体包括道德协调功能、道德教育功能和道德示范功能。① 现代社会是一个建立在专业分工合作基础上的复杂有机社会,社会成员之间以及不同群体之间具有不同的立场、兴趣和价值选择,传媒能够通过意见表达、意见汇聚、意见讨论和选择处理等一系列机制实现协调功能,引导各个利益主体的行为符合相应的社会规范,实现协调功能。同时,传媒能够通过优质内容选择、宣传道德典范、践行职业伦理道德等方式,激发公众道德情感,实现道德价值导向功能和道德示范教育功能。在文化方面,传媒则能够发挥公众教育教化、文化传承和文化保护以及传播先进文化的功能。社会公众共享文化传统、文化价值和文化环境。传媒承担社会责任能够较好维护社会公序良俗、延续文化与价值、传播先进文化,从而更好践行道德文化功能。

第四节 网络媒体社会责任的内涵多维解读

一 从伦理角度对网络媒体社会责任的内涵解读

媒介伦理是职业传播者在其从事传播行为,特别是其行为可能产生消极影响下,指导或影响其行为的道德规则。② 所有传播媒介中最主要的问题就是围绕着伦理问题展开的。我国传播学者李健在《传媒伦理论纲》中认为,"媒介伦理就是在媒体生活共同体中所蕴含和活跃着的社会成员的道德意识、道德活动、道德品格及其所遵循的道德准则的总和。"③ 它包括了传播媒介在传播信息中所体现的道德意识,传媒劳动者的职业素养以及社会大众在处理传媒信息生活中多种关系所遵循的道德准则。

随着市场经济和媒介全球化快速发展,网络媒体在市场经济下更

---

① 参见钟媛媛《传媒责任伦理研究》,中国传媒大学出版社 2018 年版。
② 参见马文波、刘贺《从媒介伦理的视角谈大众传播媒介的社会影响与社会责任》,《电影文学》2012 年第 10 期。
③ 严利华:《大众媒介与社会公正》,《今传媒》2012 年第 1 期。

容易迷失方向，网络媒体的发展就更加面临着伦理选择的困境，更容易出现问题。在市场的激烈竞争中网络媒体及其从业者为了生存与发展，"伦理失范"的情况就时有发生。媒介伦理是网络媒体的道德指南针，它对网络媒体起着规范、引导的作用。"新闻职业道德，也叫新闻伦理或新闻道德，是新闻工作者在长期的职业实践中形成的用来调整和处理新闻机构内外相互关系的行为规范或准则。"① 网络媒体及其从业者要遵循职业道德，主要包括以下三个方面。

首先，报道的内容要真实客观、快速、全面、准确。这是基本的专业伦理要求。真实客观是新闻的生命，对新闻事件的报道要尽量展现客观、真实的新闻，避免在传播中出现个人的偏见，来保证传播的公正性；在互联网的冲击下，传统媒体的时效性越来越受到冲击，网络媒体要取长补短，在报道的深度和全面上下功夫。

其次，网络媒体及其从业者要有自律意识。坚持舆论导向的正确性，要把大众的利益放在首要位置，不利用其所掌握的新闻报道权利，为自身谋取不正当的政治、经济利益，不搞新闻寻租、舆论审判。

最后，要重视对人性的关怀。特别是在突发事件、灾难报道中，遵循最小伤害、生命至上原则。新闻报道和日常信息传播不宜展现详细的血腥暴力细节，从业者要尊重采访对象的人格权利等。

康德曾在《实践理性批判》中说过："头上的星空和内心的道德法则，只有这有两种东西，我们愈时常、愈反复加以思维，它们就给人心灌注了时时在翻新、有加无已的赞叹和敬畏。"② 这里说的道德法则，也就是伦理道德。网络媒介的伦理道德，是网络媒体企业在经济全球化时代发展的道德指南，同时，也能促使网络媒体更重视媒介报道的正面的社会效果，③ 促进媒介道德规范建设，提升整个社会道德水平。

---

① 刘晓峰：《不能缺失的新闻伦理》，《新闻爱好者》2012年第9期。
② 马文波、刘贺：《从媒介伦理的视角谈大众传播媒介的社会影响与社会责任》，《电影文学》2012年第10期。
③ 参见马文波、刘贺《从媒介伦理的视角谈大众传播媒介的社会影响与社会责任》，《电影文学》2012年第10期。

二 从法治角度对网络媒体社会责任的内涵解读

法治责任是网络媒体最基本的社会责任，它强调网络媒体在从事新闻或其他传播活动中必须遵守宪法和相关法律法规，在现行法律的体系框架内承担职业责任。虽然中国目前尚无真正意义上的新闻法或传媒法，但我国与信息、传播相关的法律或法规却在不断地制定和完善中。从我国现行新闻传播领域所依据的法律体系来看，网络媒体所遵循的法治责任可以从三个方面来理解。首先，《宪法》是我国的根本大法，一切传播活动不得与《宪法》的基本内容和基本精神发生任何抵触。其次，我国现行的《刑法》《行政诉讼法》和《民法通则》等各项法律法规，规定了媒体不得侵犯公民的肖像权、名誉权、隐私权等行为。最后，网络媒体必须遵守为了调整某一方面社会关系且与新闻传播活动有密切关系的法律法规，如《著作权法》《国家安全法》等，还有散见于其他领域且必须遵守的相关行政法规。如《计算机信息网络国际联网安全保护管理办法》《音像制品管理条例》《互联网信息服务管理办法》等。不违反法律是网络传播活动的底线。

网络媒体作为大众传播媒介需要肩负法治责任。第一，新闻报道的内容要真实。在新闻侵权案件中，报道内容失实是最主要的新闻侵权类型。为了确保报道内容真实可靠，稿件中基本内容要符合真实性要求；在新闻报道中禁用侮辱性、偏见性的语言，注意用词的准确、恰当；在发表评论时立场公正，褒贬要得当。第二，网络媒体从业者是社会的守望者、把关者，懂法、知法、守法是其最基本的职业素质。不搞有偿新闻，不用手中的传播权利影响司法的公正。遵纪守法，敢于揭露社会中违法事件，做好守望者的角色。第三，网络媒体要积极推进我国法治建设进程。网络媒体作为社会守望者的角色，就必须勇于承担起维护法律、推进法治的重任，通过传播活动督促立法部门完善法律法规，要求执法部门规范执法行为，促进行政部门加强信息公开透明化。同时，网络媒体向社会传播现代文明法治理念，推动我国司法体制改革，完善法律体系。2003年的"孙志刚"案件，就是在媒体的推动下，引起国家和司法界重视，公布了《城市生活无着落的流浪乞讨人员的救助管理办法》，同时宣布原《城市流浪乞讨人员收容遣送办法》废止的典型案例。

网络媒体应承担作为企业法人的法律责任。首先，诚信、合法经营，依法纳税。严格落实国家新闻出版广电主管部门、国家工商总局相关法律法规，规范广告、发行、活动、内容、销售等经营行为，通过一系列管理制度，确保有效地履行媒体社会责任；严格遵照国家各项法律、法规开展日常广告经营活动。所有有偿发布的信息均注明"广告"，广告经营人员不介入新闻采编业务，真正做到报道与经营活动分开；贯彻和落实国家税收法律政策，自觉履行纳税义务。其次，严格审核稿件，完善采编流程。从采编到报道分发再到有偿新闻防范、稿件评比程序等方面不断完善和规范。加强建立完善的采编人员管理监督机制和责任追究机制，强化新闻采编人员自觉抵制有偿新闻和虚假报道。最后，切实保障从业人员权益。坚持以人为本，本着对每一位员工负责的原则，始终注重维护员工合法权益、保证聘用和职业发展的公平公正，同时制定符合国情和单位实际的薪酬体系，开展员工培训，提升网络媒体企业凝聚力，提高人才队伍素质，认真落实员工的各项福利待遇，严格履行《劳动法》《劳动合同法》。

三 从经济角度对网络媒体社会责任内涵解读

我国的网络媒体在经济发展过程中发挥了其独特的媒介作用，并把为经济发展服务作为自己所承担的重任之一，包括为经济界提供信息，进行信息的趋向预测，营造良好的发展氛围，从而对其实施监督与控制等。同时，网络媒体也是我国文化产业的重要部分，具有独特的经济属性。作为独立的经济实体，网络媒体的发展有利于文化产业的繁荣与发展。

1. 满足自身生存发展，创造财富

作为市场主体，网络媒体首先应该为社会创造财富，提供有效的信息产品，满足人们对信息的需求。与此同时，网络媒体企业也能够满足自身生存和发展的需要。如果网络媒体企业没有履行创造财富满足自身发展的经济责任，它不能生存下去，更谈不上履行其他社会责任。传媒具有产业化的特点能够通过市场化和产业化运营，产生巨大的经济效益。这已被国际经验所证明。在一些发达国家，如美、英、日、韩等国，已经把传媒业作为其新的经济增长点和重要的支柱产业。网络媒体积极发展自身创造财富，为我国经济发展贡献 GDP 也是履行社会责任的一种。

2. 传播经济信息促进经济发展

社会大众的个体经验范围有限，很难获得全面准确的信息。而新闻媒体在获取信息资源上具有得天独厚的优势，再加上网络媒体社会公信力的累积效应，自然成为社会个体特别是经济实体获取信息的首选渠道。网络媒体是企业获取外部信息和传递自身信息的重要工具。其传播的科技信息、经济信息、知识信息等，使企业对市场环境作出更准确全面判断的同时，也会对其经济运行中的疏忽进行提醒和改善。为企业决策发展提供指导，并产生经济效益，促进我国经济发展。同时，新闻中传播的经济信息和经济政策，也在改变着社会的经济观念，引导着公众投资和消费。

3. 监督经济行为，营造良好经济环境

新闻媒介具有监视环境的功能，美国传播学者哈罗德·拉斯威尔曾说："在我们的时代，监视的任务已有很大一部分被新闻媒介所接替。"当今中国的新闻媒介正以一种前所未有的姿态发挥着它们的环境监视功能，利用新闻网络媒体的力量参与到营造良好经济环境中来，从而促进我国的工商企业等向更加符合市场经济规律的轨道发展。同时，这种监督作用只是一种软监督。有新闻媒体的参与，将某些不规范经济行为暴露于公众面前，会对整个市场、各行各业产生巨大的制约与监督作用。

四 从政治角度对媒体社会责任内涵解读

在中国，新闻媒体担负着传播政治文化、引导正确舆论的责任。

网络媒体的影响力日渐提升，持续向社会公众输送经过选择加工的信息和观点，以及对这些信息的分析与评价。网络媒体的受众自觉或不自觉地接受这种"信息灌输"，在潜移默化中形成某种特定的政治倾向与态度。在现代社会，媒体越来越成为官民沟通的桥梁和信息传递的中间平台。一方面，媒体解释、党和国家的政策法规，同时监督政策的实施和政府工作人员的行为。另一方面，媒体承载着社会大众对党和政治的意见反馈，促进民主政治的进程。现代社会环境复杂、人员众多，政治传播就必须通过媒体进行，媒体也就成为对社会公众进行民主意识培养和民主技能教育的有效途径。

1. 解释和宣传党和国家政策，把握政治导向

网络媒体也是党和人民的"喉舌"，能有效地传播政治文化，能够使政治理念、制度、决策等为社会所普遍了解，从而获取更多民众支持，确保国家的政治稳定。各级政府部门通过向新闻界公开政务信息，再通过媒体报道，使人民群众了解政府的立场、态度、政策和决策，给人民以知情权。网络媒体的宣传工作要处理好改革、发展、稳定的关系，紧紧围绕着以经济建设为中心，服务全党全国的工作大局。在关系到人民利益、民族团结、党的原则、国家安全、对外关系等重大问题上，要符合中央精神，行动、思想要与党中央保持高度一致。

2. 监督政府行为和政策的实施，促进信息公开

网络改变了媒体生态，对政府行使监督的功能得以加强。媒体可以同时作为政府的"喉舌"及监督者的双重身份存在。特别是在监督政府权力运行方面，具有很强的公众传播力。网络媒体能够作为公众对政府权力徇私、滥用进行监督的平台，其效果显著。

3. 反映人民群众意愿和呼声，推动民主政治的进程

网络媒体是目前实现群众媒介接近权、使用权最便捷的选择。在网络媒体中，群众参与度提高，民众对政策实行和实施、法律法规等政治生活的反馈有了更便捷的渠道，从而能够促进和推动我国民主政治的进程。媒体的本质属性要求媒体必然成为受众政治参与、利益表达的工具，应当成为各种不同观点、不同利益的表达的公共平台。

五 从文化角度对媒体社会责任内涵解读

《中共中央关于深化文化体制改革、推动社会主义文化大发展大繁荣若干重大问题的决定》（以下简称《决定》）在党的第十七届中央委员会第六次全体会议上通过。《决定》指出："要坚持中国特色社会主义文化发展道路，深化文化体制改革，推动社会主义文化大发展大繁荣"[①]。社会主义文化的发展和繁荣离不开媒体，网络传媒因其覆盖范围广、传播速度快等特性，注定在文化交流与传播中扮演着重要角色。

传播文化，引导主流文化，做先进文化的引领者，是马克思主义新闻观对媒体的要求。网络媒体对社会文化的正面引导，让积极、健康、向上的正态信息广泛传播，推动和传承优秀、健康的文化，对形成和谐的社会文化生态环境，推动先进文化的发展有着不可替代的巨大作用和特殊功效。但是，现在网络媒体低俗化、泛娱乐化的现象仍然存在，低俗、炒作、重口味等已经成为网络娱乐关键词，这些很容易造成社会价值边缘化。网络媒体作为文化发展的前沿阵地，要肩负起社会主流价值文化的引导，传播社会主义核心价值观，做先进文化的引领者、传播者。网络媒体不仅肩负着传播和传承优秀文化的重任，而且本身又是文化产业的重要组成部分。提高影响力，提升自身经济效益，促进文化发展。

扩大对外宣传，推动文化交流与输出。网络媒体肩负着引导文化输出、交流的重要职责。国际竞争日益激烈，提升国际形象，增强国际影响力更需要网络媒体的传播。网络媒体，向世界传达自己的声音，拥有与国家实力相匹配的文化引导权，才能更好地维护国家利益。目前是我国处于多元文化加速产生发展的交替时期，各种文化之间相互作用、影响、渗透。网络媒体作为文化的传播者和代言人，加强各种文化的交流与引导是一项重要职责；同时要加强同外国媒体文化交流与合作，展现中国社会、民族精神，提升国家形象。在对外传播的过

---

① 《习近平关于社会主义文化建设论述摘编》，中央文献出版社2019年版，第168页。

程中，坚持对中国传统文化继承与发扬，同时也要吸纳与借鉴外国的优秀文化。

六 从企业管理角度对网络媒体社会责任内涵解读

网络媒体企业作为市场主体，必须建立现代企业管理制度。建立现代企业管理制度能使网络媒体企业的经营效率大大增强，明确企业的发展方向，使每一个员工都充分发挥他们的才能，同时这也有利于树立网络媒体品牌形象。由于媒体的特殊性，树立社会责任管理意识是网络媒体企业管理的最根本的出发点。传媒又具有很强的公共属性，网络媒体在经营活动中要受到公共性和公益性的制约。

1. 建立现代企业制度，提高经济效益

网络媒体作为企业，通过从事传播及经营活动以维持自身生存和发展，"需要保障信息生产和传播正常进行的流动资金，为扩大再生产积累财富"①，现代企业制度是企业竞争的制度保证。网络媒体的企业属性可能使其把逐利放在首要位置上，出现一些不负责任的情况。以市场为导向，在网络媒体企业内建立现代企业制度，创建科学的管理体系，形成符合其特点的清晰产权关系，让网络媒体所有者、劳动者和经营者明确各自的权责，采编与广告经营分开，把社会效益放在首位，不断地创造经济效益，更好地去履行社会的职责。

2. 树立社会责任管理意识，协调利益相关者关系

网络媒体把社会责任纳入其战略管理体系中，并融入经营理念里，将肩负遵守法律道德、诚信经营、舆论导向、保障员工权益、热心社会公益慈善事业等社会责任贯穿到网络媒体信息生产活动的各个环节，更为有效地整合社会资源，创造有利的内外部环境，为其可持续发展奠定坚实的基础。网络媒体社会责任管理，可以获得良好的社会效益和长远的商业利益，从而提高品牌价值和美誉度，最终企业形成了良性发展，经济效益也随之提高。受众更乐于购买、接受品牌好、可信

---

① 张成山：《大众传播时代的媒介歧视》，《当代传播》2012年第5期。

度高的产品，承担社会责任与网络媒体企业的经济效益呈正相关。

树立社会责任管理意识更要协调好利益相关者之间的关系，概括起来主要有以下四种情况：一是对受众（消费者）的责任。指在信息质量或信息服务质量方面要履行的承诺，提供给受众真实、准确、快速的信息。二是对劳动者的责任。网络媒体企业要对其从业者的健康、教育、福利等方面承担相应的义务。三是对政府的责任。要求依法纳税、公正宣传和承担政府规定的其他责任，并接受政府的监督和依法干预。四是对社会的责任。主要包括对社会公益事业和社会环境的和谐发展方面所应承担的责任与义务。从现代企业管理角度来说，网络媒体的社会责任其实就是对利益相关者所承担的责任。网络媒体的管理者应积极了解、尽可能地去满足不同利益相关者的愿望。

3. 维护内部从业者的合法权益，肩负道义责任

首先，注重从业者技能的培训，努力提升员工的素质。新兴媒体的发展，要求新闻从业人员成为全能型人才，不仅会采、写、编，还要懂得运用电脑、摄像机等设备。网络媒体企业在互联网的冲击下，更应注重对职工的培训，培养具有高素质的员工队伍，让每一个员工能在企业中快速成长，是一个企业对员工职业生涯和个人规划负责的重要体现。这是网络媒体社会责任的体现。其次，增加员工的收入，调动员工的积极性。网络媒体面对生存问题，不能很好平衡经济效益和社会效益。近年来新闻寻租、媒体敲诈屡见不鲜，就是一些职业素质不高的媒体或从业者为了私利背弃新闻伦理。作为经济实体，网络媒体企业在困境中始终要坚持以人为本，通过调节工资和福利，提升员工的安全感，从而调动员工的积极性，鼓励员工生产出更加好的新闻作品来。

4. 履行公共性和公益性责任

大众传播又是一种制度化的传播，网络媒体具有很强的公共属性，这种公共属性通过公共性和公益性表现出来。网络媒体的公共性和公益性主要是指满足社会普遍的信息需求，其生产和传播的信息涉及社会秩序和社会公共生活，对社会的政治、经济和文化道德具有广泛影

响力，要严格坚守社会责任。"任何大众传播媒介都隶属于一定的阶级、政党或集团，其领导者、经营者、传播者也都持有一定的阶级立场、政治倾向和世界观。"① 但这种一定的"团体"应是最广泛的受众团体，而不是少数人。网络媒体，应该把党的利益、国家的利益和人民的利益放在首位。

网络媒体企业还应肩负公益慈善责任，积极致力于增进社会的公共利益。这种责任包括慈善捐赠、扶贫帮困、报道先进人物和事迹等。同时，网络媒体在公益慈善中还发挥着其独特的作用，特别是在联系公益慈善和供求双方之间，充当着"爱心中介"，在凝聚社会爱心资源时，容易动员更多的社会力量参与其中。网络媒体肩负着公益慈善责任，公益慈善是没有强制性的，属于网络媒体的自愿责任。它能提升网络媒体的影响力、美誉度。这种责任履行要把握好"度"，否则会成为作秀。因此，网络媒体更值得去关注的问题是要"如何协调慈善责任与其他责任的关系，如何与其他组织机构协作，唤起人内心的善良，弘扬正确的思想价值观"②。

第五节 网络媒体企业社会责任特征

网络媒体与企业生产的物质产品有所不同，它向社会大众提供的是新闻、信息及其精神产品，这决定了它具有舆论导向性，并能影响社会生活的各个方面。大众网络媒体的社会作用和功能，也决定了他们与其他主体不同的社会责任特性，在信息时代，媒体承担着传播社会文化，引导舆论的职责，也决定着它的社会责任意义重大。媒体反映社会现象，传达信息，在不同时期和不同场合，要承担的社会责任也会有所不同。与一般企业相比，网络媒体企业承担的责任更为特殊和广泛，而且社会和人们对它的要求更为多元和复杂。其社会责任呈

---

① 郭庆光：《传播学教程》，中国人民大学出版社2011年版，第143页。
② 向倩芸：《媒体社会责任的框架与内涵》，《现代视听》2014年第4期。

现以下特征。

一　客观性与主观性的统一

有人认为，"网络媒体企业的社会责任首先是社会的一种客观存在，同时又表现在网络媒体及其从业者的主观能动性上，是客观性与主观性的统一。"[①] 首先，网络媒体所追求的社会责任是客观的。网络媒体企业的社会责任的客观性表现在很多方面，如网络媒体企业内部管理的规章制度、所要传播信息的选题策划以及其对从业者的要求等。这些网络媒体自身言说不仅向社会和受众很好展示其定位、理念、风格，而且还向社会宣告了它所追求的价值观念。这些用文字表达的社会责任宣言是客观实在的。受众（消费者）希望网络媒体能够传播真实、客观、公正的信息，受众对网络媒体企业履行社会责任的期待和要求也是客观的。人们更加希望每天从网络媒体上获取的信息是真实客观的，而不是虚假、主观、偏颇的信息。其次，网络媒体企业社会责任也有主观性，表现在两个方面：一方面是网络媒体从业人员（社会责任的最终实现者）决定了网络媒体社会责任的主观性。因为从业者有着不同的教育程度、家庭背景、文化意识和宗教信仰，这些个性化的因素在一定程度上决定着自己对责任的履行和认知的程度。所以在履行网络媒体的社会责任时，个人的价值观念、道德习惯就会不由自主地渗透在其行为中，使其履行社会责任的结果带有一定主观性。另一方面，是对网络媒体企业的社会责任评价是主观的。例如网络媒体传播了一条信息，有人认为网络媒体尽到了传播真实职责，也有人会认为没有尽到其他职责，不同的人持不同的意见。网络媒体社会责任的客观性与主观性是统一的。

二　经济效益和社会效益相统一

网络媒体的信息产品具有商品和文化双重属性（包国强，2005）。

[①] 杨晓强：《论大众传媒社会责任的四大特征》，《新闻世界》2012 年第 10 期。

网络媒体企业生产信息这种"商品",再面向社会公众传播信息,使其消费购买这种"商品"。这种商品具有物质性和主观性,追求经济效益目的和社会效益目的应统一在一起。网络媒体企业生产的产品信息是面向社会成员的。人们对网络媒体提供的信息的消费主要是对其精神内容的消费,这些精神内容包括社会思想、道德、科学、政治、宗教和价值行为标准等内容。这些具有鲜明的文化属性。网络媒体作为我国大众传媒的一种,其主要功能是传播信息,满足社会公众的知情权。信息中传播的有关精神内容和行为准则的标准对社会成员形成一种潜移默化的制约,实现社会各组成部分的联络、协调和统一,从而产生一定的社会效益。网络媒体的文化属性决定了其即使是在没有任何经济回报的前提下也要担负起社会责任,承担社会责任是无条件的;但作为一种特殊经济组织,需要高额的开销去购买设备、雇用员工、维持组织内部的正常运转等。网络媒体必须要从事经营活动,从而获得生存发展的必要资金。网络媒体公信力与网络媒体承担社会责任"存在着正相关的关系"[①],网络媒体企业承担社会责任可以提高媒介的公信力,从而提高网络媒体企业的经济效益。

媒体不同于一般的商业企业,追求经济利益是为了反哺社会事业,履行媒体的社会责任,而媒体负责的行为会提高公信力。经济效益和社会效益应是相辅相成的关系。网络媒体经济效益的增长提升其实现社会效益的能力,承担社会责任也会提高网络媒体企业的社会认可赞誉,提高其实现利润效益的能力。

三 权利与义务的统一

网络媒体在行使传播权利的同时,必须担当为公众服务的责任。责任是权利和义务的基础,它影响着人们的思想,对行为有指导的作用。在信息化的世界里,各种媒介层出不穷、信息量大增,发生在世

[①] 肖功为:《基于生命周期理论的中小企业社会责任战略模式选择》,《邵阳学院学报》(社会科学版) 2012年第12期。

界里的任何细枝末节都将可能成为媒介猎取的对象。随着人们从大众媒介汲取的信息量日益增大，主流网络媒体也就成为人们认识世界的主要来源。丹尼·埃利奥特说过，"无论大众媒介置身于怎样的社会中，它们都对社会负有责任，而且每种媒介都要对依赖它们获知信息的公众、团体负责。不管有无国家或社会新闻的控制存在，责任都是存在的。"① 媒体的社会属性决定了网络媒体承担社会责任的义务是无条件的。网络媒体是大众传播生产资料的直接控制者和使用者，网络媒体在信息生产过程中具有"把关人"的作用。网络媒体享受着公众权利的同时必须有义务为大众提供高品质的信息内容。

四 自由性与规范性的统一

就网络媒体企业的社会具体责任来说，有三种责任承担形式：一是以企业自律的道德责任；二是以社会监督的自愿责任；三是以国家强制的法律责任。道德责任是网络媒体机构与从业者在从事信息活动中，受到自己的思想观念、良知、责任心等内在的驱动，自愿承担和履行的责任，如网络媒体宣扬好人好事、为困难的人寻求爱心救助、播出公益广告等。法律责任是国家强制性约束人行为的一种形式，规范人们某些积极行为、制约束人的消极行为。如国家颁布的法律法规对网络媒体及其从业者的要求，网络媒体不遵守将受到法律制裁等。自愿责任则是处于道德与法律之间的一种责任。它既没有道德责任的内在自觉性，也没有法律的强制性，纪律责任是人的社会性，既有自觉也有强制性约束的一种实现，多体现在社会大众的监督上。如网络媒体企业的爱心公益活动等。

五 自评与他评的统一

2014 年 28 家媒体发布社会责任报告，对其履行社会责任情况进行了全面展示，其中有 18 家是新闻网络媒体。这种向社会的公开报

---

① 崔佳琪：《中国广播观照传统文化的现实意义》，《中国广播》2018 年第 1 期。

告形式，是媒体对自身履行社会责任状况的总结与评价，也就是自评。在这 18 家发布社会责任报告的新闻媒体中，能够如实披露自身在履行社会责任方面不足的仅有少数几家，多数媒体的报告更像制作精美的"宣传手册"，过多突出宣传和广告的效果。网络媒体社会责任报告如果只停留在这样的层次，其履行社会责任则很难达到高的水平。

除了网络媒体发布自身社会责任报告进行自评外，还需要有权威、中立的第三方机构，代表社会大众对网络媒体履行社会责任的状况进行他评。第三方评价能对网络媒体的履责表现进行全面、客观的研判，能够弥补主观评价的局限性，更有价值。自评与他评是统一的，但是自评和他评都不是无可挑剔的，我们既要避免网络媒体的自评流于自说自话，也要避免社会的他评受到偏见或不正当干预。为了使评价行为有"法"可依、有章可循，网络媒体的自评和他评都需要一套权威、统一的媒体社会责任国家标准的出台。

第六节 网络媒体社会责任层次模型及层次关系

一 网络媒体企业社会责任的含义

1979 年，美国学者阿奇·B. 卡罗尔的《企业与社会：伦理与利益相关者管理》一书，对企业责任有一个清晰的划分，并提出了企业社会责任金字塔的概念："企业社会责任是指社会对经济组织伦理上的、经济上的、法律上的和自行裁量的期望。"[1] 依次为经济责任、法律责任、伦理责任和自行裁量责任。

从企业和宏观角度来分析网络媒体所要肩负的社会责任，可把网络媒体企业的社会责任分成经济、法律、伦理、慈善公益等几个方面。

1. 经济责任

从微观角度看，网络媒体企业首先应该为社会创造财富，提供有

---

[1] 向倩芸：《媒体社会责任的框架与内涵》，《现代视听》2014 年第 4 期。

效的信息产品，满足人们对信息的需求，创造财富满足自身发展的经济责任。没有一定的创富能力，网络媒体就是失去了经济来源，履行其他责任就成了泡影。从宏观经济的环境来看，网络媒体同时还要履行为我国经济发展提供信息、监督经济行为、营造良好经济环境的责任。

2. 法律责任

网络媒体在从事传播或经营活动时须遵守宪法和相关法律法规等。网络媒体履行法律责任既包括它作为媒体应该承担的责任，也包括作为企业经济实体要履行诚信经营，依法纳税的责任；规范流程和采编行为，防范新闻敲诈、媒介寻租的责任；保障从业人员权益，履行《劳动法》《劳动合同法》。法律责任约束力强，网络媒体如果违背了法律必将受到惩罚。

3. 伦理责任

伦理责任"包括那些为社会成员所期望或禁止的、未形成法律条文的活动和做法"[1]。法律的强制性决定了需要道德伦理的补充。伦理责任体现在对受众、从业者和股东等利益相关者的责任，网络媒体的伦理责任对网络媒体企业活动起着一种规范、引导的作用。

4. 慈善责任

网络媒体肩负着公益慈善责任，公益慈善是没有强制性的，包括慈善捐赠、扶贫帮困、报道先进人物和事迹等，属于网络媒体的自愿责任，可以在一定程度地提升网络媒体的影响力和美誉度。

网络媒体企业社会责任的概念是全面的，包括"经济、法律、文化、政治、道德和企业文化等各方面"[2]。然而并不是所有的社会责任都必须同时履行，网络媒体企业要视自己的状况而定。美国学者阿奇·B. 卡罗尔对企业社会责任的履行进行了分层。网络媒体企业社会责任的履行也应是分层次的，借鉴阿奇·B. 卡罗尔的"社会责任金字塔的概念"可以画出网络媒体企业的社会责任金字塔，如图2-1所示。

---

[1] 郭红英等：《中小企业社会责任层次模型研究》，《经营管理者》2009年第4期；周喜革：《转型期西藏新国企的经济目标与社会目标探析》，《西藏发展论坛》2012年第2期。

[2] 向倩芸：《媒体社会责任的框架与内涵》，《现代视听》2014年第4期。

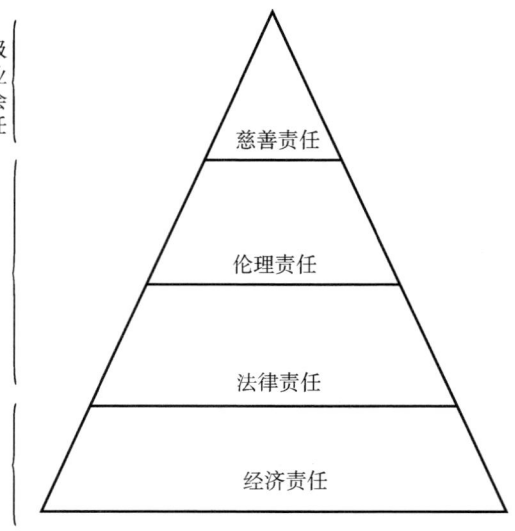

```
高级企业社会责任 {  慈善责任
中级企业社会责任 {  伦理责任
                   法律责任
基本企业社会责任 {  经济责任
```

图 2-1　网络媒体企业社会责任金字塔

这一金字塔模型并不是说企业应"按照由低到高的次序履行责任"[1]，卡罗尔强调，"企业应该同时履行所有的社会责任，不分高低先后"[2]。但是，作为自负盈亏的经济实体，有学者认为，"企业最先关注的应该是经济责任，接着是法律责任，然后是伦理责任，最后才是慈善责任"[3]。参照有关学者的意见，根据社会责任与网络媒体关系的重要性，可以把网络媒体社会责任分为三个层次，即"一是网络媒体企业的基本社会责任，包括对股东、债权人和对从业者负责；二是中级社会责任，包括对受众、政府、社会负责；三是高级社会责任，包括积极慈善捐助，热心公益事业等。"[4] 具体责任内容参照前文论述。

二　对网络媒体社会责任各层次的分析

首先，网络媒体企业的基本社会责任是"其应该履行的基础责任"[5]。

---

[1] 向倩芸：《媒体社会责任的框架与内涵》，《现代视听》2014 年第 4 期。
[2] 向倩芸：《媒体社会责任的框架与内涵》，《现代视听》2014 年第 4 期。
[3] 李海：《基于公共健康视角的体育博彩社会责任研究》，《体育科研》2012 年第 3 期。
[4] 郭红英等：《中小企业社会责任层次模型研究》，《经营管理者》2009 年第 4 期。
[5] 郭红英等：《中小企业社会责任层次模型研究》，《经营管理者》2009 年第 4 期。

争取盈利是网络媒体生存的前提，作为企业的媒体必须争取盈利、增值，要创造财富，满足自身生存发展。网络媒体作为新兴的媒体，具有传播快、信息广、方便实用的巨大优势，成为受众获取信息的首选渠道。

作为媒体，做好信息传播，满足受众的各项合理需求，促进社会经济发展，监督社会，营造良好社会经济文化环境，成为网络媒体最基本的责任。在创造财富的同时，"同时对股东债权人、员工等直接相关人给予回报"。[①] 对员工负责是指网络媒体企业保证员工的权益，注重从业者技能的培训，改善员工生活条件，网络媒体企业的效益与员工的利益是息息相关的，基本社会责任是网络媒体企业生存的根本，网络媒体企业都应认真做好这点。

其次，网络媒体企业中级社会责任是网络媒体企业存在的保证。从法律责任角度看，对受众负责就必须为他们提供高质量的信息产品和服务。受众的注意力和关注度是网络媒体企业的利润来源，把受众的注意力卖给广告商从而获得利润这是网络媒体企业生存和发展的关键；对政府的责任网络媒体企业要履行"社会公民"的职责，依法积极纳税，规范广告、发行、活动、内容销售等经营行为，主动为政府排忧解难，支持政府倡导的文化教育事业等；网络媒体企业对社会风气的引导、维护内部劳动者的合法权益是我们每一个网络媒体企业应承担的社会责任。网络媒体企业的传播经营活动"应当在法律允许的框架内开展，不能为了自身利益而损害他人和社会的利益，不然，必会因此付出高昂的违法代价。"[②]

从伦理道德责任的角度来看，网络媒体企业中级社会责任要求网络媒体及其从业者要遵循职业道德，报道的内容要真实、客观、快速、全面、准确；坚持舆论导向的正确性，要把大众的利益放在首位，不

---

① 郭红英等：《中小企业社会责任层次模型研究》，《经营管理者》2009年第4期。
② 肖功为：《基于生命周期理论的中小企业社会责任战略模式选择》，《邵阳学院学报》（社会科学版）2012年第12期；郭红英等：《中小企业社会责任层次模型研究》，《经营管理者》2009年第4期。

搞新闻"寻租"、舆论"审判";要重视对人性的关怀,尊重人格权利,避免在报道中出现个人偏见;注重从业者技能的培训,努力提升员工的素质;改善员工生活条件和收入状况。网络媒体企业能否很好地履行中级层次的社会责任,直接影响网络媒体企业的长远发展。

最后,网络媒体企业高级社会责任是其出于自身利益做出的"自愿性选择"。网络媒体企业高级社会责任包括积极倡导慈善、慈善捐助、热心公益事业等,这些是指网络媒体企业在承担前两个责任之后,自愿选择为社会做出更大的贡献。而网络媒体企业高级社会责任是纯自愿自觉的,而非被法律所强制要求的,在伦理上也没有约束力。网络媒体企业资金实力有所差别,一般网络媒体企业与大型网络媒体企业集团在慈善捐助方面的社会责任就不能用同一标准来衡量。网络媒体要根据实际情况,选择自己在公益慈善方面付出。要防止有些网络媒体企业不顾股东和员工利益而盲目搞慈善活动,在履行公益慈善责任时要量力而行,把握好"度"。

三 网络媒体经营过程中的"外部不经济"分析

本书认为,社会资源的合理配置会受到网络媒体企业在经营过程中存在的外部不经济的严重影响。经济学认为,"某个人的一项经济活动会给社会上其他成员带来危害,但他自己却并不为此而支付足够抵偿这种危害的成本。此时,这个人为其活动所付出的私人成本就小于该活动所造成的社会成本。这被称为'外部不经济'。"[①] 以传播信息为例,网络媒体企业生产或传递虚假信息是一种外部不经济。因为虚假信息给人们的生活造成了不便,影响了人们对真实信息的获知,一定程度上造成了受众认知和社会环境的混乱。而那些虚假信息制造者也就是生产虚假信息的网络媒体并没有为造成社会混乱付出金钱等代价。将某网络媒体企业某项行为的"私人成本"和"社会成本"分

---

① 苗俊宇:《私有财产权行使限制与衡平》,硕士学位论文,甘肃政法学院,2018年;郭红英等:《中小企业社会责任层次模型研究》,《经营管理者》2009年第4期。

别假设为"Cp"和"Cs",将此网络媒体企业进行这项活动所得到的自身利益设为Vp。由于"外部不经济"的现象存在,那么"私人成本小于社会成本,即Cp＜Cs"。再假设,此网络媒体企业进行这项活动所得到的自身利益(Vp)大于私人成本但是却小于社会成本,即出现:Cs＞Vp＞Cp。[①] 该活动从社会角度看是很不好的,但网络媒体企业依然会进行此项活动。

还有一种情况,即该网络媒体不实行该行为,它就放弃了利益,即损失为(Vp—Cp),社会却由此可能避免损失(Cs—Cp)。因为(Cs—Cp)大于(Vp—Cp),以某种方式重新分配损失的话,那么社会损失就会相对避免或者减少,也即增大社会"福利",[②] 见图2-2。

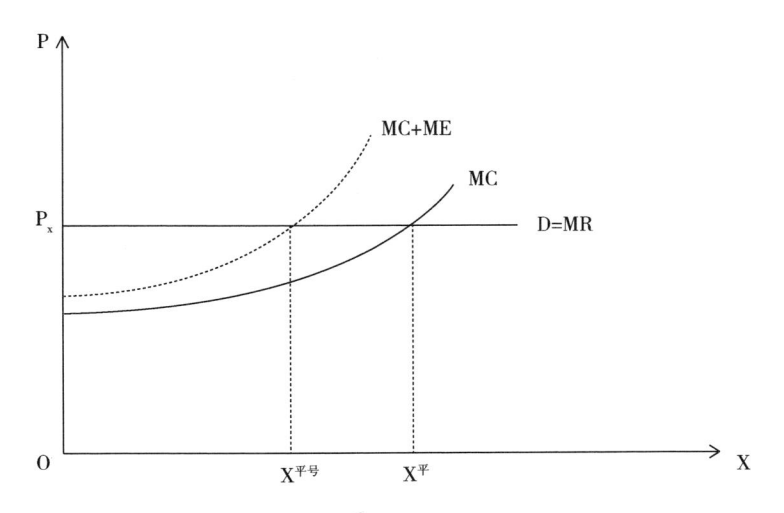

图2-2 网络媒体企业资源配置不当:外部不经济[③]

---

① 参见郭红英等《中小企业社会责任层次模型研究》,《经营管理者》2009年第4期。
② 参见郭红英等《中小企业社会责任层次模型研究》,《经营管理者》2009年第4期。
③ 图1-2说明:设网络媒体企业生产的边际成本为MC,网络媒体企业给社会造成的不良后果形成的边际社会成本为MC+ME。水平直线D=MR是网络媒体企业的边际收益曲线,由于存在生产上的外部不经济,故社会的边际成本高于私人的边际成本,从而社会边际成本曲线位于(私人)边际成本曲线的上方,它由虚线MC+ME表示。虚线MC+ME与私人边际成本曲线MC的垂直距离,亦即ME,可以看成所谓边际外部不经济,即由于网络媒体企业增加一单位生产所引起的社会其他人所增加的成本。因此,生产的外部不经济造成产品生产过剩,社会的资源没有得到合理的配置。

近年来我国的网络媒体业得到了迅猛发展。一定程度上，网络媒体企业在把握舆论导向、传播信息、缓解就业压力、保持社会稳定、方便人民群众的生活起到了积极的作用，也通过税收和经营等方式履行了部分社会责任。但是因为面对竞争和生存的压力，部分社会责任意识缺乏的网络媒体企业，过分追求利润最大化，搞"有偿新闻，媒介寻租，有偿不闻"① 等不良行为。面对激烈的市场竞争，引导和推动网络媒体企业积极履行社会责任，对于促进经济发展、社会和谐稳定，具有重要的现实意义和深远的历史意义。

四　网络媒体社会责任层级关系

从本书构建的网络媒体社会责任的9个一级指标和19个二级指标来分析网络媒体社会责任层次结构模型。我们将网络媒体的社会责任分为"底线社会责任、基本社会责任、中级社会责任和高级社会责任"②。底线社会责任包括网络媒体企业舆论导向政治方面、法律法规和信息传播的真实方面。底线社会责任在最底层，是网络媒体企业在社会活动中必须履行的责任，具有高强制性。基本社会责任包括信息传播中快速、全面、准确，舆论监督中对权力和社会生活的监督，创富能力中盈利、纳税和吸收社会劳动力方面，以及内部员工满意度中职业前景和员工工资及福利方面。中级社会责任包括舆论导向经济、文化方面和健康文化方面的责任。高级社会责任具有高自愿性，包括社会伦理方面、公益事业与公共利益、公民权益方面。网络媒体企业社会责任履行强制性即建立在法律层面同时也包括社会成员的共识。社会共识也就是社会常识，"是指在一定程度上可以解读为常识、常理、常情"③。这里所谓的"常识、常理、常情"，"是指为一个社会的

---

① 盛楠：《浅议媒体社会责任》，《视听》2018年第8期。
② 参见肖功为《基于生命周期理论的中小企业社会责任战略模式选择》，《邵阳学院学报》（社会科学版）2012年第12期。
③ 王琳：《论刑法解释——社会共识在社会转型期的司法价值》，硕士学位论文，重庆大学，2012年。

普通民众长期认同，并且至今没有被证明是错误的基本的经验、基本的道理以及为该社会民众普遍认同与遵守的是非标准、行为准则。"①所以它也是具有一定强制性的。底线责任强制性最高，基本社会责任的强制性相对减弱，到了中级社会责任强制性为零。而继续向上到高级社会责任，这种高级责任的层次是在其他社会责任之上的，其表现形式也更加抽象和复杂，但是在强制力方面又是最弱的，表现出的是高度的自愿性。

底线社会责任层次是网络媒体社会责任的基础，是必须要履行的。底线社会责任包括新闻网络媒体在舆论导向政治方面、法律法规和信息传播的真实方面。首先，真实是新闻的生命，网络媒体传播的内容要真实，不违法、不侵犯他人的权利；其次，网络媒体作为我们党和人民的喉舌，还肩负着解释和宣传党和国家政策，把握政治导向的责任。网络媒体"有效地传播政治文化可以使政治理念、制度、政策等为社会所普遍了解，从而获取更普遍的民众支持，最终确保国家的政治稳定"②；网络媒体在从事新闻传播活动中必须"遵守宪法和法律法规，在法律的框架内承担职业责任"③。络媒体作为企业法人要诚信经营，合法经营，依法纳税；完善采编流程，加强稿件审核；切实保障从业人员权益，严格履行《劳动法》《劳动合同法》等。底线社会责任是履行其他层次社会责任的基础，其强制性也是最高的。网络媒体企业的传播生产经营活动必须严格遵守法律和社会共识。

基本社会责任层次包括信息传播中快速、全面、准确，舆论监督中对权力和社会生活的监督，创富能力中盈利、纳税和吸收社会劳动力方面，以及内部员工满意度中职业前景和员工工资及福利方面。网络媒体传播的信息要符合新闻传播要素，特别是在互联网的冲击下，

---

① 戴津伟：《常理的司法功能》，《天府新论》2012 年第 1 期；王琳：《论刑法解释——社会共识在社会转型期的司法价值》，硕士学位论文，重庆大学，2012 年。

② 刘佳等：《试论媒体在政治文化与法律文化传播中的责任》，《法制与社会》2008 年第 10 期。

③ 向倩芸：《媒体社会责任的框架与内涵》，《现代视听》2014 年第 4 期。

更应该要坚守信息传播中真实、快速、全面、准确。我国网络媒体是党和国家的舆论喉舌，它作为一种社会舆论机构，掌握着一定的公共话语权，有批评和监督社会权力组织和权力者个人、防止权力滥用和腐败变质的权力。网络媒体作为信息的主流传播者，应该充分考虑受众的利益，对社会生活的监督是对大众利益的基本保证。网络媒体作为独立的经济实体，要履行纳税、吸纳社会劳动力的责任，同时又要具备创造财富的能力来维持生存，还需要增强员工满意度，为其提供长期发展的职业前景。基本社会责任层次建立在底线社会责任之上，是网络媒体生存和发展的关键，有一定的强制力，很大部分来自社会共识的压力。

中级社会责任层次包括舆论导向的经济、文化和健康文化方面的责任。网络媒体作为主流媒体，具有强大的影响力，能够促进、协调经济的发展。为经济界提供信息，进行信息的趋向预测，营造良好的发展氛围，从而对其实施监督与控制等。并把为经济发展服务作为自己所承担的重任之一。网络媒体作为文化发展的前沿阵地，要肩负起社会主流价值文化的引导责任，让积极、健康、向上的信息广泛传播，推动和传承优秀、健康文化，维护群众的基本文化权益。对"形成和谐的社会文化环境，推动先进文化的发展有着不可替代的特殊功效和巨大作用。"[1] 网络媒体中级社会责任层次没有强制性，是来自新闻网络媒体的自愿性行为，是社会发展、网络媒体建设中不可缺少的。

高级社会责任层次包括社会伦理、公益事业与公共利益、公民权益等方面。高级社会责任层次是网络媒体的道德指南针，它对网络媒体企业起着规范、引导的作用。网络媒体严守信息传播真实、准确，尊重人权，维护公民权益和公民利益。还要"肩负起公益慈善责任，积极致力于增进社会的公共利益"[2]。这种责任包括慈善捐赠、报道好人好事、扶贫帮困等。同时，新闻网络媒体在公益慈善中还发挥着独

---

[1] 张品良：《电视广告传播与先进文化建设》，《现代视听》2008年第8期。
[2] 向倩芸：《媒体社会责任的框架与内涵》，《现代视听》2014年第4期。

特的作用，特别是在联系公益慈善和供求双方之间，充当着"爱心中介"，在凝聚社会爱心资源时，容易动员更多的社会力量参与其中。网络媒体肩负的公益慈善责任没有强制性，是新闻网络媒体的自愿性责任，有助于扩大影响力，提升美誉度。但是，这种责任的履行一定是建立在经济基础之上、建立在其他社会责任层次之上的，具有高自愿性。对网络媒体长远发展具有深远影响。网络媒体的社会责任＝底线社会责任＋基本社会责任＋中级社会责任＋高级社会责任。网络媒体社会责任层次模型不能误认为应按照由低层次到高层次的次序履行责任，其实，网络媒体应该"同时履行所有的社会责任，不分高低先后"[①]。

---

① 参见向倩芸《媒体社会责任的框架与内涵》，《现代视听》2014年第4期。

第三章　中国特色社会主义网络媒体社会责任体系

媒体责任是一个世界性的话题，而非西方世界所独有。中国作为世界上最大的发展中国家，早已形成了自己独特的、科学的、中国特色的媒体社会责任体系。

媒体作为传播的载体，对一个国家社会的发展有着重要的意义。媒体的影响深入社会生活的方方面面。履行社会责任是媒体的立身之本，随着互联网媒体的快速发展，媒体的责任问题更为突出。[①] 我党对媒体社会责任一直都非常重视，媒体社会责任体系的构建一直是党对新闻工作建设的一项重要内容。

第一节　深刻认识新时代中国特色媒体社会责任体系构建的重大意义

媒体是社会现象反映的窗口，是人们利益维护的重要渠道之一，也是国家政策法规传达的传播载体和社会舆论的引导者。具体来看，媒体需要通过舆论引导来实现社会整合，缓和社会矛盾，妥善处理国家内部的利益冲突，保持社会稳定，为经济发展创造良好的社会环境。[②] 媒体肩负重大社会责任，在中国特色社会主义事业建设时期，

---

① 参见黄诚、包国强《习近平的媒体社会责任观及其意义》，《中国广播电视学刊》2017年第7期。
② 参见李巍《论媒体社会责任的缺失与构建》，《科技创新导报》2011年第36期。

构建适应时代的媒体社会责任体系在各个方面都具有重要的意义。

一 政治意义：我国媒体要肩负起政治传播的重大责任

在我国的传媒体系中，国家的政策方针都要通过媒体传达给人民大众，媒体承担着重大的政治传播责任，即价值传播责任。这意味着，媒体在进行信息传播和舆论监督的同时，更要注重发挥媒体对社会公众的影响力和引导作用。[1] 媒体必须摆正自身的姿态，坚定不移地走中国特色社会主义道路，向人民群众传递正确的价值观念和主流文化。

中国特色媒体社会责任体系是中国特色社会主义理论体系和社会主义核心价值体系的有机组成部分，这一体系的构建必须以建立在相关的理论基础之上。我国媒体工作的开展必须坚持马克思主义、中国特色社会主义理论为指导思想，坚持以社会主义核心价值观来引领社会思潮，从思想上为国家和社会树立起正确的价值观念。同时，在具体的实践中，媒体必须牢牢把握舆论引导，把握好价值宣传的话语权和主动权，维护好社会主义核心价值体系在意识形态领域的主导地位，发挥好社会主义核心价值体系的引领作用。[2]

中国特色社会主义媒体社会责任体系的建立，是媒体"把党性和人民性结合起来"的重要体现，[3] 保证了媒体尽全力为人民服务，保障人民的基本权利，自觉维护人民利益。

二 全球传播：加强国际传播能力建设，打破西方话语权垄断

随着中国经济的发展和国际地位的提升，国际社会对中国的关注度也愈发提高。在这样的背景下，我国亟待打造出一支"立足中国、放眼全球"的传媒主力军，以加强国际传播能力建设，进一步提升国

---

[1] 参见王哲《试论新形势下社会主义核心价值体系建设中的媒体责任》，《佳木斯大学社会科学学报》2012年第6期。
[2] 参见王哲《试论新形势下社会主义核心价值体系建设中的媒体责任》，《佳木斯大学社会科学学报》2012年第6期。
[3] 参见滕文生、高长武《深刻阐明人类文明发展的历史规律（深入学习贯彻习近平新时代中国特色社会主义思想）》，人民网，http://opinion.people.com.cn/n1/2019/0529/c1003-31107708.html。

际传播形象。这意味着,我国必须打破西方对新闻媒体话语权的控制,建立起我国自己的国际传播话语体系,使我国传媒的国际影响力能够与我国的国际地位和经济实力相匹配。

构建中国特色社会主义媒体社会责任体系是我们打破西方话语权的重要方式。具体来看,就是要变我国传媒的数量优势为质量优势,改变我国传媒长期存在的"大而不强"的状态,有效整合我国丰富的传媒资源和传媒人才,建立起一支现代化、专业化的国际传播铁军。同时,必须把握媒体数字化、信息化的转型趋势,促进新旧媒体的融合发展,积极加强新闻传播的创新能力,着力打造一批具有中国特色和全球视野的高水平节目。通过有效的国际传播,"让全世界听到并听清中国的声音,引导国际社会更加全面客观地认识和了解中国,塑造中国良好的国际形象",[1][2][3] 中国才能进一步参与国际竞争,从文化软实力方面更大程度上影响世界。

三 保证媒体切实履行媒介的基本功能:传播信息,监督社会

媒体是信息传播的载体,公共信息传播成为媒介的基本功能。就传播的过程而言,媒体需要对传播的信息内容负责、对受众负责、对传播效果负责。[4][5] 这就要求传播内容要求尊重事实真相,要尽可能保证新闻报道的真实性,自觉遵守"真实、准确、全面、客观"的新闻规律,促进新闻信息"真实、准确、全面、客观"传播。[6] 建立中国特色社会主义媒体社会责任体系,可以从制度上要求媒体切实履行自

---

[1] 郑保卫:《论习近平党的新闻舆论工作重要讲话的理论创新》,《中国广播电视学刊》2016年第4期。
[2] 郑保卫:《不负重托 牢记使命——学习习近平致中国记协成立80周年贺信》,《新闻战线》2018年第9期。
[3] 郑保卫:《不负重托 牢记使命——学习习近平致中国记协成立80周年贺信》,《新闻战线》2018年第9期。
[4] 参见吴真《以〈申报〉为例谈新闻责任》,《语文学刊》2005年第3期。
[5] 参见王哲《试论新形势下社会主义核心价值体系建设中的媒体责任》,《佳木斯大学社会科学学报》2012年第6期。
[6] 参见王哲《试论新形势下社会主义核心价值体系建设中的媒体责任》,《佳木斯大学社会科学学报》2012年第6期。

己的信息传播功能,保证信息的真实可靠,保证信息传播的有效性,确保媒体各方面健康发展。

另外,新闻媒体的舆论导向,会在很大程度上影响社会的和谐程度和发展进程。① 舆论监督是媒体公信力的表现,也是媒体必须认真履行的职责。② 媒体需要营造一个和谐的舆论环境,以正确的舆论引导大众。建立中国特色社会主义媒体社会责任体系,可以更好地鼓励和保障社会公众参与公共生活,满足公众的知情权、表达权和参与权,对那些违法违规的社会现象进行及时的揭露和批评,并寻求有效的解决方案以维护社会的公平正义。在舆论监督方面,媒体需要准确把握宣传报道和舆论引导的"时效度",做到及时、适度、有效,从根本上掌握舆论引导的主动权和话语权,切实提高新闻舆论的传播力和引导力,③ 更好地为党和国家的大局服务。

第二节 中国特色媒体社会责任体系及其主要内容

在 20 世纪 40 年代,美国学者强调大众传媒要从道德的层面来约束新闻和信息的传播行为,主张通过严格的行业道德规范,以保证传媒切实履行其应尽的社会责任。④⑤ 但西方媒体责任论人为地将社会公众与社会组织割裂,甚至是将二者对立起来,这在后期发展中必然会遇到各种问题,造成该理论的"失灵",发各种质疑,实在不足为奇。中国特色社会主义媒体社会责任理论源于党和人民利益的高度统一,将社会公众与社会组织有机结合起来,解决了西方媒体社会责任论无

---

① 参见周迎《中国 PX 系列事件(2007—2014)传播过程中的两个信息流现象研究》,《中国优秀硕士学位论文全文数据库》,2015 年。
② 参见王哲《试论新形势下社会主义核心价值体系建设中的媒体责任》,《佳木斯大学社会科学学报》2012 年第 6 期。
③ 参见《弘扬主旋律传播正能量》,求是理论网,http://www.qstheory.cn/zxdk/2013/201324/201312/t20131211_3 1275.htm。
④ 参见李巍《论媒体社会责任的缺失与构建》,《科技创新导报》2011 年第 36 期。
⑤ 参见陈进华《构建和谐社会中的传媒责任》,《哲学动态》2008 年第 12 期。

法解决的对立问题。新时代中国特色媒体社会责任体系包括"价值体系（新闻价值体系、宣传价值体系、公益价值体系）、传播体系、监督体系等三大体系"。① 具体到媒体的社会责任内容，主要包含政治责任、报道责任、文化责任、法律责任和道德责任五个方面，价值传播贯穿始终。

一 政治责任是媒体履行社会责任、对党和人民负责高度统一的必然要求

媒体的政治责任是第一位的，是首要责任。媒体肩负着将国家政策思想向下传达给人民大众的责任。具体表现为，第一，坚持以正面宣传为主，宣传科学理论，传播先进文化，弘扬社会正气，倡导科学精神，不断深化人民对社会主义核心价值体系的认识和理解。②③ 第二，媒体要坚持马克思主义新闻观、坚持新闻工作的党性原则，牢牢把握正确舆论导向。④ 第三，坚持四项基本原则、中国特色社会主义基本政治制度和经济制度，"坚持党性原则是媒体履行社会责任的根本要求"。⑤

中国特色社会主义道路是我国目前和将来都要坚持做。社会主义核心价值体系是社会主义制度的内在精神和生命之魂。媒体对弘扬社会主义核心价值观起到引领和导向作用，潜移默化将社会主义核心价值观渗入大众的思想和行为，不断得到传承和发展。⑥ 自觉主动加深对社会主义核心价值体系的认识理解是媒体及工作人员的责任，自觉、坚定地站在社会主义的立场，对社会主义核心价值观有强烈的

---

① 参见黄诚、包国强《习近平的媒体社会责任观及其意义》，《中国广播电视学刊》2017年第7期。
② 参见傅亦军《谈媒体社会责任的原则与对策》，《新闻实践》2010年第12期。
③ 参见张鑫《媒体伦理失范应对策略研究》，《中国优秀硕士学位论文全文数据库》，2013年。
④ 参见傅亦军《谈媒体社会责任的原则与对策》，《新闻实践》2010年第12期。
⑤ 黄诚、包国强：《习近平的媒体社会责任观及其意义》，《中国广播电视学刊》2017年第7期。
⑥ 参见胡章建《论传媒对社会伦理道德的作用》，硕士学位论文，福建师范大学，2006年。

认同感和强大决心。媒体要能将社会主义核心价值体系转化为社会群体意识,使社会主义核心价值体系"内化为人们的价值观念,外化为人们的自觉行动"。①② 媒体应该而且必须全心全意为人民服务,为全党全国工作大局服务,自觉履行好政治责任,推动促进中国特色社会主义的建设。

二 报道责任是媒体履行社会责任、推动社会和媒体自身进步的专业要求

坚持正确舆论导向是媒体履行社会责任的核心③,媒体作为大众接收信息的直接途径,承担着基本的报道责任——公共信息传播责任。相对于报刊、户外、广播、电视四大传统意义上的媒体,新媒体被形象地称为"第五媒体"④⑤。信息爆炸的社会环境下,人们对信息的需求大大增加,新媒体成为他们获取信息极其依赖的工具。人们通过手机、网络等方式可以随时随地查询或了解信息。基于此现象,保证信息能够在社会各个层面准确、及时、有效传播是媒体及媒体人的基本社会责任⑥。

在互联网快速发展的形势下,传统媒体要进行产品的数字化,例如网站、数字报纸、数字电视、客户端等;同时也要自觉加快发展媒介融合,例如,技术融合要融媒体新闻等。除了多媒体的融合,还要根据不同平台的性质发布不同的内容,满足不同群体的需求,充分发挥新媒体的对传播和媒体格局的推动作用。传统媒体与新媒体优势互

---

① 郑文博:《积极发挥新闻媒体在社会主义核心价值体系建设中的作用》,人民网,http://theory.people.com.cn/GB/10959850.html,2019年5月16日。
② 杨路平、周兆明、孙庆国:《中国社会科学类社团管理体制研究》,《山东社会科学》2008年第10期。
③ 参见黄诚、包国强《习近平的媒体社会责任观及其意义》,《中国广播电视学刊》2017年第7期。
④ 参见郭小忆《新媒体环境下广告传播的路线和创新》,《科技传播》2014年第8期。
⑤ 参见邓云帆《加大新媒体条件下的统战工作力度》,《中国统一战线》2013年第2期。
⑥ 参见刘巍巍《媒体的社会责任及其伦理讨论——对媒体"权利越位"现象的反思》,硕士学位论文,复旦大学,2009年。

补、一体发展①,整合媒体资源,做到信息的有效传播。② 把握好网络传播的时效性是网络媒体履行社会责任的基本标准。③

遵循新闻运行规律才能保证媒体切实履行社会责任,④ 在新闻内容报道方面,媒体要尽可能保证新闻报道的真实性,自觉遵守真实、准确、全面、客观的新闻规律,对传播的信息内容、受众、传播效果负责。同时,媒体要加强舆论监督,自觉把党、人民的利益放在首位,坚持党性和人民性的统一,坚持舆论监督与正面宣传为主相统一是媒体履行社会责任的必要条件。⑤

三 文化责任是媒体履行社会责任、满足人民精神需求的文化要求⑥

新闻媒体作为一个特殊的职业,实质是精神产品的生产基地⑦,一个新闻媒体所倡导的价值导向会在不同程度上影响受众思想⑧。媒体生产的新闻报道、电视节目、电视剧、电影等产品,是社会精神思想的载体。它们是社会文化的缩影和精神文明的体现,起到文化传播的功能,这体现了媒体传扬民族文化、国家精神内涵的职责⑨。

媒体要顺应时代的变迁,树立一种全新的、前瞻性的文化责任意

---

① 参见莫桦《当前广电媒体融合发展三条基本经验》,国家广电智库,https://www.lieku.cn/article/2/15159。
② 《习近平谈媒体融合发展:关键在融为一体、合而为一》,人民网,http://cpc.people.com.cn/n1/2018/0822/c164113-30242991.html。
③ 参见黄诚、包国强《习近平的媒体社会责任观及其意义》,《中国广播电视学刊》2017年第7期。
④ 参见黄诚、包国强《习近平的媒体社会责任观及其意义》,《中国广播电视学刊》2017年第7期。
⑤ 参见黄诚、包国强《习近平的媒体社会责任观及其意义》,《中国广播电视学刊》2017年第7期。
⑥ 参见《全国省级电视台签署〈恪守媒体社会责任,反对唯收视率自律公约〉》,http://www.gxpprft.gov.cn/html/article/col_b6/19473.html。
⑦ 参见周迎《中国PX系列事件(2007—2014)传播过程中的两个信息流现象研究》,《中国优秀硕士学位论文全文数据库》,2015年。
⑧ 参见周迎《媒体社会责任缺失的对策》,《西部广播电视》2014年第10期。
⑨ 参见王哲《试论新形势下社会主义核心价值体系建设中的媒体责任》,《佳木斯大学社会科学学报》2012年第6期。

识，中国特色社会主义的文化标志着我国的综合国力，它传承于历史，又植根于具有鲜明的时代特点的中国特色社会主义的实践中，是民族精神的核心。社会主义核心价值体系是中国特色社会主义意识形态的本质体现，决定着社会意识的性质和方向，是我国现阶段社会主义思想道德建设的要求。[1][2] 由此可见，媒体承担着传播中国特色社会主义文化的重要文化责任。

四 法律责任是媒体履行社会责任、促进社会发展的法律要求

依法治国是我国的治国方略，在我国新闻事业蓬勃发展的形势下，媒体在拥有足够话语权的同时，不可避免地承担着法律责任。媒体需要承担信息传播及时、真实、正确导向的责任。新闻讲究真实性，这就要求媒体报道的信息应具备准确性、全面性、客观性。法律的存在是为了更好地保障人民的权利不受侵害，这也是媒体新闻的导向责任，要求信息维护国家利益、公共利益、群众利益。

在新闻报道中，媒体涉及的法律责任问题突出表现为假新闻。虚假新闻的产生离不开部分媒体为了吸引眼球、博取大众关注度的激进心理。媒体应该站在国家人民的角度为大众服务，虚假新闻会造成不实舆论的传播，导致人民恐慌，社会秩序紊乱。媒体和媒体工作人员必须肩负起相应的法律责任。国家和人民赋予媒体言论自由的权利，媒体理应承担起传播真实报道、引导正确社会价值观的法律责任。权利和义务相辅相成，是对应统一的，媒体既然享有法律保证的自由，就应当履行法律规定的义务。

五 道德责任是媒体履行社会责任、推动社会进步的道德要求

媒体作为信息的传播者，必须树立正确的道德价值观。近年来，媒体不断走向市场化，行业出现虚假新闻、低俗化、娱乐至上、功利

---

[1] 参见马剑波《论"三个代表"的时代意义》，《洛阳工学院学报》（社会科学版）2000年第S1期。

[2] 参见周勇《文化冲突态势下的社会主义核心价值观确立》，《求索》2015年第10期。

主义新闻观抬头等问题①。在互联网急速发展的过程中，网络作为信息传播的重要平台，新闻来源的广泛、个性化互动性强，这很容易导致媒体社会责任的缺失。

在互联网中出现的黄赌毒、虚假信息、键盘侠肆虐等现象，都是媒体没有很好地承担起道德责任的表现，这也是媒体工作人员对媒体道德责任认识不足的体现。部分媒体从业人员自认为，在互联网这个相对开放的平台，人人皆可言论，便可以"法不责众"，罔顾自己的职业道德。有的媒体人把吸引眼球放在第一位，罔顾新闻现象的真相，恶意炒作，造成了对社会、对人民的伤害②。

面对复杂的社会环境和开放的网络平台，更需要媒体人坚守住职业操守，树立正确的"三观"，切实承担起为民服务，为党为公的职责，积极构建和谐进步的言论环境和美好社会。

第三节 如何践行中国特色社会主义媒体社会责任

媒体在社会发展中发挥着举足轻重的作用，媒体担负的社会责任对社会的发展也有着深刻的影响。媒体机构、新闻媒体从业者到社会大众在构建中国特色社会主义媒体责任体系中都扮演着重要的角色。

一 正确认识媒体社会责任，不能把社会责任和党性原则人为分割，要坚持二者的高度融合统一

有人机械地把社会责任理解为"对社会负责"，把"党性原则"理解为"对党负责"，这是一种错误的思想。社会责任和党性原则从来都是高度统一的，坚持党性原则就是履行社会责任的核心体现。随着社会的发展，我党对媒体的社会责任观不断深化，顺应时代潮流的

---

① 参见傅亦军《谈媒体社会责任的原则与对策》，《新闻实践》2010年第12期。
② 参见陈秋露《媒体所有权与新闻自由的枷锁——社会责任》，《空中英语教室：新教师教学》2011年第6期。

变化,在继承的基础上不断发展,为媒体更好地履行社会责任提供理论指导。不论媒体的社会责任观如何发展,始终都要坚定不移地遵守党性原则。中国共产党是中国特色社会主义道路上的引领人,是我国发展具有中国特色社会主义理论体系的践行者,坚持中国共产党的领导,以马克思主义为指导思想,是一切方针政策实现的前提。媒体要把握党性原则才能引导正确的社会价值观,才能承担起传播的责任,才能更好地履行社会责任。

二 媒体要增强社会责任意识,自觉接受社会大众的监督

新闻媒介如果放弃社会责任,漠视群众需求,必然导致新闻传播公信力下降,从而影响新闻媒介在人民群众中的声誉和形象。①②③④ 媒体要清晰地认识到所肩负的社会责任,不断建立自身的公信力,才能实现社会价值和自我价值。这就要求媒体正确引导舆论,要自觉分辨真假消息,不传播谣言和歪理邪说,不营造社会焦虑和恐慌氛围,不传递错误价值观,坚决抵制暴力、低俗等不良现象,拒绝泛娱乐化,宣扬社会正能量,营造积极向上、健康有益的社会风气。

在互联网环境下,网络媒体把握正确的舆论导向尤为重要。在信息爆炸的时代,媒体更要保持理性,从媒体的社会责任观出发,积极引导大众认识并树立社会主义核心价值观,在个人层面上人人努力做到"爱国、敬业、诚信、友善";在社会层面上社会群众努力做到"自由、平等、公正、法治"。媒体要号召全社会人民为实现"富强、民主、文明、和谐"的国家而拼搏奋斗。

---

① 参见李近《新闻媒体的社会责任》,《新闻前哨》2004 年第 9 期。
② 参见魏茹芳、宁克强《大众传媒遏制虚假广告的方法策略》,《新闻爱好者》2009 年第 12 期。
③ 参见徐彦辉《〈喜羊羊与灰太狼〉透视当下中国媒介文化特征》,《中国优秀硕士学位论文全文数据库》,2010 年。
④ 参见林小平《95 世妇会后〈人民日报〉女性报道研究》,《中国优秀硕士学位论文全文数据库》,2008 年。

理论篇

三 新闻工作者谨遵职业道德，正确认识媒介自身的社会责任

媒体的道德守望责任集中体现在维护社会公德、唤醒社会良知、教化民众弘扬正义和捍卫真理等方面。[1][2][3][4] 媒体的职业道德，是社会道德的重要组成部分，是在新闻工作中，媒体要遵守的一种道德规范，起到行为指南的作用。[5] 一个新闻从业者如果罔顾职业道德，忽视群众和国家集体利益，甚至做出有损国家民族形象、利益的行为，便是对新闻工作使命的辱没和社会道德践踏。倡导良好的新闻职业道德，是我们党和政府的一贯要求。[6]

媒体的管理者要有坚定的政治觉悟，有高度敏锐的政治眼光和明辨是非的能力，在复杂的事实面前能够把握全局，构建并引导正确的社会舆论走向。[7][8] 媒体从业人员要自觉遵守职业操守，不畏权、不为钱，对贪污腐败、侵犯公众利益、扰乱社会治安这类损害党和人民的利益的行为要勇于发声，敢于曝光，要勇于揭露和报道，一切从人民的角度出发，全心全意为人民服务，始终谨记人民是国家的主人，维护人民的利益是媒体工作的重要责任。

---

① 参见孙裴珮《大众传媒遏制虚假广告的可能性与方法策略分析》，《中国优秀硕士学位论文全文数据库》，2008年。
② 参见王哲《试论新形势下社会主义核心价值体系建设中的媒体责任》，《佳木斯大学社会科学学报》2012年第6期。
③ 参见孙裴珮《大众传媒遏制虚假广告的可能性与方法策略分析》，《中国优秀硕士学位论文全文数据库》，2008年。
④ 参见程焱《新形势下媒体的社会责任研究》，《中国优秀硕士学位论文全文数据库》，2012年。
⑤ 参见刘巍巍《媒体的社会责任及其伦理讨论——对媒体"权利越位"现象的反思》，《中国优秀硕士学位论文全文数据库》，2009年。
⑥ 参见余艳青《新闻职业道德建设 尚须改进制度安排》，《新闻记者》2004年第11期。
⑦ 参见周迎《媒体社会责任缺失的对策》，《西部广播电视》2014年第10期。
⑧ 参见周迎《中国PX系列事件（2007—2014）传播过程中的两个信息流现象研究》，《中国优秀硕士学位论文全文数据库》，2015年。

结　语

　　媒体的社会责任是保障媒体是否具有话语权和能否被大众信任的前提，它决定着媒体是否能真正有效地引导和劝服社会大众，决定着媒体的传播效力。新闻媒体承担着政治责任、报道责任、文化责任、法律责任、道德责任以及推动人类命运共同体建设的责任。媒体只有强化自身的政治意识、责任意识，把握大局观，才能不断提高主流媒体的"吸引力、感召力、战斗力"，①建立在国际舞台上"拥有绝对话语权和影响力的超级媒体"。② 在中国特色社会主义的建设过程中，构建中国特色社会主义媒体社会责任体系对整个社会的发展有着重大的意义。③ 保证媒体的正常高效运行，是党和政府宣传工作得以完整进行的保证，也是维护人民利益的有力武器。谨防出现"媒体失语"和"媒体越权"的现象，在承担起媒体社会责任的前提下，享有媒体自由的权利。④ 践行中国特色社会主义媒体社会责任体系要求，任重道远，是党、政府、人民的要求，需要媒体自身、媒体人以及社会大众的共同努力。

---

　　① 傅亦军：《谈媒体社会责任的原则与对策》，《新闻实践》2010 年第 12 期。
　　② 傅亦军：《谈媒体社会责任的原则与对策》，《新闻实践》2010 年第 12 期。
　　③ 参见陈曙光《习近平新时代中国特色社会主义思想的重大意义》，人民网，http：//theory.people.com.cn/n1/2017/1124/c40531 - 29665418.html。
　　④ 参见杨春《坚定中国特色社会主义理论自信》，http：//xueshu.baidu.com/usercenter/paper/show? paperid = 87 d002efc962f942569d4184991b5ae0&site = xueshu_se。

第四章　媒体社会责任价值体系构成及内生逻辑

建构与践行媒体的社会责任，离不开时代语境与民族环境。媒介化社会、风险社会与国家治理，是当前我国媒体所面对的最为主要的时代语境。诚如有学者所说，在当前语境下，媒介对现实社会的影响无论是在深度、广度、形式和频度上，都远远超过历史上的任何时期。[①] 进入媒介化社会与后真相时代，媒体与德国学者乌尔里奇·贝克所言之的"风险社会"和中国所提出的"国家治理"也有着密切的关系。面对媒体所带来的巨大影响，需要厘清媒体与风险社会、媒介化社会、国家治理等方面的复杂关系并确定媒体的角色定位，赋予媒体社会责任的时代特征、内涵与精神。此外，世界不存在完全一样的、单一的媒体社会责任观，它需要扎根在民族传统、实践历史与现实国情基础之上，才能生根发芽。我国的媒体在百年的实践中，也蕴含了丰厚的社会责任血液，形成了与西方相联系又有区别的媒体社会责任观。媒体责任是一个世界性的话题，而非西方世界所独有。中国作为世界上最大的发展中国家，其实早已形成自己独特的、科学的、中国特色的媒体社会责任体系。本章将对新时代中国特色媒体社会责任的价值体系展开探讨，我们认为其主要包括新闻价值体系、宣传价值体系、公益价值体系、市场价值体系等四部分。

---

① 参见张涛甫《媒介化社会语境下的舆论表达》，《现代传播》（中国传媒大学学报）2006年第5期。

第一节 新闻价值体系:尊重新闻规律,复归与夯实新闻本位,满足受众的新闻需求

经过西方新闻思想的冲击、民国新闻思想的激荡与现行新闻思想的实践。改革开放四十多年以来,在理论层面,我国的新闻观念虽然十分庞杂①,但以新闻为本位的新闻观已成为学界、业界、民间与政界的共识,并积极落实到实践层面,探索出民生新闻、公共新闻、调查新闻等新形式新闻,取得了一定成绩,形成以新闻本位为核心的新闻价值体系。

新闻价值有狭义与广义之分,而两者共同构成了新闻价值体系。狭义上的新闻价值,意指某具体新闻是否具备采编与传播的价值。关于新闻价值,首先由美国学者兰特·赫德建立了框架。他认为,感兴趣的新闻最有价值,其次是时机适当的新闻,最后是发生在本地和附近的事件和市井消息。赫德教授还特别提出辨别新闻是否具有价值的方法:死伤者多、有名人出现、罕见的珍闻、非常可笑或可悲的事件。② 西方新闻价值理论自20世纪传入中国后,徐宝璜、邵飘萍等报人进行了阐发。徐宝璜认为新闻要精彩,理应具有接近性、显著性、趣味性等新闻价值要素:一是个人之关系,二是人类之同情,三是求胜之竞事,四是著名人物之姓名,五是著名机关之名称,六是事情之稀奇③。邵飘萍则认为新闻应该具有时新性、接近性、趣味性等要素。他指出"新闻价值测定之标准"有四种,即爱读者之人数、时机之适当与否、距离远近之关系、兴味之集中与变迁。④ 目前,学界关于新闻价值的观点较多,主要有标准说、效应说、关系范畴说、能量说、主客关系效应说等⑤

---

① 参见杨保军《新闻观念论》,复旦大学出版社2014年版。
② 参见余家宏等编著《新闻文存》,中国新闻出版社1987年版。
③ 参见徐宝璜《新闻学》,时代文艺出版社2009年版。
④ 参见邵飘萍《邵飘萍新闻学论集》,北京大学出版社2008年版。
⑤ 参见方延明《关于新闻价值的学术思考》,《当代传播》2009年第2期。

理论篇

以及新闻价值是相对的①相对说。不管是强调标准与要素,还是注意效用与关系,它们的基础是一样的,即这是建立在新闻基础之上的,换言之,无新闻价值则无新闻。

那么,在学者探讨新闻价值这个问题时,是默认了"新闻存在"这个重要前提或者解决了"新闻是什么"的本质问题,也即新闻本位的问题。关于新闻是什么,在党领导的百年新闻事业中,走过了艰难的历程。学者李良荣在考察共和国60年新闻发展史时认为,以党的十一届三中全会为界,前后30年中国新闻业带有根本性的变化是从前30年的宣传本位转向后30年的新闻本位,并将从宣传本位到新闻本位的转变,称为"艰难的转身"。② 新闻的定义也得到理论与实践的双重确立,即新闻是新近发生的事实的报道,③ 是对新近发生的事实的叙述。④ 那么新闻本位则是指媒体立足真实性原则、客观性原则、公正性与中立性原则等一般原则,从新闻的一般原则出发考虑问题,开展报道活动,而不是从其他因素考虑来"做"新闻。⑤ 换言之,新闻本位是从新闻是事实出发,与宣传、广告、艺术等保持明显距离,关注更多的是事实的真实性、时效性与价值性,而不是观点的深刻性、劝服的效果性等。

可以说,新闻本位的复归与夯实,是我国新闻观念与新闻实践的一大进步,它讲究真实性、客观性与中立性,既赋予了新闻以本真,也给予了新闻以尊严。对新闻本位的确立,解放了人们的思想并用理论指导实践,出现了《南方周末》《新周刊》《新京报》等报刊、《调查新闻》《焦点访谈》等电视栏目、民生新闻等新形态,不仅丰富、发展了我国的新闻观念与实践,而且在人民群众中引起了重大反响,

---

① 参见黄旦《对新闻价值的再认识》,《科学·经济·社会》1995年第2期。
② 李良荣:《艰难的转身:从宣传本位到新闻本位——共和国60年新闻媒体》,《国际新闻界》2009年第9期。
③ 参见陆定一《我们对于新闻学的基本观点》,《解放日报》1943年9月1日。
④ 参见陈力丹《新闻理论十讲》,复旦大学出版社2008年版。
⑤ 参见陈龙《新闻本位、舆论监督、人文关怀:民生新闻的公信力要件》,《中国电视》2004年第6期。

对维护人民权益、塑造中国媒体形象乃至塑造对外传播的国家形象有着不可估量的作用。

而广义的新闻价值则是指新闻/新闻业的价值。新闻作为人类实践的产物，是人类一项精神活动，与文学、电影、艺术等性质相同，具有政治价值、文化价值、经济价值与社会价值等多重价值。它与狭义的新闻价值共同组成了我国的新闻价值体系。

第二节 公益价值体系：努力做社会的建设者，对社会发展负责

西方自20世纪上半叶以来便将媒体视为社会公器、社会守望者、瞭望者，成为第四权力，并提出媒体的社会责任理论，要求新闻界"为公民提供高质量的新闻服务，就是一种不能逃避的总体性社会责任。"[①] 在西方看来，媒体之所以应该肩负起一定的社会责任便是在于它具有社会公共性，应坚守社会公共利益原则。

中国媒体之所以需要进一步回归它的本性——社会性或公共性，[②] 有内在与外在的多重原因。从内在上看，大众传媒的根本属性便是公共性与公益性。其一，媒体传播新闻、观点、娱乐节目等丰富的内容，属于特殊的精神服务与产品，满足人们的信息需求，与社会的公共利益密切相关。其二，与一般以盈利为目的的企业组织不同，媒体是一种特殊的从事信息传播活动的社会组织，与文化、教育、卫生等同属公益事业与公共产业，[③] 具有政治、经济、文化与教育等功能，能够产生多层面、广泛而强大的社会影响力。其三，媒体的服务对象是全社会，是全体公民，它所享有的媒体权力与经济来源很大

---

① ［美］美国自由委员会：《一个自由而负责的新闻界》，展江等译，中国人民大学出版社2004年版。

② 参见杨保军《当代中国主导新闻观念的可能选择：发展新闻专业主义》，《国际新闻界》2013年第3期。

③ 参见邵培仁、陈兵《媒介管理学概论》，高等教育出版社2010年版。

程度上都取决于民,因而必然具有公共性。其四,传媒是某些"稀有"公共传播资源的受托使用者,作为公共财产的使用人①,它们便具有公共性与公益性。从外在上看,媒体的公共性与公益性依然遭遇尴尬的境遇,并没有成为社会共识下的普遍实践,甚至诸多媒体行为遭人诟病与批评。一些走向企业化的媒体忘却了自己的公共性,为了生存与追求经济效益而忘记、轻视与不顾公共利益,出现了一味追求收视率、点击率的不良现象,生产了迎合观众低级趣味的三俗信息产品,内容具有过度娱乐化、低俗化、浅薄化的倾向,甚至出现了虚假新闻、有偿新闻、新闻敲诈、侵犯公民隐私权等违背职业伦理道德与触犯国家法律的行为,严重损害了媒体公信力,造成了相当恶劣的社会影响,媒体的公信力和社会责任受到严重质疑②。正是由于被经济性等遮蔽,所以在21世纪以来,媒体的公共性与公益性才被异常强调并需要进一步在理论层面深掘与夯实,在实践层面践行与落实。

既然媒体的公共性与公益性得到确认,那么媒体也必然走向深入维护社会公共利益与践行社会责任之路。首先,媒体应该践行自身的舆论监督权与维护公民的知情权,将与民众利益相关的信息,通过采访、深度挖掘、编辑等方式客观、全面与真实地传播出去,实现媒体的监测环境等功能,切忌只提供满足党与政府、某人与某群体等对象需要的信息,因为公众有知情权,便将权力让渡给媒体,决定哪些思想观点值得倾听取决于公众,而不仅仅取决于主编特有的偏向性。③其次,在中国社会主义转型期间,面对存在的各种社会矛盾,媒体应该积极沟通社会,成为联结党、政府、企业与公民等不同群体的平台与中介,成为维护公民知情权、参与权、表达权与监督权的重要渠道

---

① 参见燕道成《媒介化风险与传媒责任伦理》,岳麓书社2011年版。
② 参见李良荣、戴苏苏《新闻改革30年:三次学术讨论引发三次思想解放》,《新闻大学》2008年第4期。
③ 参见[美]美国自由委员会《一个自由而负责的新闻界》,展江等译,中国人民大学出版社2004年版。

与载体，为其提供参与社会公共事务与发表意见的机会，拓展不同群体，特别是普通公众参与社会谈论的公共空间，关注弱势群体，增进不同社群、阶层间的了解与理解，传播自由、民主、和谐、共同体等价值观，缓和日益加大的社会矛盾，成为社会的"建设者"。① 再次，面对新媒体的冲击、利益的诱惑、政府的压力等，媒体应该提高自身的专业素养，尊重并遵守专业主义精神，更快、更全面、更好地传递信息，最低的要求便是具有底线意识：新闻不可以罔顾事实，不可以故意说谎造假，"不可以公器私用"。② 而且不得侵犯公民的隐私权与名誉权，不得泄露国家机密，不得传播种族、宗教歧视内容，不得发表破坏国际关系的信息等。最后，媒体应该积极塑造德性形象。媒体作为社会的有机组成部分，其公共属性体现在实现公民社会的最大利益，而这个过程本身就蕴含着对"公共善"的应然要求，③ 具体指向则为真正关心弱势群体，真实反映社会存在的矛盾，为自由、公平、民主、理性等价值追求贡献自身力量等。

第三节 市场价值体系：尊重经济规律，赢得消费者，承担经济责任

在改革开放四十多年来的媒体理念更新与媒体实践推进中，我国媒体的巨大变化除了由宣传本位转向信息（新闻）本位外，还在于由计划本位转向了市场本位，即媒介经济/产业的重认与确立，形成了中国特色社会主义市场经济体制下的媒体市场价值体系。该体系包含尊重媒体经济规律、确立媒体产业属性、媒体产业隶属文化产业成为国家经济发展战略产业与支柱产业的确立、受众（用户、消费者）意识的确立等组成部分。

---

① 参见李良荣、张华《参与社会治理：传媒公共性的实践逻辑》，《现代传播》（中国传媒大学学报）2014年第4期。
② 参见李金铨《"媒介专业主义"的悖论》，《国际新闻界》2018年第4期。
③ 参见钟媛媛《传媒责任伦理研究》，中国传媒大学出版社2018年版。

理论篇

媒体市场价值体系的基础在于媒体产业属性的确立，该属性的确立经历了漫长的探索。在1949—1976年的计划经济体制下，我国以报刊为中心的大众传媒基本只有政治属性或者意识形态属性这一种单一属性，不是商品，不具产业属性。改革开放以来，在市场经济体制下，逐渐由单一政治属性的信息播发平台发展为社会主义市场经济中活跃且重要的一分子，逐步走向市场并具备产业化属性。[①] 它的确立是政府政策推动—媒体实践—学界探讨—政府定性的共同合力的结果。20世纪70年代末，财政部批准《人民日报》等8家首都媒体试行"事业单位、企业化管理"的办报模式，并引起首轮媒体体制改革。学界陈力丹、李良荣等也从理论上进行解释这一现象。陈力丹指出"新闻界不是处在经济改革之外，在我国的商品经济下，新闻应当是商品"，[②] 较早确认新闻是商品，而李良荣却首次界定了媒体的双重性，即新闻业既具有意识形态属性，又具有信息产业属性，此双重性的界定对我国新闻传媒事业的性质、归属问题做出的全新界定，为我国媒体事业"事业性质、企业管理"给予了理论支撑新闻界。[③] 政府也通过"中国信息商业化产业"[④]"文化市场"[⑤] 等用词给予了定性。由此，新闻传播媒体具有政治属性、信息属性、文化属性、商品属性等多重属性的特性得到确认并都得以发挥。[⑥] 可以说，产业属性已成为当下我国媒体最为重要的属性之一，此属性的确立为媒体产业的迅速发展提供了理论基础。

---

① 参见黄可《与实践同行：新中国传媒经济研究70年（1949—2019）》，《新闻与传播研究》2019年第12期。

② 陈力丹：《新闻是一种特殊的商品》，《新闻界》1986年第6期。

③ 参见李良荣、戴苏苏《新闻改革30年：三次学术讨论引发三次思想解放》，《新闻大学》2008年第4期；李良荣、沈莉《试论当前我国新闻事业的双重性》，《新闻大学》1995年第2期。

④ 1987年，国家科学技术委员会在首次编制的中国产业投入产出表中，将新闻事业、广播电视事业纳入了中国信息商业化产业序列中，这是政府部门第一次正式表述，承认新闻传媒的商品性。参见陈玥《中国传媒经济学研究历史进路与范式建构》，博士学位论文，武汉大学，2014年。

⑤ 1988年，文化部、国家工商行政管理局联合发布《关于加强文化市场管理工作的通知》，使用了"文化市场"的概念。

⑥ 参见吴信训、金冠军《中国传媒经济研究：1949—2004》，复旦大学出版社2004年版。

媒体市场价值体系的核心在于媒体是一种产业——属于第三产业，更是属于国家经济发展支柱产业与文化产业，必须遵循经济、产业、市场发展规律。伴随着我国社会主义市场经济体制的确立，1993年，中共中央和国务院发正式通过《关于加速发展第三产业的决定》，将报刊列入第三产业，继而推动了整个媒体产业化的发展。21世纪以来，由于党和政府继续推进、深化文化体制改革，我国传媒产业化已成为常态，报业集团、传媒集团不断成立，传媒市场得以扩张，传媒经济作为一种不容忽视的传媒现象和经济现象，[①] 不仅实现了自负盈亏，为国家创造了巨大财政收入，还带动了整个市场经济的发展。21世纪以来，文化部制定下发的《关于支持和促进文化产业发展的若干意见》，更将媒体产业作为文化产业重要的组成部分，由此媒体产业的经济重要性更不不言而喻，现如今作为文化产业的组成部分，已成为国家经济发展的战略产业与支柱产业，媒体融合成为国家的重要意志，对国家发展起到重要的作用。

媒体市场价值体系的重要元素、组成部分还包括消费者（受众）。对于媒体来说，在市场经济中，消费者（受众）有着无法忽视的重要作用。没有消费者（受众）则意味着没有市场，也意味着商品无法销售，从而严重影响媒体（组织）企业的发展。在媒体市场中，受众也逐渐由读者思维转向用户思维，再转向参与者与合作者思维，其在媒体经济之中的地位越发凸显，媒体产品要想获青睐，媒体经济价值若要实现，媒体产业要想长远发展，便要十分尊重用户的消费心理，以用户需求为出发点与落脚点，要为用户服务，正如有人所说，传媒经济在本质上是一种"用户经济"。[②]

媒体产业属性的确立、媒体产业化的推进与用户思维的确立以及媒介技术的发展，无疑都是媒体市场价值体系之中的组成部分。这便意味着媒体必须适应不断转型的社会主义市场经济环境，在国家媒介

---

① 参见黄可《与实践同行：新中国传媒经济研究70年（1949—2019）》，《新闻与传播研究》2019年第12期。
② 王庆凯：《用户经济：移动互联网时代的传媒经济新模式》，《中国广播》2016年第4期。

体制变革中求转变，在国内市场竞争中求生存，在满足受众信息需求中求发展，在互联网、区块链等新技术支撑中求创新，在全球化媒体竞合中求长远，实现媒体的经济责任。

第四节　中国特色媒体社会责任的四大价值体系：内在逻辑与命运共生

立足于百余年的新闻实践与理论构建，特别是改革开放四十多年以来的媒体体制改革、理论探索、实践拓深与西方新闻思想的批判性滋养，我国的媒体社会责任的价值体系已初步成形，主要包含新闻价值体系、宣传价值体系、公益价值体系与市场价值体系四个部分，它们是相互联系的，是随时代而发展的。在媒体社会责任体系中，各自有相应的地位，具有紧密的内在逻辑。

一　新闻价值体系是根本

新时期以来，我国媒体体制改革最为成功之处便是，新闻的本质得以复原与追认，即新闻是传播信息的活动，而不是意识形态的宣传武器与工具，由此，新闻的尊严与价值才得以确认与捍卫。因此，新闻价值是我国媒体社会责任体系的根本。唯有捍卫新闻本真，尊重新闻规律，遵守客观性原则、真实性原则、全面性原则与中立性原则，新闻之价值才能凸显，媒体的社会责任才能有坚实的基础。反言之，用宣传代替新闻，用虚假新闻代替真实新闻，用主观新闻代替客观新闻，新闻的价值便遭到侵害，媒体的社会责任则无从谈起，甚至给社会带来严重危害与灾难。

二　公益价值体系是不懈追求

媒体的公共性与公益性属性便意味着公益价值是媒体社会责任体系的追求目标。由于媒体是一项精神活动，产出的是精神产品，与人的精神息息相关，因此它必然实现公益价值，传播优秀的文化与价值观,有益于人的精神的培育;由于媒体被公众赋予了自由权、采访权等,因此它必然肩负起自己的责任与捍卫公民的知情权与表达权,为公众提供客观、真实而全面的信息,守望社会;由于媒体被誉为社会公器,有利于人类的福祉,因此它必然坚守新闻专业主义,为公平与正义而呼喊,为弱势群体、底层群体等而发声,为沟通不同群体与缓解社会矛盾而努力。公益价值永远是媒体存在的最为重要的道义基础,是最高的德性。相反,不关心人类,漠视真善美,追逐功名利禄,这都是对公共价值的背离,是对媒体社会责任的亵渎。

三 市场价值体系是基础保障

媒体的市场价值是媒体得以肩负起社会责任的有力经济保障。首先,媒体实现市场价值即经济价值,便是对社会肩负起了经济责任,它可以保障员工的生活,提升员工的福利水平,聘用优秀的人才,降低社会的就业压力,而且可以为国家财政创收;其次,媒体实现了市场价值,才能为实现新闻价值、宣传价值与公益价值而提供有力保障。创造了经济价值,才能创造与更换新闻设备,选聘优秀的媒体人才,学习崭新的新闻传播理论与技能,从而更好地去实现新闻价值,才能不需要党与政府的补贴与救济,才能有充足的精力去传播相应的政策等,从而更好地去实现宣传价值,才能有充足的物质基础去挖掘深度新闻、创造深刻影视作品、投入慈善事业等公益事业,从而更好地去实现公益价值。

结 语

在全球化背景下,文化在传播、交流与融合的同时,也存在着误读、文化休克等,需要理性而辩证去看待这些文化现象。在媒体领域,同样如此,可以说,由于国情不同,媒体传统不同,中西方媒体观念与实践存在着实在的差异,而这些差异便造成了彼此间的不可忽视的误读甚至偏见。Lee C. C.(2004)认为,现代中国传媒业的主要功能

理论篇

是启蒙和宣传,而非提供信息,① 这只符合部分事实,对中国媒体的实际存在误解。因为 21 世纪以来,提供信息已经成为中国媒体的主要职能。不过,在全球化语境下的媒体误解与偏见,却为重新认识中国媒体提供了一个良好契机。

---

① Lee C. C., "The Conception of Chinese Journalist: Ideological Convergence and Contestation", *Working Papers in English & Communication*, 16 (1), 2004.

机制与评价篇

第五章　大数据时代网络媒体社会责任治理机制研究

随着信息技术的迅速发展，互联网媒体作为一种新兴传播方式，拥有传统媒体无法比拟的优势，主要体现在传播多元化、个性化、交互性、快速性、广泛性和全球性、开放性、丰富性等方面，为各传播主要领域"带来了巨大的影响，引发了传播业的革命"[1]。因为网络媒体与传统媒体相比具有明显的优势，所以网络媒体迅速占领了重要市场份额，成为传播领域的一大主流，网络媒体因此被称为"继报纸、广播、电视等传统媒体之后的'第四媒体'"。[2]

就目前的研究成果而言，有学者认为，"还未研究出完善的解决方案，其具体实践缺乏理论指导，未形成综合治理机制"。[3] 在自愿与强制相结合的框架下，基于系统理论，从"内部机制"和"外部机制"两个方面，建立推进网络媒体履行积极社会责任的有效机制。以 CAS 理论为依据[4]，通过系统研究影响网络媒体社会责任的各因素，网络媒体社会责任的研究以内部治理和外部治理为基础，确定社会责任治理的长效机制，形成整体框架。

---

[1] 杨静：《我国网络媒体发展的现状、问题及展望》，《科技传播》2010 年第 9 期。
[2] 杨静：《我国网络媒体发展的现状、问题及展望》，《科技传播》2010 年第 9 期。
[3] 林建宗：《网络媒体社会责任推进机制研究》，《科学决策》2010 年第 12 期。
[4] CAS 即"复杂适应系统（Complex Adaptive System）理论"是美国霍兰（John Holland）教授于 1994 年正式提出的。

建立网络媒体社会责任治理机制十分重要。目前，部分网络媒体责任缺失现象十分严重，究其原因，是因为网络媒体缺乏完善的监督机制和评价机制。[①] 建立切实可行的网络媒体社会责任治理机制是确保网络媒体承担社会责任的有效保障。目前，用于监督治理网络媒体履行社会责任情况的标准尚未统一。"如果网络媒体在其发展壮大的过程中不能够获得外界及时有效的监督和评价，那么它就很难明确认识到社会责任缺失所带来的消极作用。"[②] 因此，网络媒体的社会责任约束是"自我制约"和"社会约束"的结合，自律与强制相结合。自愿性更多地体现在自我约束方面，强制性更多涉及建立健全法律法规方面。

第一节 网络媒体的社会责任治理机制构成及关系

网络媒体社会责任的治理是保证网络媒体积极履行网络媒体社会责任的关键。要想有效地保证网络媒体社会责任的履行，不仅仅是要有治理政策的出台，更重要的要有与网络媒体社会责任相适应的治理机制。"治理机制是在治理的实践中逐渐形成的包括治理主体、治理对象、治理规制和治理效果等要素的整体治理结构。"[③] 社会责任治理的最终目的是"维护网络媒体企业和利益相关方的权益"，[④] 所以要从内部和外部进行治理来达到各方的权益都得到相应的保障，保证网络媒体正确决策、行动及时来达到网络媒体社会责任的期望值。

"公司治理结构本质上是指在公司法人财产的委托代理之下不同权利主体之间企业社会责任治理权、责、利关系的一种制度安排。"[⑤] 网络媒体社会责任治理机制是一套规则体系，"用来调整网络媒体企

---

① 参见罗以澄、包国强《报刊企业社会责任评价模型及体系构建》，《新闻前哨》2012年第8期。
② 徐静：《网络媒体社会责任缺失及其对策研究》，硕士学位论文，河北经贸大学，2013年。
③ 石晨霞：《全球治理机制的发展与中国的参与》，《太平洋学报》2014年第11期。
④ 林建宗：《企业社会责任综合治理机制研究》，《经济管理》2011年第11期。
⑤ 于东智：《转轨经济中的上市公司治理》，中国人民大学出版社2002年版。

业与所有利益相关方之间的利益等多方关系"，① 包括内部与外部治理机制。任何一个事物发展的主要原因都是内因，外因只是诱发和辅助作用，同样地，网络媒体社会责任治理的核心是内部治理机制，外部治理机制是内部治理的辅助，所以网络媒体社会责任治理应以内部治理机制为主，外部治理机制为辅，但同时内部和外部治理的实现效果是相互依赖、相互影响的，缺一不可。内部治理机制是以网络媒体业自身主导，以自愿和自我约束为原则的治理模式，是调节网络媒体企业行为，调整网络媒体企业内部权益关系的规则体系，包括自律机制和合作机制。

"外部治理存在的主要因素是市场约束，是治理机制中重要的部分。"② 外部治理机制是以政府和社会组织主导，以外部力量进行约束，"调整网络媒体企业与利益相关方之间权益关系为原则的治理模式"，③ 包括规则机制、监督机制、信息机制、评价机制。强化内部治理的目的，是通过网络媒体企业的管理、协作，让网络媒体企业社会责任治理融入网络媒体企业运作的每一个环节，而加强外部治理的目的，就是让网络媒体企业通过外部的约束、监督、评价从而实现自律，以确保网络媒体企业社会责任的良好履行。网络媒体社会责任治理机制可以概括为两大部分六个方面，即内部治理机制包括自律机制和合作机制；外部治理机制包括规则机制、监督机制、信息机制、评价机制。④

一 内部治理机制

网络媒体内部治理是将社会责任全面融入网络媒体企业运行的每个环节，将社会责任深入网络媒体企业结构的每个层面。

---

① 林建宗：《企业社会责任综合治理机制研究》，《经济管理》2011年第11期。
② 刘彦文、叶曦、郭杰：《公司外部治理机制对企业绩效的影响研究》，《上海管理科学》2012年第12期。
③ 林建宗：《网络媒体社会责任推进机制研究》，《科学决策》2010年第12期。
④ 参见林建宗《企业社会责任综合治理机制研究》，《经济管理》2011年第11期。

1. 自律机制

"自律机制基于自愿原则"[①] 是指网络媒体在没有其他强制约束的情况下，自发自觉地履行社会责任，主要解决网络媒体运营和管理中的社会责任问题，这就要求网络媒体将社会责任融入网络媒体治理结构和日常运营管理。自律机制是网络媒体社会责任治理的核心，其他机制都需要通过网络媒体的自律产生效果，网络媒体作为代表性的传统媒体行业，为大众所熟知、所监督，更应该将自律机制融入每一个行为中。为此，应做好以下三个方面工作：第一，明确网络媒体企业应当承担的社会责任，这是自觉履行社会责任的基础，只有明确应当承担的社会责任，才能有针对性地制定战略目标，目标可按时期的长短来分别制定，一步一步，踏实履行，提高网络媒体企业的价值追求；第二，在网络媒体企业组织结构中明确责任管理，当社会责任治理过程中出现问题，要及时决策和修正，这就要求网络媒体企业要建立责任危机处理机制，只有这样才能保障社会责任治理能有条不紊地进行；第三，制定有关网络媒体企业社会责任履行的激励制度，鼓励各层次员工有效参与社会责任活动，培养网络媒体企业社会责任文化观与价值观，使社会责任成为网络媒体企业文化组成部分，要让网络媒体企业社会责任文化融入网络媒体企业运营的各个环节，从小处着手、编制网络媒体企业社会责任文化小册子，使用相关标识和宣传用语，建立社会责任培训机制，让网络媒体企业全员都能接受到网络媒体企业社会责任文化。

2. 合作机制

"履行社会责任的本质就是要使企业的经营行为符合社会及其他利益相关者的期望和要求。"[②] 合作机制，即网络媒体与其他利益相关者进行合作，把握好利益相关方的需求并平衡利益相关方的权益，推动利益相关方共同参与履行社会责任的活动。合作机制是网络媒体社

---

① 林建宗：《网络媒体社会责任推进机制研究》，《科学决策》2010年第12期。
② 林建宗：《网络媒体社会责任推进机制研究》，《科学决策》2010年第12期。

会责任治理的重要途径，仅仅依靠单一的网络媒体来推动社会责任治理，是很难达到预期的，要将所有相关的组织都集合起来，一起进行社会责任治理。首先，要明确哪些是网络媒体的利益相关方，要确定网络媒体对谁有需要承担的责任和义务，要清楚网络媒体的社会责任履行程度对谁有影响以及谁会关注这方面的信息，要清楚网络媒体的决策、管理、运营将会受到谁的影响等。其次，要建立双向沟通机制，网络媒体和其他利益相关方为了平衡自身利益，必须明确彼此的共识和分歧，这就需要一套确定的机制，以便网络媒体企业更好进行决策和管理，更好履行社会责任，达到社会整体期望。最后，与利益相关方共同参与网络媒体社会责任治理的相关活动，之前也说到，推动社会责任治理不能由一家网络媒体企业的行动就能实现，这也是合作机制的最终目的，要让利益相关方都联合起来，在实现共赢的基础上，一起进行社会责任综合治理，多方进行，效果会更明显。

二 外部治理机制

1. 规则机制

外部治理的规则机制主要包括硬法规则与软法规则相结合的治理模式。"硬法是一种公权力的象征，软法则代表了一种社会自治"[①]"硬法在国内层面主要是依靠政府强制力保障实施的法律规范，具有直接的法律约束力。"[②] 在网络媒体社会责任履行过程中，硬法规则也是政府及相关部门制定的必须遵守的法律法规，并且是强制约束的、所有网络媒体企业须遵守的最低社会准则。就目前环境而言，仅依靠网络媒体自律进行治理，是行不通的，相关体制并不完善，这就要求必须要有有效的法律约束，从外部来约束和调节网络媒体企业的行为。作为网络媒体在传播价值观方面有很大影响力，所以更加要正确引导，

---

① 廖丽等：《法律与标准的契合模式研究——基于硬法与软法的视角及中国实践》，《中国软科学》2013 年第 7 期。

② 廖丽等：《法律与标准的契合模式研究——基于硬法与软法的视角及中国实践》，《中国软科学》2013 年第 7 期。

传播正能量，如若网络媒体企业自身都不能遵纪守法，则必然会带坏社会风气，所以制定相关的法律法规是很有必要的。与网络媒体企业社会责任治理有关的硬法规则包括与网络媒体企业密切相关的公司法、生产安全法，与内部员工紧密联系的劳动法，保护消费者利益不受侵犯的消费者权益保护法，维持市场秩序的反不正当竞争法，以及环境保护法等，网络媒体企业则还要注重《中华人民共和国著作权法》等法律，这些相关法律都指出了网络媒体业应该履行的相关社会责任。软法原则上没有法律约束力但有实际效力，软法规则是相对于硬法规则来说的，它和硬法一样具有实际效力，但又区别于硬法，软法并不是由政府主导实施的，没有强硬的法律约束力。相比较于硬法，软法的表现形式并不那么固定，也不那么具有强制性，而是依靠网络媒体企业自觉或者其他激励性的规则来产生效果，所以软法规则的约束力通常是依靠文化、道德、舆论等发挥作用。像网络媒体企业，舆论导向和伦理道德的影响是相当巨大的，所以软法规则对网络媒体企业的外部治理具有极其重要的作用，也是对于硬法规则有效实施的一种保障。

2. 信息机制

在信息全球化的时代，任何网络媒体企业都必然会与其他网络媒体企业、组织或个人发生大量互动关系，在这些互动过程当中，如果外部信息不对称，则有可能导致网络媒体企业决策不及时而导致失误，影响网络媒体企业信誉，对网络媒体企业、员工和其他利益相关者也会产生不利影响。及时、全面地获取相关信息，建立信息监督机制，才有可能避免网络媒体业对其社会责任履行缺失现象的发生。通过网络媒体企业所建立的信息披露机制，同行或者利益相关者可以清楚地了解网络媒体企业的发展状况、管理水平，从而做出相应的决策。加强对信息披露的监督可以规范公司的信息披露行为，通过信息披露明确网络媒体企业的经营行为，若有违法则可进行严厉打击，从而确保利益相关方能公平获取信息。

但传统的信息披露只集中在财务信息上，只起到监督网络媒体企业经济责任履行情况的作用，网络媒体企业的守法责任、伦理责任、慈善责任等履行情况，都应进行披露，所以要建立网络媒体企业"多维"信息披露机制，对网络媒体企业各社会责任履行状况进行披露，让政府、网络媒体企业员工和其他利益相关方都能清楚了解。网络媒体盈利情况下滑，但这并不代表网络媒体企业就不需履行慈善责任、伦理责任，也不需进行相关信息披露，相反，良好的网络媒体企业形象会影响到网络媒体企业的经济收入，能让网络媒体企业更好地履行经济责任，所以进行信息的披露，让其他利益相关方了解到网络媒体企业的网络媒体企业文化和网络媒体企业价值观，会给网络媒体企业带来更好的发展。

3. 监督机制

"监督机制，实质也是一种激励机制，包括负激励的监督惩罚机制，正激励的奖励机制。"[①] 监督机制从监督的主体来分类包括政府监督、行业监督、大众监督、媒体监督等方面。政府监督机制的建立与完善有十分重要的作用。政府的监督机制目的是保障市场公平、保障信息披露可靠、保障消费者权益，运用法律法规来维持秩序，进行监督，同时政府的监督机制也是新闻媒介和社会公众监督平台的重要信息来源，利益相关者若利益受到损害，这也是一个维护自身权利的有效渠道。在政府的监督机制中，要通过行政手段，对有损社会的行为进行处罚和处理，坚决打击网络媒体企业的违法行为，发挥国家相关行政机关在网络媒体企业社会责任治理中的监督作用。

行业监督机制是指在行业内由权威行业协会等组织进行监督，执法监管系统是行业监督的核心，行业监督与政府监督相辅相成，共同作用。大众监督机制是指由消费者通过网络媒体企业产品的使用感、网络媒体企业形象的体验感等。媒体监督机制是所有监督机制中最为突出的一部分，媒体的曝光率高、传播速度快、影响范围广，而且在如今人人都是自媒体的时代，媒体监督更是飞速发展。网络媒体企业同样也要受到媒体的监督。所以在政府、行业、媒体等方面要建立完

---

① 林建宗：《网络媒体社会责任推进机制研究》，《科学决策》2010 年第 12 期。

善的监督机制,推动各方面联合监督,同时在网络媒体企业内部也可建立一个专门机构监督员工的行为,推动网络媒体企业社会责任履行。

4. 评价机制

网络媒体企业评价机制是指通过按照科学标准制定一系列评价手段,来对网络媒体企业运行过程中各事物的内在关系进行调节和制约,以保证管理目标的实现。网络媒体企业社会责任评价在促进网络媒体企业积极履行社会责任方面有着重要而积极的作用,评价机制能够让网络媒体企业自觉修正不好的政策,创建合理有效的社会责任治理体系,这也就是外部治理机制通过内部治理产生效用的明显例子。评价的关键是要建立一套科学的综合评价指标体系。要运用科学的手段,通过定量和定性指标相结合,建立一整套包含多个方面的综合评价体系,其中,定性指标要具有可观测性和可操作性。对网络媒体来说,除了为消费者传递信息,还有一项很重要的任务就是传播正能量、引导社会形成良好风气,这就要求网络媒体企业要有很高的觉悟和社会责任感,所以评价体系的建立也显得更为迫切,有专家认为可以从舆论导向、信息传播、舆论监督、法律法规、社会伦理、健康文化、公共利益和公民权益、创富能力、内部员工满意度等 9 个维度设置指标体系,在每个维度进行代表指标选取,明确 9 个维度下的 19 个二级指标,构建完整的指标体系总体结构和具体评估内容[1],以此来对网络媒体社会责任履行状况做一个可观测的体现。[2]

分析图 5-1,"规则是基础,自律与合作是主要途径,信息机制是其他机制发挥激励与约束作用基础,监督机制是企业履行社会责任的保障。"[3] 规则机制强调媒体在从事新闻传播活动中必须遵守宪法和法律法规,在法律的框架内承担社会责任。规则机制是其他机制的基础,具有高强制性。网络媒体企业需要从外界获得信息来履行法律法规等规则机制的责任,这些信息就包括了其他治理机制的信息。其履

---

[1] 参见包国强《论报刊企业社会责任评价模型的设计》,《今传媒》2012 年第 4 期。
[2] 参见包国强、张曼《简论报刊社会责任评价模型》,《新闻传播》2012 年第 4 期。
[3] 林建宗:《网络媒体社会责任推进机制研究》,《科学决策》2010 年第 12 期。

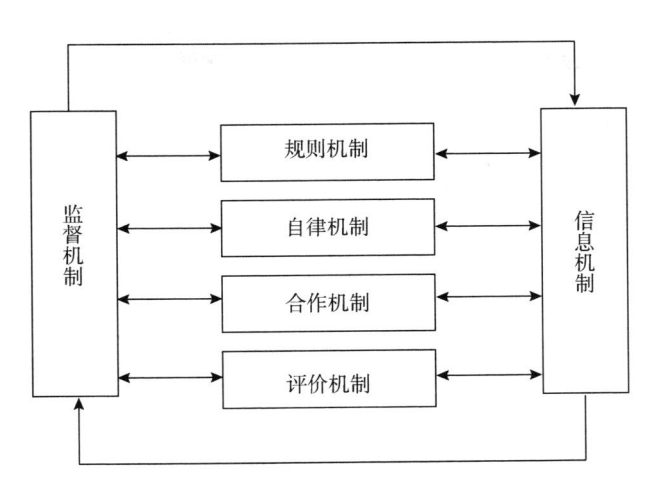

图 5-1　我国网络媒体社会责任治理（NSR）整体框架

行规则机制责任的情况也会作为信息反馈出去，监督机制得到规则机制的信息，从而对网络媒体企业法律法规履行情况进行监督，同时又成为其他机制的进行决策时的信息。

网络媒体社会责任治理的内部机制是相辅相成、相互依存的关系，二者缺一不可。对网络媒体来说，仅仅靠内部治理机制来实现"自我约束"是不现实的，因为一些网络媒体往往会奉行"利益至上"的原则，在利益的驱使下打破自律原则，造成损害公众利益的后果。因此，同时强调网络媒体社会责任外部治理机制"社会约束"作用是十分必要的。但是，仅仅依靠外部治理机制也无法从根本上解决网络媒体社会责任缺失的现象，网络媒体若不从自身出发进行"自我约束"便缺乏足够的动力去承担社会责任。由内部治理机制、外部治理机制共同构成了网络媒体社会责任综合治理机制，它们共同形成了一个有机整体。

第二节　如何构建网络媒体治理机制

一　内部机制构建

网站向大众所传递的信息无不代表网站本身的整理风貌和舆论立

场,因此网络媒体信息发布者本身的职业素养对网络媒体的形象有着巨大的影响,这就要求网络媒体从业者必须要有良好的职业道德和职业素养,在选择新闻的时候不能以个人意志为主,而是以社会和大众的利益为出发点。在当下这个百花齐放的时代,网络媒体若想提高社会公信力和影响力,就必须要对自己的行为有所约束,主要表现在以下几个方面。

1. 提高网络媒体从业人员的社会责任意识

强大的交互功能是网络媒体的一大优势,网民可以自由地在网络社区相互交流沟通。在这种氛围中,网络媒体从业者必须要成为合格的把关人,真正做到"铁肩担道义,妙手著文章"。然而当下一些宣扬暴力情色以及内容不实的新闻蔓延于网络,给我国的网络环境带来了极其恶劣的影响,作为媒体从业者要以积极向上的价值观为导向,负起舆论宣传的重任。因此,媒体从业者就要不断地提高职业素养,加强社会责任意识,时刻保持清醒的头脑,正确引导社会焦点问题的舆论方向。坚持正确的舆论方向是网络媒体从业者必须遵循的传播规律,是网络媒体得以生存发展的前提条件。因此,定期组织其从业人员进行业务培训和职业道德培训会使网络新闻工作者以对大众高度负责的精神和积极的工作态度,肩负起传播社会主义价值观的责任,促进社会的文明进步。

2. 建立网络媒体行业规范

除了提高网络媒体从业人员社会责任意识之外,各网络媒体要充分认识自己应该承担的社会责任,在其内部制定一套可行有效的"行业规范和审查标准"。信息发布工作要规范化,抵制不良信息,用"正确舆论、健康内容、优质服务"来树立信誉,打造品牌。[①]

3. 建立健全管理制度

为了减少网络媒体发布虚假信息,造成网络新闻侵权,网络媒体

[①] 参见徐静《网络媒体社会责任缺失及其对策研究》,硕士学位论文,河北经贸大学,2013年;林建宗《网络媒体社会责任推进机制研究》,《科学决策》2010年第12期。

应该确保有一个完备的"集信息生产、审核、传播、监控为一体的完备的信息发布流程,以保证信息的有效传播"[①]。除此之外,要践行网络自律公约,加强自律。网络媒体自律公约必须得到遵守。通过网络"媒体行业内的合作和自律,营造良好的履行社会责任的氛围,共同抵制社会责任缺失的行为"[②]。

二 外部治理机制构建

1. 政府建立健全相关法律法规

网络媒体要想更好地承担起社会责任,除了依靠行业和个人自律之外,政府建立健全相关法律法规也是必不可少的部分。政府作为公众利益的代表,从宏观的角度制定健全的法律,依靠强制力保障各网络媒体规范自身行为,杜绝低俗化,保护受众的隐私,同时对网民的网络言论加以规范。近年来我国相继出台了《中华人民共和国计算机信息系统安全保护条例》《互联网文化管理暂行规定》《计算机信息网络国际联网管理暂行规定》等法律法规,使网络媒体社会责任监管做到了有法可依。但是就目前而言,我国网络媒体监管法律体系还并不完善,建立健全网络媒体信息传播法律体系是一个系统的过程,需要社会各界的共同努力。

2. 建立监督机制

当前我国网络环境十分复杂,除了法律系统不够完善之外,没有成熟的监管机构也是主要原因。成立特定的网络媒体监管机构督促网络媒体强化社会责任意识是非常有必要的。2004年首都互联网协会成立,已发展形成五大监督评价体系,作为监督网络媒体履行社会责任的"行动准则和监管标准"[③]。此外,对履行社会责任的情况进行监督

---

① 乔占军:《基于社会资本理论视角的网络媒体社会责任实现机制研究》,《湖北经济学院学报》2014年第9期。
② 乔占军:《基于社会资本理论视角的网络媒体社会责任实现机制研究》,《湖北经济学院学报》2014年第9期。
③ 徐静:《网络媒体社会责任缺失及其对策研究》,硕士学位论文,河北经贸大学,2013年。

和定期评比，公布评级结果。

3. 加强网民的媒介素养

在"自媒体"时代，微博、微信等自媒体平台改变了传统媒体的单向传播方式，成为大众获得信息、发布信息的主要平台。越来越多的受众成为信息传播者，自媒体成为个体共享、传播的独立空间，使传受双方在传播活动中变得更加平等，网民有了发言权利和机会，网民的个人媒介素养对网络环境的健康发展有着巨大影响。面对质量参差不齐的网络信息，广大网民要甄别非理性社会舆论，提高分析能力。

三 正确处理内部机制和外部机制的关系

网络媒体社会责任治理的内部机制和外部机制是相辅相成、相互依存的关系，二者缺一不可。对网络媒体来说，仅仅靠内部治理机制来实现"自我约束"是不现实的，因为一些网络媒体往往会奉行"利益至上"的原则，在利益的驱使下打破自律原则，造成损害公众利益的后果。因此，同时强调网络媒体社会责任外部治理机制"社会约束"作用是十分必要的。但是，仅仅依靠外部治理机制也无法从根本上解决网络媒体社会责任缺失现象，网络媒体若不从自身出发进行"自我约束"便缺乏足够的动力使网络媒体承担社会责任。

随着网络技术的不断进步，网络媒体成为信息传播的主要平台，虽然网络媒体承担了相应的社会责任，但是我国的网络媒体传播的环境问题依然十分严峻，网络媒体社会责任治理迫在眉睫。因此，网络媒体必须从自身出发建立良好的自律机制，引导积极向上的社会舆论。政府应做好监管工作，运用强制性的手段建设良好的网络环境，受众在提高自身媒介素养的同时也应积极参与网络媒体的监督。

第六章　网络媒体社会责任评价指标体系及模型研究

第一节　研究方法及网络媒体社会责任评价体系的建立

课题组应用 AHP（Analytic Hierarchy Process）法[①]确定网络企业社会责任评价指标体系中各指标的权重。[②] 应用"问卷调查法"[③] 先把模型各维度直接操作化，设计调查问卷，根据各题项的得分及维度得分来评价。

在研究过程中，访谈了大约 500 名知名网络媒体企业负责人、相关专家、受众，确定网络媒体企业评价指标，并通过专家打分法确定各自权重。然后运用层次分析法分析数据，提出网络媒体企业社会责任评价体系（见表 6-1），据此提出分析公式及模型。

[①] 美国著名运筹学家 Thomas L. Saaty 教授于 20 世纪 70 年代提出的一种定量与定性相结合的决策分析方法。它是把一个复杂问题表示为有序递阶层次结构，通过人们的判断，对备选方案的优劣进行排序。

[②] 参见包国强《治理视角的传媒社会责任评价体系及评价模型分析》，《湖北社会科学》2012 年第 8 期。

[③] Maignan，Ferrell（2000）和 Maignanetal（1999）提出，我国学者郑海东（2007）也做过类似研究。

表6-1　　　　　　网络媒体企业社会责任评价指标体系

一级指标 Ai	二级指标 Bi
舆论导向	政治
	经济
	文化
信息传播	真实
	快速
	全面
	准确
舆论监督	对权力机关的监督力度
	对社会生活的监督力度
法律法规	遵守相关法律
社会伦理	社会主义伦理道德观
健康文化	弘扬健康、积极向上的文化
公共权力和公民利益	坚守正义与良知
	维护公民权益
创富能力	纳税
	盈利
	吸收社会劳动力
内部员工满意度	职业前景
	员工工资及福利

首先，本章从舆论导向、信息传播、舆论监督、法律法规、社会伦理、健康文化、公共权力和公民利益、创富能力、内部员工满意度9个维度设置指标体系，在每个维度进行代表指标选取，明确9个维度下的19个二级指标，构建完整的指标体系总体结构和具体评估内容。

其次，通过专家打分法（"问卷调查法"）来构造判断矩阵。对200位企业社会责任方面及200位传媒研究领域的资深专业人士、100名受众发放"重要性调查表"，要求其对每个影响指标的因素给出适当的分数，以"1"为满分制，并对回收的打分表数据进行统计分析，得到网络媒体企业社会责任一级指标和二级指标的数据表。同时采用专家评分法来确定各指标的得分值,即要求专家根据网络媒体的具体情况,给各个指标分别评分。评分标准为：Fi = 1 表示履行社会责任水平差；Fi = 2 表示履行社会责任水平较差；Fi = 3 表示履行社会责任水平一般；Fi = 4 表示履行社会责任水平较好；Fi = 5 表示履行社会责任水平好。① 如表 6 - 2 所示：

表 6 - 2　　　　　网络媒体企业社会责任评价指标权重②

一级指标（权重）Ai	二级指标（权重）Bi	好5	较好4	一般3	较差2	差1
舆论导向 0.2	政治 0.5	√				
	经济 0.3		√			
	文化 0.2			√		
信息传播 0.15	真实 0.3		√			
	快速 0.3		√			
	全面 0.2			√		
	准确 0.2			√		
舆论监督 0.15	对权力机关的监督力度 0.7				√	
	对社会生活的监督力度 0.3			√		
法律法规 0.05	遵守相关法律 1		√			
社会伦理 0.05	社会主义伦理道德观 1		√			
健康文化 0.05	弘扬健康、积极向上的文化 1			√		
公共权力和公民利益 0.15	坚守正义与良知 0.5				√	
	维护公民权益 0.5				√	
创富能力 0.1	纳税 0.4			√		
	盈利 0.4			√		
	吸收社会劳动力 0.3			√		
内部员工满意度 0.1	职业前景 0.5			√		
	员工工资及福利 0.5			√		

---

① 参见包国强《治理视角的传媒社会责任评价体系及评价模型分析》,《湖北社会科学》2012 年第 8 期；包国强《基于"转制改企"的报刊社会责任评价模型初探》,《科技传播》2012 年第 6 期。

② 参见包国强《治理视角的传媒社会责任评价体系及评价模型分析》,《湖北社会科学》2012 年第 8 期。

第二节 网络媒体企业社会责任评价指标体系的确立原则及指标体系内容解读

科学发展观是马克思主义关于发展的世界观和方法论的集中体现,是我国经济社会发展的重要指导方针。网络媒体企业社会责任评价指标体系构建,必须以和谐社会建设的理念和科学发展观理论为指导,从中国实际出发,指标选取原则应遵循下面原则,即科学性原则(scientific principle)、系统性原则(system principle)、简单性原则(simplicity)、可测性原则(measur-ability)、获得性原则(availability)、可靠性原则(reliability)和时效性原则(timing, and time-based)、突出性原则(highlight)、可比性原则(comparability)、定性与定量相结合原则(qualitative and quantitative Analysis)。①

建立网络媒体企业社会责任评价指标体系,进行网络媒体企业的社会责任水平评价,为引导我国网络媒体企业履行社会责任提供参考。网络媒体企业社会责任评价指标选取应考虑以下原则,具体说来就是:①科学合理性原则(scientific principle)。该原则是指要有明确的内涵,计算方法要简明、科学。②可操作性原则(operability principles),即评价指标的选取是能够量化或者是能够予以定性分析的。③有效性原则(effectiveness principle),即信息披露要及时、真实、有效。④成本最小化原则(cost minimization principle),即指评价指标的选择要考虑信息成本,成本最小化。⑤可比性原则(comparability),即要求"选取指标简明扼要,具有可比性,计算基础必须一致"。② ⑥系统性原则(systematization)是评价的原则之一,即指标体系的确立必须循序、系统、连贯。⑦简单性(simplicity)。即"节俭原则"或"奥康剃刀"。

---

① 参见罗以澄、包国强《报刊企业社会责任评价模型及体系构建》,《新闻前哨》2012年第8期。
② 参见王丽等《企业社会责任评价指标体系的构建研究》,《内蒙古科技与经济》2010年第9期。

⑧可测性（measur-ability），即选取指标要能够进行比较准确的测评，不能过于模糊。⑨获得性（availability），即即选取指标在测评中要能够通过正常手段获取。⑩可靠性（reliability），即对于获得的指标信息要准确，能够说明问题。⑪时效性（timing, and time-based），即对于指标的测评要选取注意时间的选取。⑫突出性原则（highlight），即选取的指标是测评网络媒体社会责任中比较突出的因素，对社会责任的影响比较大。⑬定性与定量相结合（qualitative and quantitative analysis），即在测评中立足于定量测评，同时还要进行定性分析。①

网络媒体企业社会责任评价体系应在上面每个层面进行有代表指标的选取，指标选取主要考虑的出发点是突出重点，以点带面，力图使所选指标具有代表性和可操作性。事实上，围绕企业运营、绩效和各种内部和外部关系的很多指标之间具有高度的统计相关性，所以，只选取其中那些有可靠信息承载量的关键指标是合适的。

根据以上原则，具体说来，网络媒体企业应在九个方面承担起社会责任：①舆论导向：舆论引导的责任。坚持在政治、经济、文化领域的正确引导，尤其是政治导向是网络媒体企业的生命线。②信息传播：向受众提供真实、快速、全面、准确信息的传播责任。这是网络媒体企业的立身之本。③舆论监督：承担新闻舆论监督的责任。在重点做好对权力机关的监督时加强对社会生活的监督力度，推动社会进步，努力成为化解社会矛盾和冲突的助推器。④法律法规：遵守相关法律法规，充分保护他人知识产权的责任。⑤社会伦理：净化媒体环境，保护未成年人健康成长，妥善保护个人隐私，坚守公共道德底线。⑥健康文化：提供健康有益的休闲娱乐活动的责任、传递严肃文化知识和社会遗产的培养责任。⑦公共利益和公民权益：坚守正义和良知，维护公民合法权益，自觉站在党和人民一起。⑧创富能力：积极纳税，保持一定的盈利水平，提供一定的就业岗位，吸收尽可能多的社会劳

---

① 参见包国强《基于"转到改企"的报刊社会责任评价模型初探》，《科技传播》2012年第6期；王丽等《企业社会责任评价指标体系的构建研究》，《内蒙古科技与经济》2010年第9期。

动力。没有一定的盈利能力，网络媒体企业就是失去了基本的物质基础，其他责任的履行就成了泡影。⑨内部员工满意度：努力提高员工工资及福利待遇，为其职业前景与规划提供广阔空间。①

以上九大体系一级指标，十九大二级指标是密不可分的，其权重各有不同，但它们互相作用、互相制约，所以网络媒体企业社会责任是包括政治责任、经济责任、法律责任和道德责任等在内的一个综合责任体系。

第三节 运用层次分析法分析

层次分析法是运用美国著名运筹学家塞迪给出的1—9标度法，它根据各测评指标的相对重要性来确定权重。层次分析法可以通过测评指标两两比较，使复杂的、无序的定性问题能够进行量化处理。首先是对所研究问题的各种影响因素进行归类和层次划分，确定出属于不同层次和不同组织水平的各因素之间的相互关系，在总目标（最高层）之下划分出准则层、约束层以及决策层等，不同层次间的因素便构成多目标决策树，然后对决策树中的总目标及子目标分别建立反映影响因素之间关系的判断矩阵。判断矩阵虽然较为客观地反映出一对因子对目标影响程度大小的差别，但是思维的主观性和片面性，使分析结果难免在一定程度上不能达到前后完全一致，因此需要检验和调整判断矩阵，使其具有满意一致性（$CR<0.1$）。最后，由最高层到最低层，逐层计算各层次中诸因子关于总目标的相对重要性权值，加以排序，并对层次总排序也进行一致性检验，以防最终结果中由于综合而引起的较严重的非一致性。表6-3列出判断矩阵标度定义：

表6-3　　　　　　　　判断矩阵标度定义

1	表示两个因素相比，具有同样重要性
3	表示两个因素相比，前者比后者稍重要

---

① 参见包国强《治理视角的传媒社会责任评价体系及评价模型分析》，《湖北社会科学》2012年第8期。

续表

5	表示两个因素相比,前者比后者明显重要
7	表示两个因素相比,前者比后者强烈重要
9	表示两个因素相比,前者比后者极端重要
2,4,6,8	表示上述相邻判断的中间值
倒数	表示两个要素相比,后者比前者的重要性标度

利用专家打分法得出的数值来构造判断矩阵,通过将各指标值所得分相除得出重要性,共构造7个判断矩阵。

判断矩阵一:一级指标之间相对重要性标度判断矩阵。设舆论导向A1、信息传播A2、舆论监督A3、法律法规A4、社会伦理A5、健康文化A6、公共利益和公民权益A7、创富能力A8、内部员工满意度A9。

表6-4　　一级指标之间相对重要性标度判断矩阵

X	A1	A2	A3	A4	A5	A6	A7	A8	A9	Wi
A1	1	2	2	4	4	4	2	2	2	0.1456
A2	1/2	1	1	3	3	3	1	2	2	0.1302
A3	1/2	1	1	3	3	3	1	2	2	0.1274
A4	1/4	1/3	1/3	1	1	1	1/3	1/2	1/2	0.0854
A5	1/4	1/3	1/3	1	1	1	1/3	1/2	1/2	0.0854
A6	1/4	1/3	1/3	1	1	1	1/3	1/2	1/2	0.0854
A7	1/2	1	1	3	3	3	1	2	2	0.1274
A8	1/2	1/2	1/2	2	2	2	1/2	1	1	0.1066
A9	1/2	1/2	1/2	2	2	2	1/2	1	1	0.1066

矩阵中的数据表示指标Ai和Aj(i,j=1,2,3,…,n)对目标X的相对重要性程度之比。Wi表示对因子对总目标的权重。

判断矩阵二:二级指标之间相对重要性标度判断矩阵。设政治B1,经济B2,文化B3,真实B4,快速B5,全面B6,准确B7,对权力机关的监督力度B8,对社会生活的监督力度B9,遵守相关法律B10,社会主义伦理道德观B11,弘扬健康、积极向上的文化B12,坚守正义与良知B13,维护公民权益B14,纳税B15,盈利B16,吸收社会劳动力 B17，职业前景 B18，员工工资及福利 B19。

表6-5　　　　　　　二级指标之间相对重要性标度判断矩阵

A1	B1	B2	B3	Wi
B1	1	2	3	0.4018
B2	1/2	1	2	0.3289
B3	1/3	1/2	1	0.2693

表6-6　　　　　　　二级指标之间相对重要性标度判断矩阵

A2	B4	B5	B6	B7	Wi
B4	1	1	2	2	0.2749
B5	1	1	2	2	0.2749
B6	1/2	1/2	1	1	0.2251
B7	1/2	1/2	1	1	0.2251

表6-7　　　　　　　二级指标之间相对重要性标度判断矩阵

A3	B8	B9	Wi
B8	1	3	0.5987
B9	1/3	1	0.4013

表6-8　　　　　　　二级指标之间相对重要性标度判断矩阵

A7	B13	14	Wi
B13	1	1	0.5000
B14	1	1	0.5000

表6-9　　　　　　　二级指标之间相对重要性标度判断矩阵

A8	B15	B16	B17	Wi
B15	1	1	2	0.3548
B16	1	1	2	0.3548
B17	1/2	1/2	1	0.2905

表 6 – 10　　　　二级指标之间相对重要性标度判断矩阵

A9	B18	19	Wi
B18	1	1	0.5000
B19	1	1	0.5000

利用层次分析法软件计算出各指标值的权重，并进行一致性检验。得出本评价体系各层指标构成的判断矩阵都有 CR≤0.10，因此认为判断矩阵具有满意的一致性，计算得出的值 W 可以作为评价指标。

建立网络媒体企业承担社会责任水平的评价模型：$R = \sum_{i=l}^{22} W_i F_i$。其中，i = 1，2，…，22；R 为网络媒体企业履行社会责任水平高低的综合评价值，R 值的变化区间为 0—5，R 值表示网络媒体承担社会责任水平情况，0—1、1—2、2—3、3—4、4—5 分别表示履行社会责任水平差、较差、一般、较好、好。R 值越大，说明该网络媒体承担社会责任的水平越高；Wi 为各个指标的相应权重；Fi 为各个指标的得分值。

第四节　应用举例

本章以我国中部某网络媒体企业为例，基于以上理论，运用问卷调查法，从网络媒体企业社会责任的 9 个一级指标，19 个二级指标来测试其履行社会责任水平高低的综合评价值。整个调查过程共发放 100 份调查问卷，回收 100 份，经整理有效调查问卷为 93 份，有效率 93%。在调查中，主要以"同等重要""比较重要""重要""相当重要""绝对重要"来对影响因素的影响力进行判断，这五项判断分别对应 1—9 标度中的 1、3、5、7、9。问卷中将同一层次的指标两两比较，并按照层次分析法对所得数据进行分析，最终得出各个影响因素的权重值。在调查实施过程中通过口述向被调查者解释各指标的含义，便于被调查者理解，以便做出更为精确地选择。利用层次分析法（和积法）对调查问卷统计所得数据进行分析，构造判断矩阵，求出权重。具体调查问卷统计数据及最后各层次权重如表 6 – 11：

表6-11　　　　中部某网络媒体社会责任评价指标权重及评分

一级指标（权重）	二级指标（权重）	好5	较好4	一般3	较差2	差1
舆论导向 0.1678	政治 0.5245（0.0880）	√				
	经济 0.2693（0.0452）		√			
	文化 0.2062（0.0346）		√			
信息传播 0.1343	真实 0.3174（0.0426）		√			
	快速 0.2237（0.0300）		√			
	全面 0.2237（0.0300）			√		
	准确 0.2352（0.0317）			√		
舆论监督 0.1285	对权力机关的监督力度 0.7685（0.0988）		√			
	对社会生活的监督力度 0.2315（0.0297）			√		
法律法规 0.0806	遵守相关法律 1（0.0806）		√			
社会伦理 0.0806	社会主义伦理道德观 1（0.0806）		√			
健康文化 0.0806	弘扬健康、积极向上的文化 1（0.0806）		√			
公共权力和公民利益 0.1285	坚守正义与良知 0.5（0.06425）			√		
	维护公民权益 0.5（0.06425）			√		
创富能力 0.0963	纳税 0.3475（0.0335）		√			
	盈利 0.3475（0.0335）		√			
	吸收社会劳动力 0.2510（0.0243）				√	
内部员工满意度 0.1029	职业前景 0.5（0.05145）		√			
	员工工资及福利 0.5（0.05145）		√			

根据建立网络媒体企业承担社会责任水平的评价模型：$R = \sum_{i=1}^{22} W_i F_i$，Wi 为各个指标的相应权重；Fi 为各个指标的得分值。

$R = 0.0880 \times 5 + 0.0452 \times 4 + \cdots + 0.05145 \times 4 + 0.05145 \times 4 = 3.8238$

由于 R 为网络媒体企业履行社会责任水平高低的综合评价值，R 值的变化区间为 0—5，R 值表示网络媒体承担社会责任水平情况，0—1、1—2、2—3、3—4、4—5 分别表示履行社会责任水平差、较差、一般、较好、好。R 值越大，说明该网络媒体承担社会责任的水平越高。从对我国中部某网络媒体企业的社会责任评价结果看出 R 值为 3.8238，表示其履行社会责任水平较高，这非常有利于该网络媒体企业的发展，同时也为其他网络媒体企业的发展做出了榜样。

结　语

网络媒体企业承担社会责任有助于塑造企业形象，提高社会知名度和盈利能力。采用定量分析方法分析网络媒体企业的社会责任，能够推进我国网络媒体管理制度与体制创新，促进政府更有效地对转制后的网络媒体实行监管，指导媒体最大限度地履行社会责任，"有利于政府主管部门对网络媒体进行分类评估，引导我国媒体更好履行社会责任和媒体使命"。

第七章 基于科学评价的对我国网络媒体社会责任的整体测度与分析

第一节 调查背景及说明

本章采用的研究方法主要是"AHP法"和评价体系的"问卷调查法"。"AHP（Analytic Hierarchy Process）法"是美国著名运筹学家 Thomas L. Saaty 教授于20世纪70年代提出的一种定量与定性相结合的决策分析方法。当时，托马斯·萨蒂运用AHP法确定网络传媒社会责任评价指标体系中各指标的权重。评价体系的"问卷调查法"则由迈尼昂和费雷尔（Maignan、Ferrell）（2000）和迈尼昂（Maignanetal）（1999）提出，我国学者郑海东（2007）也做过类似研究。这种评价方法先把模型各维度直接操作化，因其此方法数据是问卷使用者产生，所以采用的指标测量概念要非常匹配，而且主要依赖受访者的知觉，知觉测量可能会受到实施方式的操纵。

本次调研主要是在以往研究的基础上，深入了解我国网络媒体履行社会责任的基本现状和存在的问题，以求提出可能的政策建议。传媒社会责任是一个社会广泛关注的问题，但是中国传媒社会责任的状况究竟如何？中国传媒的社会责任意识如何？需要准确和科学的数据来说明。只有这样的数据，才能使我们更有效地采取适当的措施，促进和帮助传媒提高社会责任意识。

根据课题组确立的指标体系，本调查由本课题组指导，由课题组组织课题研究人员及相关高校、独立研究机构联合进行。①调查对象：从业者、专家、普通市民、学生；②调查途径：电话调查、电子邮件调查、面访；③调查问卷：由课题组专家团队设计，确保调查问卷科学准确；④访问日期：2014年10月至2017年3月中旬。课题组先后在武汉和上海、北京、广州等城市做了问卷调查和访谈，共回收有效问卷700份，同时采取电话访问、网络调查等形式，获得调查数据共2006份。回收问卷个别出现信息缺失，已用常用方法进行处理，保证了问卷的真实有效性。总体而言，问卷整体情况良好，符合调查要求，结果真实有效。网络媒体社会责任是个很复杂的课题。根据以往研究，本次调研将网络媒体社会责任涉及的范围进行了适当界定，网络媒体的社会责任评价指标体系见表7–1。①

表7–1　　　　　　网络媒体企业社会责任评价指标体系

一级指标 Ai	二级指标 Bi
舆论导向	政治
	经济
	文化
信息传播	真实
	快速
	全面
	准确
舆论监督	对权力机关的监督力度
	对社会生活的监督力度
法律法规	遵守相关法律
社会伦理	社会主义伦理道德观
健康文化	弘扬健康、积极向上的文化
公共权力和公民利益	坚守正义与良知
	维护公民权益

---

① 参见包国强《治理视角的传媒社会责任评价体系及评价模型分析》，《湖北社会科学》2012年第8期。

续表

一级指标 Ai	二级指标 Bi
创富能力	纳税
	盈利
	吸收社会劳动力
内部员工满意度	职业前景
	员工工资及福利

第二节 调查结果及分析

鉴于本次调查的数据量大,从调查总量中抽取690个具有代表性的问卷作为样本,详细报告由课题组专家团队分析,对其中部分问题进行初步数据统计并做简要分析。调查结果整体数据如下：

一 关于网络媒体九大社会责任综合履行情况

由图7-1可知,调查问卷有九个内容,分别为舆论导向、信息传播、舆论监督、法律法规、社会伦理、健康文化、公共利益与公民权益、创富能力、内部员工满意度,被调查者普遍认为这些责任的履行都存在问题,但基本情况较好。

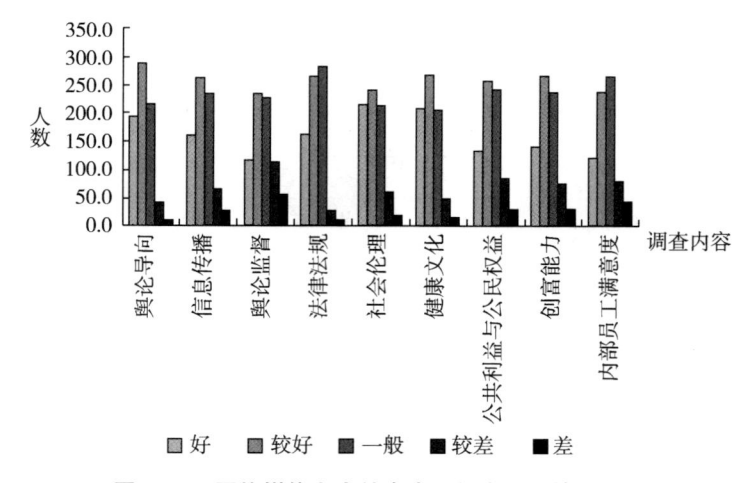

图7-1 网络媒体九大社会责任综合履行情况评价

二 关于网络媒体在坚持正确舆论导向责任方面的履行情况

由图 7-2 可知，被调查者中，选择舆论导向"好"的被调查者共 194 人，占 25.87%，选择"较好"的被调查者共 288 人，占 38.40%，选择"一般"的被调查者共 216 人，占 28.80%，选择"较差"的被调查者共 42 人，占 5.60%，选择"差"的被调查者共 10 人，占 1.33%，由此可见，对于网络媒体的舆论导向，大多数人还是比较满意的。

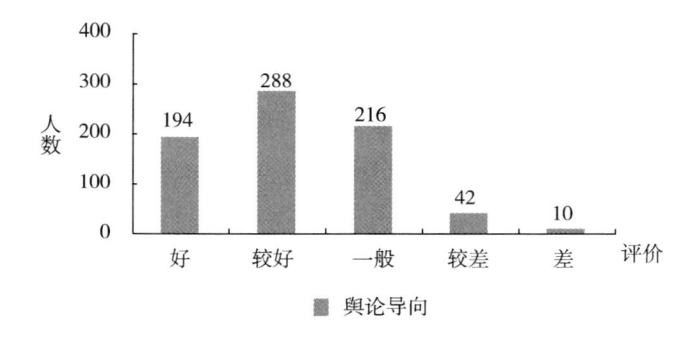

图 7-2　网络媒体在坚持正确舆论导向责任方面的履行情况评价

1. 舆论导向中的政治方面分析

由图 7-3 可知，选择政治"好"的被调查者共 251 人，占 33.47%，

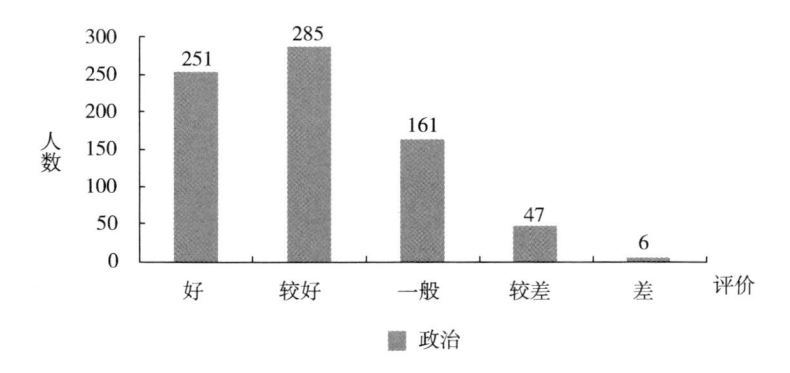

图 7-3　网络媒体在坚持正确舆论导向政治责任方面的履行情况评价

选择政治"较好"的被调查者共 285 人，占 38.00%，选择政治"一般"的被调查者共 161 人，占 21.47%，选择政治"较差"的被调查者共 47 人，占 6.27%，选择政治"差"的被调查者共 6 人，占 0.8%，由此可见，对于网络媒体的舆论导向的政治方面，大多数人还是比较满意的。

2. 舆论导向中的经济方面分析

由图 7-4 可知，选择经济"好"的被调查者共 181 人，占 24.00%，选择经济"较好"的被调查者共 309 人，占 41.00%，选择经济"一般"的被调查者共 220 人，占 29.00%，选择经济"较差"的被调查者共 35 人，占 5.00%，选择经济"差"的被调查者共 5 人，占 1.00%，由此可见，绝大多数被调查者对于网络媒体舆论导向中的经济方面是比较满意的。

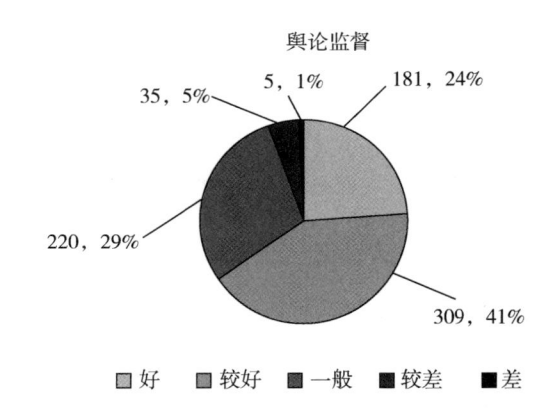

图 7-4 网络媒体在坚持正确舆论导向经济责任方面的履行情况评价

3. 舆论导向中的文化方面分析

由图 7-5 可知，选择文化方面"好"的被调查者共 151 人，占 20.13%，选择文化方面"较好"的被调查者共 269 人，占 35.87%，选择文化方面"一般"的被调查者共 267 人，占 35.60%，选择文化方面"较差"的被调查者共 43 人，占 5.74%，选择文化方面"差"的被调查者共 20 人，占 2.67%，由此可见，绝大多数被调查者对于舆论导向中的文化方面也是比较满意的。

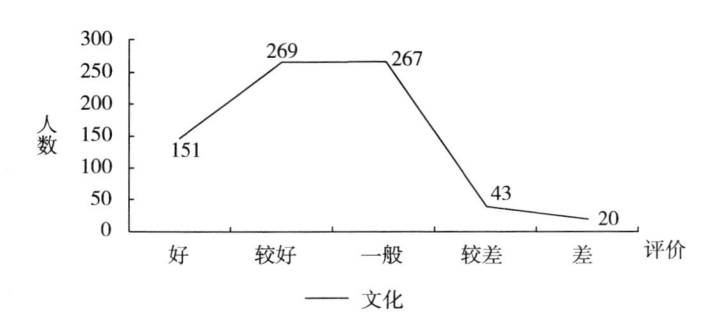

图 7-5 网络媒体在坚持正确舆论导向文化责任方面的履行情况评价

三 关于网络媒体在信息传播责任方面的履行情况

由图 7-6 可知，选择信息传播"好"的被调查者共 159 人，占 21.20%，选择信息传播"较好"的被调查者共 265 人，占 35.33%，选择信息传播"一般"的被调查者共 236 人，占 31.47%，选择信息传播"较差"的被调查者共 65 人，占 8.67%，选择信息传播"差"的被调查者共 26 人，占 3.47%，由此可见，绝大多数被调查者对于信息传播是比较满意的。

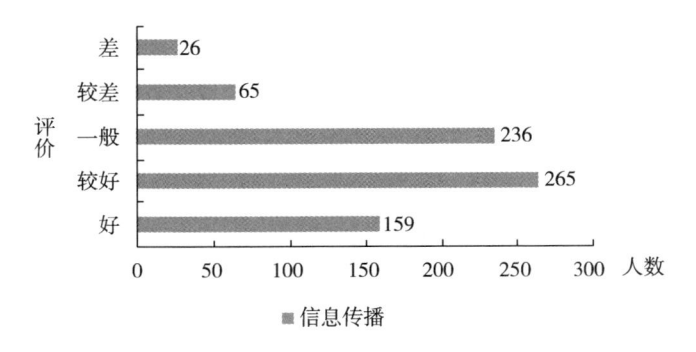

图 7-6 网络媒体在信息传播责任方面的履行情况评价

1. 信息传播中真实度分析

由图 7-7 可知，选择真实度好的被调查者共 166 人，占 22.00%，选择真实度较好的被调查者共 286 人，占 38.00%，选择真实度一般的被调查者共235人，占31.00%，选择真实度较差的被调查者共40人，占5.00%，选择真实度差的被调查者共23人，占4.00%，由此可见，绝大部分被调查者认为信息传播是相对比较真实的。

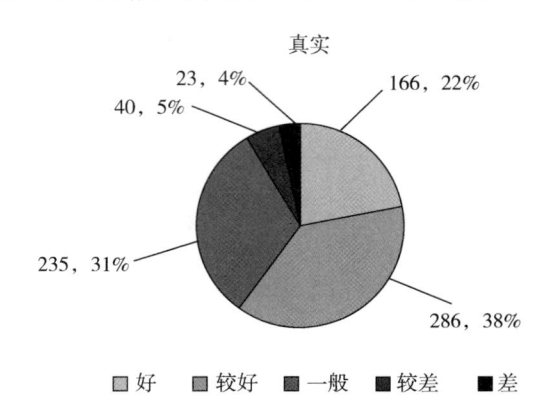

真实
23，4%
40，5%
166，22%
235，31%
286，38%

■好　■较好　■一般　■较差　■差

图7-7　网络媒体在信息传播责任方面的真实度履行情况评价

2. 信息传播中的快速性分析

由图7-8可知，选择传播速度"好"的被调查者共202人，占27.00%，选择传播速度"较好"的被调查者共293人，占39.00%，选择传播速度"一般"的被调查者共199人，占27.00%，选择传播速度"较差"的被调查者共43人，占6.00%，选择传播速度"差"的被调查者共13人，占1.00%，由此可见，绝大多数被调查者认为信息传播速度是较快的。

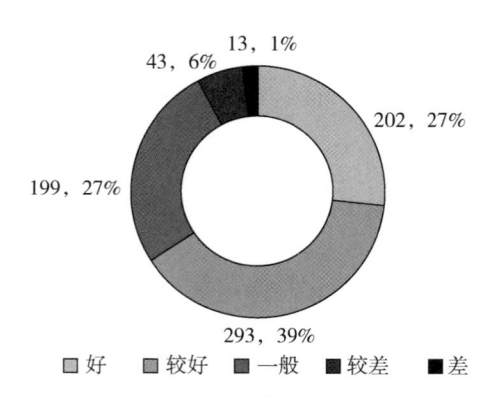

13，1%
43，6%
202，27%
199，27%
293，39%

■好　■较好　■一般　■较差　■差

图7-8　网络媒体在信息传播责任方面的快速性履行情况评价

3. 信息传播中的全面性分析

由图 7-9 可知，选择信息传播全面性"好"的被调查者共 148 人，占 19.33%，选择信息传播全面性"较好"的被调查者共 223 人，占 29.73%，选择信息传播全面性"一般"的被调查者共 237 人，占 31.60%，选择信息传播全面性"较差"的被调查者共 107 人，占 14.27%，选择信息传播全面性"差"的被调查者共 35 人，占 4.67%，由此可见，被调查者对于信息传播的全面性总体上还是比较好的，但是从选择信息传播全面性"一般"的被调查者占 31.60% 不难看出，信息传播的全面性仍有待提高。

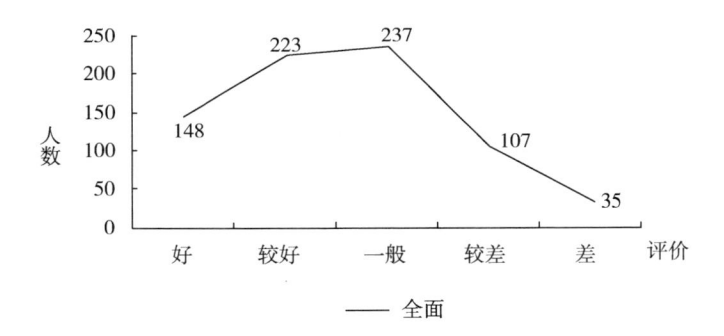

图 7-9 网络媒体在信息传播责任方面的全面性履行情况评价

4. 信息传播的准确性分析

由图 7-10 可知，选择信息传播准确性"好"的被调查者共 120 人，占 16.00%，选择信息传播准确性"较好"的被调查者共 257 人，占 34.27%，选择信息传播准确性"一般"的被调查者共 271 人，占 36.13%，选择信息传播准确性"较差"的被调查者共 69 人，占 9.20%，选择信息传播准确性"差"的被调查者共 33 人，占 4.40%，由此可见，绝大多数被调查者对于信息传播的准确性还是比较满意的，但从选择信息传播准确性"一般"的被调查者占 36.13% 中不难看出，信息传播的准确性仍有待提高。

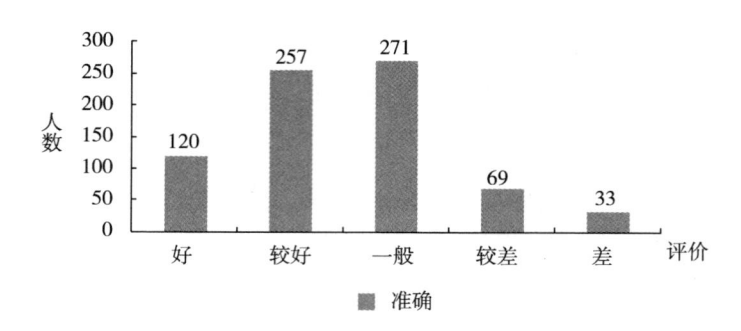

图 7-10　网络媒体在信息传播责任方面的准确性履行情况评价

四　关于网络媒体在舆论监督责任方面的履行情况

由图 7-11 可知，选择网络媒体的舆论监督情况"好"的被调查者共 117 人，占 16.00%，选择网络媒体的舆论监督情况"较好"的被调查者共 236 人，占 31.00%，选择网络媒体的舆论监督情况"一般"的被调查者共 227 人，占 30.00%，选择网络媒体的舆论监督情况"较差"的被调查者共 115 人，占 15.00%，选择网络媒体的舆论监督情况"差"的被调查者共 56 人，占 8.00%，由此可见，绝大多数被调查者对于舆论监督情况还是比较满意的，但是从选择网络媒体的舆论监督情况"一般"的被调查者占 30.00%，选择网络媒体的舆论监督情况"较差"的被调查者占 15.00%，选择网络媒体的舆论监

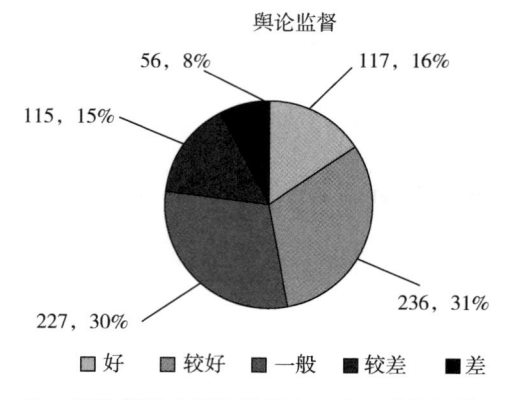

图 7-11　网络媒体在舆论监督责任方面的履行情况评价

督情况"差"的被调查者占8.00%中不难看出,网络媒体的舆论监督功能是有待加强的。

1. 舆论监督中的对权力机关的监督分析

由图7-12可知,选择网络媒体对权力机关的监督"好"的被调查者共105人,占14.00%,选择网络媒体对权力机关的监督"较好"的被调查者共213人,占28.00%,选择网络媒体对权力机关的监督"一般"的被调查者共225人,占30.00%,选择网络媒体对权力机关的监督"较差"的被调查者共131人,占17.00%,选择网络媒体对权力机关的监督"差"的被调查者共76人,占11.00%,由此可见,被调查者对于网络媒体对权力机关的监督基本满意,但从选择网络媒体对权力机关的监督"一般"的被调查者占30.00%,选择网络媒体对权力机关的监督"较差"的被调查者占17.00%,选择网络媒体对权力机关的监督"差"的被调查者占11.00%中不难看出,网络媒体对于权力机关的监督是不够的,是仍需要加强的。

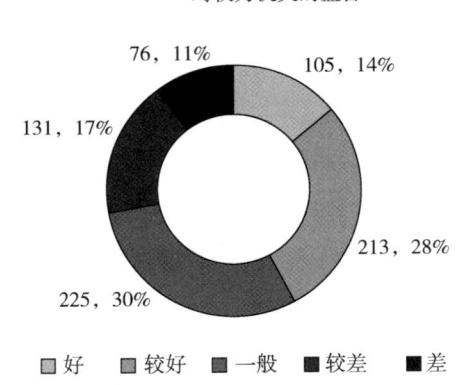

对权力机关的监督

76,11%　　105,14%
131,17%
225,30%　　213,28%

□好　□较好　■一般　■较差　■差

图7-12　网络媒体在舆论监督责任方面对权力机关监督的履行情况评价

2. 舆论监督中的对社会生活的监督分析

由图7-13可知,选择网络媒体对社会生活的监督"好"的被调查者共128人,占17.00%,选择网络媒体对社会生活的监督"较好"的被调查者共259人,占35.00%,选择网络媒体对社会生活的监督

"一般"的被调查者共229人,占31.00%,选择网络媒体对社会生活的监督"较差"的被调查者共99人,占13.00%,选择网络媒体对社会生活的监督"差"的被调查者共35人,占4.00%。由此可见,大部分被调查者对于网络媒体对社会生活的监督还是比较满意的。

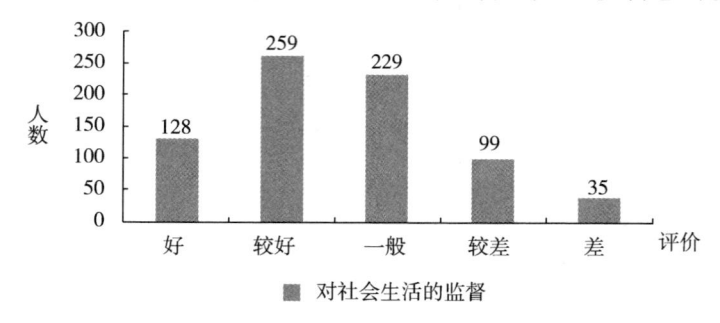

图7-13 网络媒体在舆论监督责任方面对社会生活监督的履行情况评价

五 关于网络媒体在遵守法律法规责任方面的履行情况

由图7-14可知,选择网络媒体履行的法律法规责任"好"的被调查者共163人,占22.00%,选择网络媒体履行的法律法规责任"较好"的被调查者共266人,占35.00%,选择网络媒体履行的法律法规责任"一般"的被调查者共284人,占38.00%,选择网络媒体履行的法律法规责任"较差"的被调查者共26人,占3.00%,选择网络媒体履行的法律法规责任"差"的被调查者共11人,占2.00%,由此可见,绝大部分被调查者对于网络媒体的法律法规责任的履行认为一般。

六 关于网络媒体在遵守社会伦理责任方面的履行情况

由图7-15可知,选择网络媒体的社会伦理责任"好"的被调查者共215人,占29.00%,选择网络媒体的社会伦理责任"较好"的被调查者共240人,占32.00%,选择网络媒体的社会伦理责任"一般"的被调查者共213人,占28.00,选择网络媒体的社会伦理责任

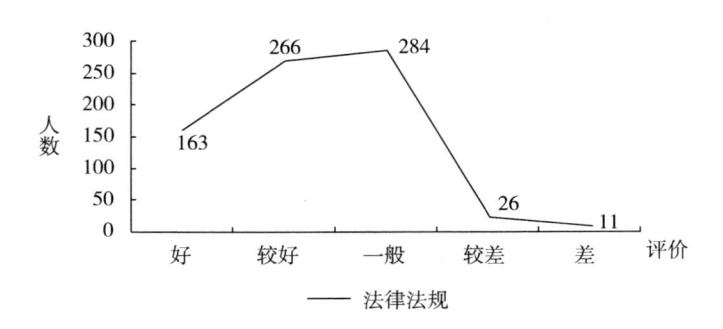

图 7-14　网络媒体在遵守法律法规责任方面的履行情况评价

"较差"的被调查者共 61 人，占 8.00%，选择网络媒体的社会伦理责任"差"的被调查者共 21 人，占 3.00%，由此可见，大部分被调查者对于网络媒体的社会伦理责任认为一般。

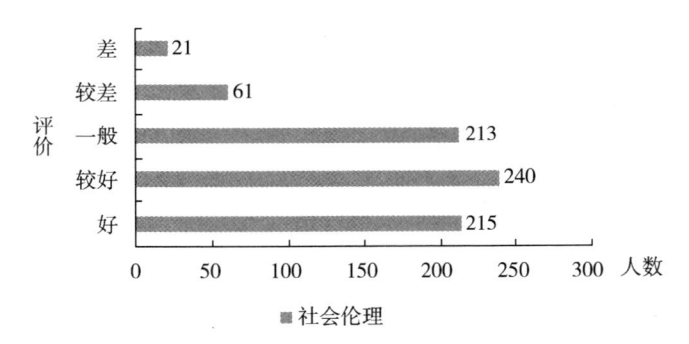

图 7-15　网络媒体在遵守社会伦理责任方面的履行情况评价

七　关于网络媒体在引导健康文化责任方面的履行情况

由图 7-16 可知，选择网络媒体履行健康文化责任"好"的被调查者共 209 人，占 28.00%，选择网络媒体履行健康文化责任"较好"的被调查者共 269 人，占 36.00%，选择网络媒体履行健康文化责任"一般"的被调查者共 207 人，占 28.00%，选择网络媒体履行健康文化责任"较差"的被调查者共 50 人，占 7.00%，选择网络媒体履行健康文化责任"差"的被调查者共 15 人，占 1.00%。由此可见，绝大部分被调查者对于网络媒体履行健康文化的社会责任认为一般。

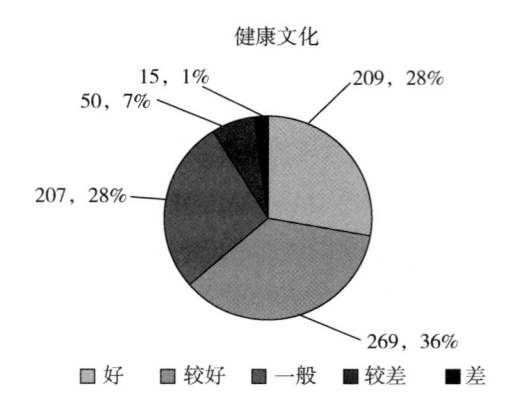

健康文化

15，1%
50，7%
207，28%
269，36%
209，28%

■好　■较好　■一般　■较差　■差

图 7-16　网络媒体在引导健康文化责任方面的履行情况评价

八　关于网络媒体在坚守公共利益与公民权益责任方面的履行情况

由图 7-17 可知，选择网络媒体履行公共利益与公民权益责任"好"的被调查者共 135 人，占 18.00%，选择网络媒体履行公共利益与公民权益责任"较好"的被调查者共 258 人，占 34.00%，选择网络媒体履行公共利益与公民权益责任"一般"的被调查者共 243 人，占 32.00%，选择网络媒体履行公共利益与公民权益责任"较差"的被调查者共 85 人，占 11.00%，选择网络媒体履行公共利益与公民权益责任"差"的被调查者共 30 人，占 5.00%，由此可见，绝大部分被调查者对于网络媒体履行的公共利益与公民权益社会责任认为一般。

1. 公共利益与公民权益中的坚守良知与正义责任分析

由图 7-18 可知，选择履行坚守良知与正义责任"好"的被调查者共 150 人，占 20.00%，选择履行坚守良知与正义责任"较好"的被调查者共 278 人，占 37.00%，选择履行坚守良知与正义责任"一般"的被调查者共 216 人，占 29.00%，选择履行坚守良知与正义责任"较差"的被调查者共 84 人，占 11.00%，选择履行坚守良知与正

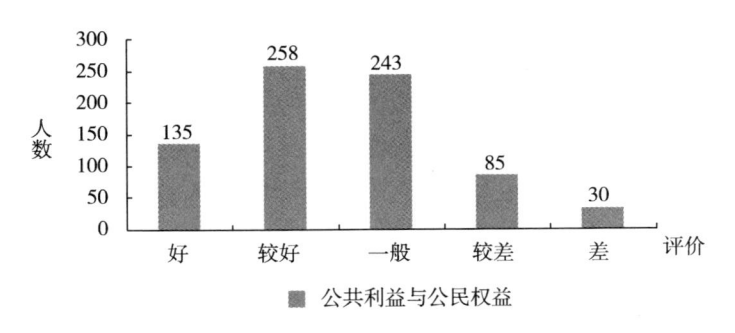

图7-17 网络媒体在坚守公共利益与公民权益责任方面的履行情况评价

义责任"差"的被调查者共22人，占3.00%，由此可见，绝大部分被调查者对于网络媒体履行的坚守良知与正义责任是比较满意的。

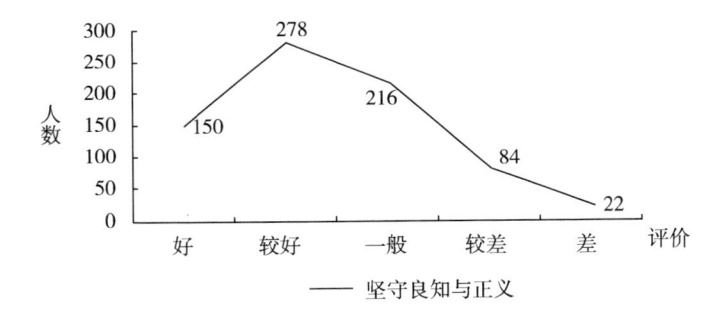

图7-18 网络媒体在坚守良知与正义责任方面的履行情况评价

2. 公共利益与公民权益中的维护公民权益分析

由图7-19可知，选择网络媒体履行维护公民权益"好"的被调查者共119人，占16.00%，选择网络媒体履行维护公民权益"较好"的被调查者共237人，占32.00%，选择网络媒体履行维护公民权益"一般"的被调查者共270人，占36.00%，选择网络媒体履行维护公民权益"较差"的被调查者共86人，占11.00%，选择网络媒体履行维护公民权益"差"的被调查者共38人，占5.00%。由此可见，选择"一般"的被调查者人数最多，我们不难得出，网络媒体在维护公民权益方面亟须提高。

维护公民权益

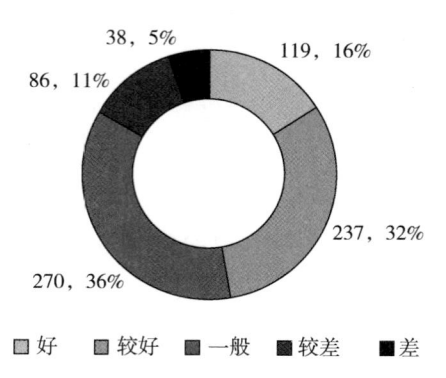

图 7-19 网络媒体在维护公民权益责任方面的履行情况评价

九 关于网络媒体在创富责任方面的履行情况

由图 7-20 可知，选择履行创富能力"好"的被调查者共 141 人，占 19.00%，选择履行创富能力"较好"的被调查者共 267 人，占 36.00%，选择履行创富能力"一般"的被调查者共 237 人，占 32.00%，选择履行创富能力"较差"的被调查者共 76 人，占 10.00%，选择履行创富能力"差"的被调查者共 29 人，占 3.00%，由此可知，绝大部分被调查者对网络媒体履行的创富能力社会责任是比较满意的。

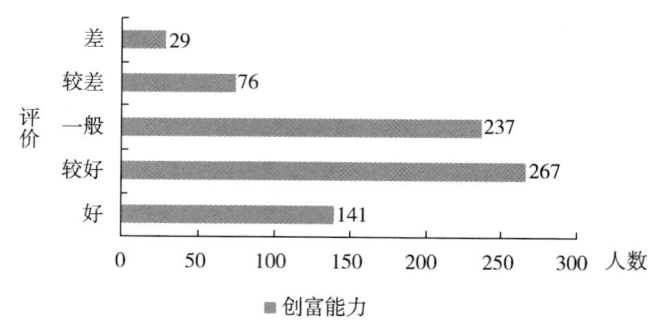

图 7-20 网络媒体在创富责任方面的履行情况评价

1. 创富能力中盈利分析

由图 7-21 可知，选择网络媒体履行盈利责任"好"的被调查者共 168 人，占 22.00%，选择网络媒体履行盈利责任"较好"的被调查者共 263 人，占 35.00%，选择网络媒体履行盈利责任"一般"的被调查者共 217 人，占 29.00%，选择网络媒体履行盈利责任"较差"的被调查者共 66 人，占 9.00%，选择网络媒体履行盈利责任"差"的被调查者共 36 人，占 5.00%，由此可见，绝大部分被调查者对于网络媒体履行的创富能力中的盈利部分是比较满意的。

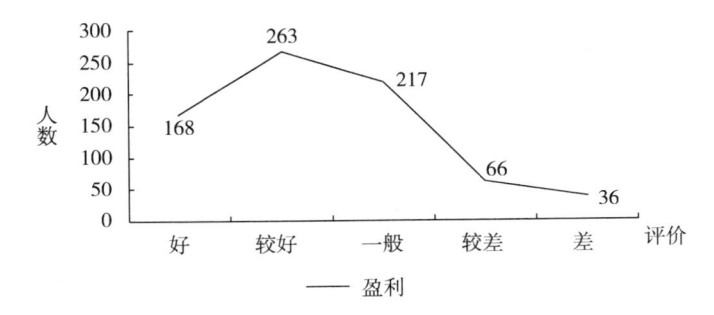

图 7-21　网络媒体在创富责任中盈利方面的履行情况评价

2. 创富能力中的纳税方面分析

由图 7-22 可知，选择履行纳税责任"好"的被调查者共 159 人，占 21.00%，选择履行纳税责任"较好"的被调查者共 284 人，占 38.00%，选择履行纳税责任"一般"的被调查者共 214 人，占 29.00%，选择履行纳税责任"较差"的被调查者共 67 人，占 9.00%，选择履行纳税责任"差"的被调查者共 26 人，占 3.00%，由此可见，绝大部分被调查者对网络媒体履行的纳税方面的社会责任是较为满意的。

3. 创富能力中吸收社会劳动力分析

由图 7-23 可知，选择网络媒体履行吸收社会劳动力"好"的被调查者共 97 人，占 13.00%，选择网络媒体履行吸收社会劳动力"较好"的被调查者共 254 人，占 34.00%，选择网络媒体履行吸收社会

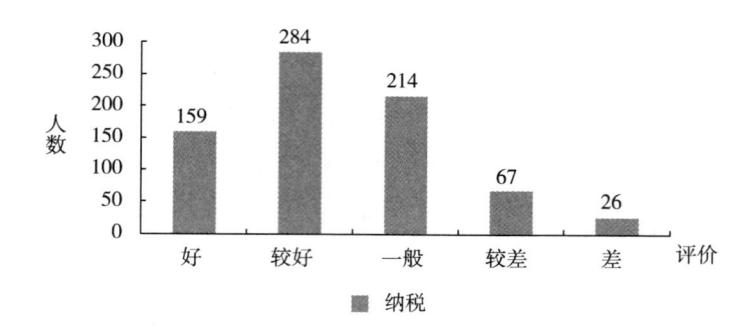

图7-22 网络媒体在创富责任中纳税方面的履行情况评价

劳动力"一般"的被调查者共281人，占37.00%，选择网络媒体履行吸收社会劳动力"较差"的被调查者共94人，占13.00%，选择网络媒体履行吸收社会劳动力"差"的被调查者共24人，占3.00%，由此可见，选择"一般"的被调查者人数最多，占到37.00%，说明网络媒体在履行吸收设计劳动力方面还有待提高。

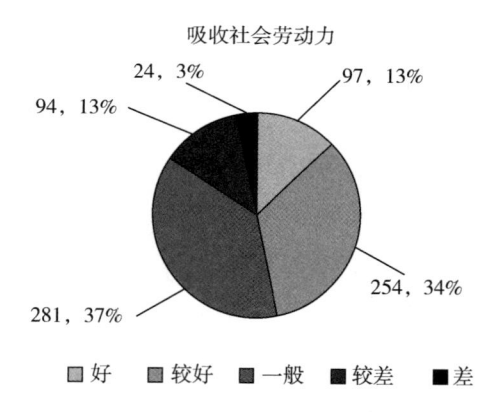

图7-23 网络媒体在创富责任中吸引社会劳动力方面的履行情况评价

十　网络媒体对员工的社会责任履行情况

由图7-24可知，选择"好"的被调查者共123人，占19.00%，选择"较好"的被调查者共238人，占36.00%，选择"一般"的被调查者共266人，占32.00%，选择"较差"的被调查者共81人，占

10.00%，选择"差"的被调查者共 43 人，占 3.00%，由此可见，绝大部分被调查者对网络媒体履行对员工的社会责任满意度一般。

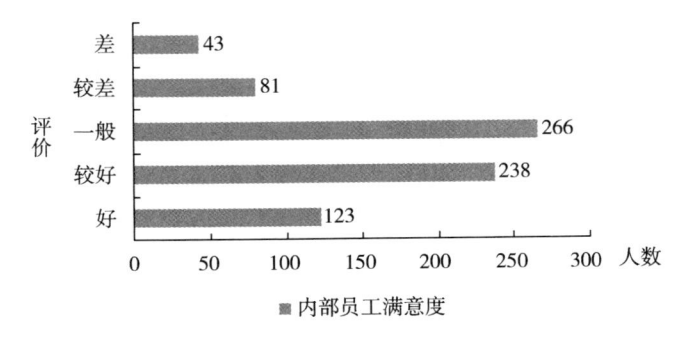

图 7-24 网络媒体对内部员工的社会责任履行情况评价

1. 内部员工满意度的职业前景分析

由图 7-25 可知，选择职业前景"好"的被调查者共 140 人，占 19.00%，选择职业前景"较好"的被调查者共 202 人，占 27.00%，选择职业前景"一般"的被调查者共 255 人，占 34.00%，选择职业前景"较差"的被调查者共 94 人，占 13.00%，选择职业前景"差"的被调查者共 59 人，占 7.00%，由此可见，选择"一般"的被调查者人数最多，可见网络媒体在履行职业前景的社会责任上还需加强。

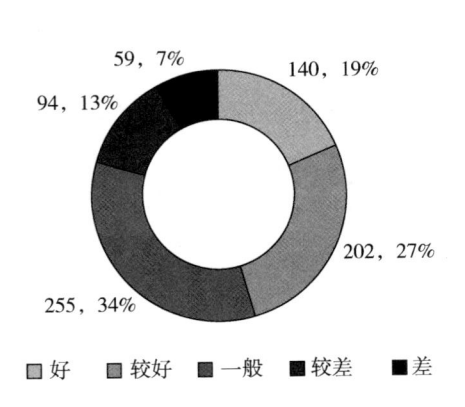

图 7-25 网络媒体对内部员工职业前景的社会责任履行情况评价

2. 内部员工满意度的员工工资及福利分析

由图 7-26 可知，选择员工工资福利"好"的被调查者共 105 人，占 14.00%，选择员工工资福利"较好"的被调查者共 274 人，占 37.00%，选择员工工资福利"一般"的被调查者共 277 人，占 37.00%，选择员工工资福利"较差"的被调查者共 67 人，占 9.00%，选择员工工资福利"差"的被调查者共 27 人，占 3.00%，由此可知，绝大部分被调查者对员工工资与福利是比较满意的。

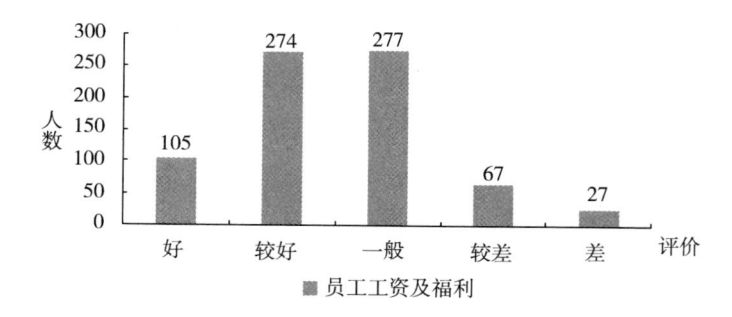

图 7-26 网络媒体对内部员工工资及福利的社会责任履行情况评价

结　语

从本次调查来看，网络媒体作为社会责任的承担主体之一，开始履行自己的社会责任，并且在有些方面表现不错，总的来说成绩大于过错。所有网络媒体都应把承担社会责任作为其重要任务，把承担社会责任作为其获得经济利益的通行证。网络媒体承担社会责任在某些方面还不尽如人意，主要是在健康文化、传播真实性、社会伦理等方面满意度不高，具体表现为谣言、网络色情、暴力等，这方面需要进一步加强。

加快推动网络媒体积极履行社会责任，要全面考量多重因素，需要政府引导、网络媒体参与、社会监督，从而形成综合治理的格局。加快推动网络媒体积极履行社会责任的主要措施有以下几点：首先，网络媒体要在政府有关部门的引导和鼓励下积极承担社会责任；一是正确认识网络媒体社会责任;二是建立健全网络媒体社会责任科学指标体系;三是完善政策法规;四是加大政策监督和约束力度。其次,网络媒体要自觉履行社会责任。一是坚持科学发展的理念;二是维护员工的合法权益;三是促进员工的全面发展;四是积极参与公益慈善事业。树立网络媒体良好形象,追求社会效益和经济效益。再次,社会要加强监督网络媒体履行社会责任。积极"发挥新闻舆论、行业组织、公众的作用,形成多层次、多渠道的监管体系,完善网络媒体承担社会责任的社会环境"[①],强化对网络媒体社会责任的社会监督,充分发挥行业组织和媒体的作用;发动群众;发挥公众的作用。最后,充分发挥第三方智库的作用。高校及研究机构要发挥智库作用,积极出谋划策,推进网络媒体履行社会责任。

---

① 李华燊等:《浙江省中小企业社会责任调查报告》,《管理世界》2011年第9期。

策略篇

第八章 我国网络媒体企业社会责任管理体系的建构

我国网络媒体在履行社会责任方面与其他一般经营性企业存在很大的差异,因而要构建其社会责任管理体系的同时也应当体现网络媒体企业自身的鲜明特征。

第一节 我国网络媒体企业社会责任管理的现状分析

一 社会责任缺失现象时有发生

大众网络媒体自其诞生之日起,就扮演着社会守望者的角色,随着不同形态的媒体更替演进,其承担的社会责任越来越大。但是,随着网络媒体产业化改革的不断推进,加上新媒体对传统媒体造成的冲击,传统媒体在社会利益与商业利益的平衡方面出现了矛盾点。报纸的读者越来越少,基本上都转向了网络,经营的压力使一些媒体将天平的指针偏向了商业利益,于是就出现了不少社会责任缺失的情况,比如媒体失语时有发生、有偿新闻、传播不良广告等。另外,由于传统媒体组织一直是稀有媒介资源的受托使用者,是实施舆论监督的主体,因而长期的"授者"思维,加之一些新闻从业者的专业素养不足,导致一些传统媒体及其从业人员有时超越了自身的角色范围,"权力僭越"情况偶有发生。

二 我国尚未建立完备的适用于网络媒体企业的社会责任标准体系

企业的社会责任评价体系应当包含两个方面的内容：一个是相关的法律法规体系，另一个是相关的评价标准体系。从目前来看，我国在这两方面都未能建立起符合网络媒体企业特点的体系标准。

在法律法规体系方面，我国目前已颁布了一系列适于一般企业的有关社会责任的法规条例，《公司法》是这一方面的基础性法律，其第五条"首次明确了企业的社会责任主体地位"。[①] 另外，在落实企业社会责任方面还有许多具体的法律，比如《中华人民共和国劳动合同法》《中华人民共和国劳动法》《中华人民共和国公益事业捐赠法》等有关职工权益保障的法律。然而，网络媒体企业相比于其他企业，社会公益的属性更明显，社会责任的履行实际上早已贯穿其日常工作和经营活动的始终，只要是与网络媒体相关的法律法规都无不渗透着政府对网络媒体企业承担社会责任的规范，当前全国在新闻出版领域制定的法规有1100多条。虽然我国已具备比较完善的网络媒体法律，却并没有一部法规是专门针对网络媒体企业社会责任方面而制定的。

在评价标准体系方面，一般企业在履行社会责任方面参照的国际标准主要是 SA 8000（社会责任国际标准）、ISO 26000（社会责任标准），两者均强调了企业应将社会责任纳入其整体的管理体系当中。在我国，也相应地出台了一些符合我国国情的相关标准，比如2006年颁发的《中国企业社会责任推荐标准》，以及2014年发布的《中国企业社会责任评价标准》。但是在网络媒体领域，我国尚未出台统一的网络媒体企业社会责任综合评价体系，没有量化后的行为评价，网络媒体企业在履行社会责任之时也就难有清晰的框架和严格的规范了。

---

① 王阳：《我国企业社会责任管理体系的构建》，《开发研究》2008年第4期。

三 我国大部分网络媒体企业尚未制定完善的社会责任管理制度

完善的社会责任管理制度首先应该明确负责社会责任管理的组织架构，也就是要明确各级负责人以及各自权限；另外，还应制定一系列子制度，包括内部审核、沟通反馈、考核评价、奖惩办法、信息披露等机制，并应以文件形式在内部公开。从目前来看，大部分网络媒体企业尚未成立社会责任事务部来专门负责社会责任管理的相关工作，已经在组织内部形成全面的社会责任管理制度的网络媒体企业也不多见。

笔者通过走访相关报业集团了解到，履行社会责任是报业领域，尤其是党报系统多年来一直践行和遵循的原则，虽然没有专门负责管理的职能部门，但相关工作主要是由总编室来负责，在把关新闻的价值、舆论导向等方面总编室负有全权责任。另外，笔者从中国记协网站上了解到，2014年有11家媒体首次对外公布了社会责任报告，其中网络媒体有6家，而2015年又有28家媒体发布了社会责任报告，其中网络媒体增至17家。"中宣部、中国记协等决定在新闻战线探索建立媒体社会责任报告制度，推动媒体每年定期公开发布履行社会责任情况报告，自觉接受社会监督。"[①] 这是国家在新闻战线探索出的媒体社会责任报告制度。

然而，由于大部分网络媒体企业没有建立起全面完备的社会责任管理体系，因而在具体实施社会责任管理的过程中会因为缺少诸如内部审核机制、多方参与沟通机制、评价机制等一些重要环节而变得不易操作，其效果也会大打折扣。因此，构建完善的符合我国网络媒体企业特点的社会责任管理体系就显得势在必行了。

---

① 胡栓、刘胜男：《新时代媒体社会责任与评价体系——基于多重视角的分析与探寻》，《新闻界》2018年第7期；《首批试点媒体社会责任报告正式发布》，新华网，http://news.xinhuanet.com/zgjx/2014-06/09/c_133393520.htm，2014-6-9。

策略篇

第二节 我国网络媒体企业社会责任管理体系的一般范式

企业社会责任管理体系的构建是与企业的社会责任观紧密相连的，而企业的社会责任观又与该企业的性质及其所处的时代背景相互对应。对于我国网络媒体企业而言，因其有着与一般企业不同的性质与经营目标，所以其社会责任管理体系也遵循着与一般经营性企业不同的范式。

一 我国网络媒体企业的社会责任

有关企业社会责任的学术研究起源于西方。但是，在历史文化传统和现实国情等方面中国与西方国家迥然不同，因此在观照我国历史与现实的基础之上明确我国网络媒体企业的社会责任观，成为构建其社会责任管理体系范式的前提。

首先，西方学者对于社会责任的内涵研究多是从层次论的角度进行剖析。他们对企业的各种社会责任并非等量齐观，而是有权重区别的，其中最经典的是卡罗尔的"金字塔模型"，即将企业的社会责任分列为不同的四个层级，权重由低到高分别为"经济责任、法律责任、伦理责任以及慈善责任"[①]，其他学者的层次论也大多以它为基础。层次论适于西方国家的企业情况，是建立在洞察西方国家市场自由度、政府控制力、制度架构以及历史等情况的基础上的。但是，中国与西方国家国情不同，不可生硬地将西方式的层次论套用于我国企业的社会责任实践当中。另外，目前也有一种声音认为，尤其对于网络媒体企业而言，经济责任不应划归为社会责任范畴当中，因为网络媒体企业的社会公益性更强。但是，综观目前媒介环境发生的巨大变化，新媒体的势头正盛，传统媒体面临着挑战，传统媒体要想生存必须变革其现有的经营模式。对于新媒体而言，探求适合自身发展的新

---

① 唐飞、韵江：《企业社会责任管理体系：认同与行为》，《财经问题研究》2008年第5期。

的商业模式也是求发展的重中之重。因此，网络媒体企业追求商业利益在目前来看也是十分必要的，相应地，与经营紧密相关的责任也应划入网络媒体企业的社会责任范畴当中。

另外，从企业性质方面来说，一般企业主要以追求商业利益为主要目的，经济属性是其主体属性，其履行社会责任的动因主要是为了追求利润，因而履行经济责任和与之紧密相连的责任，成为一般企业最基本也是最主要的责任，"而伦理责任与慈善责任则是企业道德化的只有软约束但属于更高层次的责任"[①]，对于一般企业而言并非必须。然而，网络媒体企业不同于一般经营性企业，它虽然也具有企业的一般属性，但更多的是带有公共性和文化属性，媒体最主要的"利益相关者"是社会公众，它所生产的"商品"多属于意识形态领域而非物质领域。由于网络媒体企业的行为会在社会思想领域产生广泛的影响，因此，除了要履行一般企业的基本经营责任之外，更多强调的是要对社会公共利益责任的履行。

综上所述，本章认为我国网络媒体企业的社会责任概括来说可以归为以下几点：基本经营责任、提供真实有价值的新闻信息以满足受众对大众网络媒体的知情权以及基本期待、传播正确的价值观以坚持正确的舆论导向、合理行使监督权利、提供公共服务与社会关怀、繁荣发展文化责任等。网络媒体企业对社会承担的是一个综合的社会责任体系，这些责任共同构成一个有机整体，不分伯仲，也不应被分裂开来。

二　我国网络媒体企业社会责任管理体系的一般范式

如何将企业社会责任纳入组织层面实施管理实践，一直都是企业管理所需要思考的问题。自20世纪60年代"企业社会责任"被正式提出以来，企业社会责任管理体系就经历了四个发展阶段，即"基于纯道德驱动的企业社会责任管理""基于社会压力回应的企业社会责

---

① 刘建民、杨明佳：《社会责任与中国企业跨国经营战略》，《现代企业》2010年第6期。

策略篇

任管理""基于社会风险防范的企业社会责任管理""基于财务价值创造的企业社会责任管理"。① 这些不同阶段的社会责任管理体系大多聚焦于局部,它们的管理范围集中于某些特定方面。对于我国网络媒体企业而言,一方面,其社会属性具有特殊性,其社会责任的各方面都是必须履行的义务,因此,通过社会责任的履行创造社会价值是网络媒体企业社会责任管理实践最重要的部分;另一方面,考虑到网络媒体企业也具有一定的经济属性,企业其他活动大都是围绕经营活动而展开的,因而,如何通过管理活动实现组织的经济价值、全面观照各方利益相关者的收益与回报,也应体现在网络媒体企业社会责任管理体系当中。因此,综合上述分析,本章认为我国网络媒体企业应遵循全面可持续的社会责任管理模式。

"全面",强调的是管理体系必须照顾到网络媒体企业每一项应履行的社会责任,因为这些社会责任构成了一个有机整体,因而社会责任管理体系也应当是一个有机整体。更重要的是,网络媒体企业应通过社会责任管理活动实现包括经济价值和社会价值在内的综合价值的最大化。"可持续",强调的是网络媒体企业的社会责任管理活动是一直处于动态变化中的,其管理体系能够通过不断地调整来适应组织内外部的变化,并具备自我纠错的功能。全面可持续的社会责任管理模式"将全面履行社会责任、协调推进企业与社会可持续发展融入企业战略和日常运营,以便最大限度地激发和凝聚利益相关各方创造经济、社会和环境的综合价值的潜力与合力,并在这一过程中促进人的全面发展"。② 这一模式,强调了网络媒体企业要以追求综合价值为动力,以能为社会各方提供平等对话的平台为目标,以实现包括经济功能、环境监视功能、社会协调功能、文化传承功能等大众传播社会功能为内容,以全局定位、全方位覆盖、全员参与、与企业其他管理活动全

---

① 李伟阳、肖红军:《基于管理视角的企业社会责任演进与发展》,《首都经济贸易大学学报》2010 年第 5 期。

② 李伟阳、肖红军:《基于管理视角的企业社会责任演进与发展》,《首都经济贸易大学学报》2010 年第 5 期。

融合以及可持续运行为要求,有效管理网络媒体企业各项活动可能会对社会产生的影响,并最终实现组织自身价值和社会价值的最大化。

三 我国网络媒体企业社会责任管理体系框架探讨

PDCA循环法是企业管理学中通用的模型,"最初由休哈特构想,后来被美国质量管理专家戴明挖掘出来并应用于全面质量管理中,主要用于质量管理体系的持续改进问题"。① 后来也被引用到构建企业社会责任管理体系的理论与实践研究当中。PDCA模型是许多管理体系模式的基础,它以管理活动的过程为主要思路,这种过程模式突出了管理活动的序列性与动态性,对实践具有一定的指导意义。但是,过程模式强调的是内部机制,侧重微观和局部的刻画。企业的社会责任管理活动虽然属于企业内部管理体系的一部分,但是其管理范围更多涉及企业行为对外部的影响,尤其对于大众网络媒体企业而言,其外部性更加明显,必须系统地综合考察企业社会责任管理内外部情况,因而照搬PDCA模式来描述我国网络媒体企业社会责任管理体系框架并不妥当。因此,本章将过程模式与系统论相结合,初步构建起一个适合我国网络媒体企业社会责任管理的系统模型。

系统模型强调的是沟通机制的重要性,并将其置于系统的中心位置。该模式认为网络媒体企业社会责任管理体系应该由两大系统构成,即企业内部管理系统和企业外部管理系统,两个系统内部都按各自的沟通机制运行,而更重要的是,沟通机制将两个系统连接起来又共同构成了企业社会责任管理大系统,如图8-1所示。

首先,社会责任管理内部系统相对较复杂,主要由两大主体系统构成:领导决策系统和职能执行系统。这两个系统的各自功能不同,决策系统的功能主要聚焦于社会责任管理的顶层设计和战略规划,其具体工作包括组织社会责任履行及其管理现状的分析、确定社会责任管理总目标、明确组织社会责任管理的长期与短期计划、制定社会责

---

① 杨洁:《基于PDCA循环的内部控制有效性综合评价》,《会计研究》2011年第4期。

策略篇

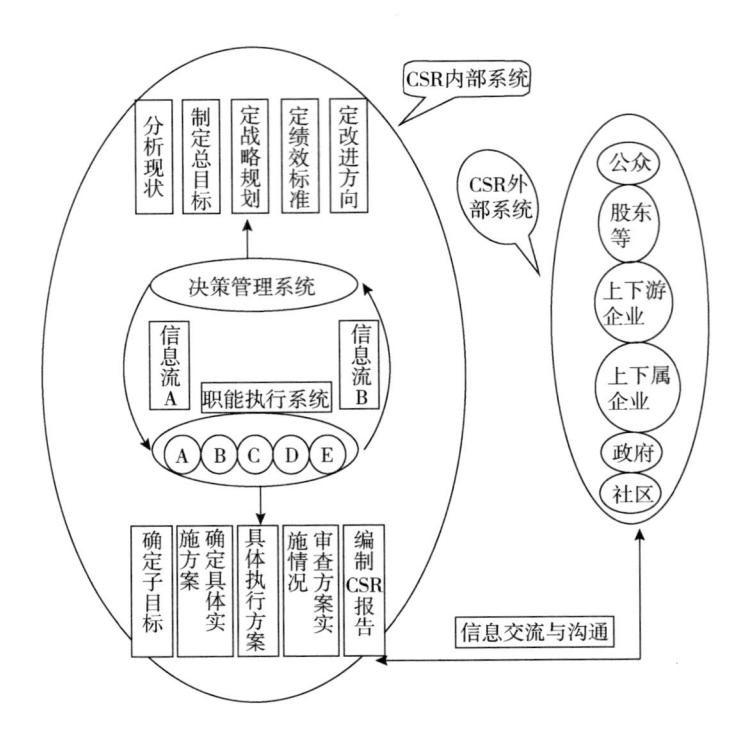

图 8-1 我国网络媒体社会责任管理系统模型

任评价体系与绩效标准、根据实施情况和评价结果确定改进方向等；职能执行系统聚焦管理体系的具体实施，是由组织内部各部门或科室构成，每个部门都是一个更小的系统，其主要工作包括确定各部门社会责任管理子目标、制订具体实施方案、执行日常管理工作、定期审议评价工作实施情况、编制社会责任报告等。

其次，组织内部沟通系统是连接社会责任管理内部系统中决策系统与执行系统的桥梁。它的形式是两条方向相反的信息流，信息流 A 的方向是由决策系统流向执行系统，以自上而下的通告为主要特征，主要内容为宣讲、CSR 培训等；信息流 B 的方向与 A 流相反，是从执行系统流向决策系统，以自下而上式的反馈为主要特征，主要内容为各职能部门向决策机构汇报日常管理情况、通过座谈会等了解员工需求等。

再次，网络媒体企业社会责任管理外部系统也是不可或缺的一部分。外部系统主要由与网络媒体企业发生外部联系的各相关方构成，包括公众、股东等与企业有财务关系的成员、网络媒体企业所处产业链上下游的企业、网络媒体企业所处集团内部上中下属企业、政府、影响范围所辖的社区或社会等。其实，网络媒体企业社会责任管理外部系统更像是一个复杂的传播系统，各方能够通过各种方式实现沟通，而媒体对于外部各方履行社会责任的效果也会受到它们之间相互交往和沟通后的结果影响。

最后，又是沟通机制将网络媒体企业社会责任管理的内外部两大系统连接在一起，这种沟通也是双向的，并且没有明显的上下级特征，形式较松散，内容和沟通方式也更多样。外部沟通机制将外部各相关方的诉求等信息输入网络媒体企业内部管理系统中，内部各系统根据这些信息进行社会责任管理工作的部署与实施。

系统模型试图站在一个宏观的角度建立网络媒体企业社会责任管理体系的框架，这个框架引入了传播机制，目的就是为了表明因为传播过程中信息流的作用，才会使整个组织的社会责任管理体系始终能够处在一个动态持续和循环的规则下运行。

第三节 我国网络媒体企业实施社会责任管理的一般路径

基于本章勾勒的适合我国网络媒体企业的全面可持续的 CSR 管理范式，以及建立的 CSR 系统模型，本章将探讨 CSR 管理实施的一般路径和主要内容，大致遵循规划、实施、审核评议、改进等步骤。

一 策划与准备阶段

1. 制定网络媒体企业社会责任管理的长期规划与短期计划

制订计划是企业管理的首要职能，企业根据组织内外部的实际状况权衡客观需要的主观可能，对于网络媒体企业来讲，对其社会责任管理进行计划工作，就是要提前明确组织在社会责任管理方面究竟要做些什么，为什么要对企业履行社会责任进行管理，怎样实现社会责任的管理工作,以及由谁来领导并贯彻执行这项工作,即对网络媒体企业的发展所作的宏观布置和总体规划。[①] 另外,网络媒体企业既要制订季度、年度等短期计划,又应当对组织想要在未来几年时间实现的社会责任管理工作目标进行谋划。短期计划是比较具体的计划,是为了方便管理工作的有效开展,大体应该包括建立企业社会责任管理体系的目的、实施管理的措施与手段、组织工作、时间安排等几方面,具体可以再细分为设置机构框架、明确各责任人权责、制定工作流程、安排培训计划、确定奖惩方案、编制社会责任评价指标、编写社会责任管理文件和公开报告,以及给出各项工作节点的时间安排等。长期规划的内容相对宏观一些,因为其规划的目的是指明未来几年内企业在社会责任管理方面的发展方向、总体思路和大政方针,绘制出企业实施社会责任管理的愿景和蓝图,具体来说可以从社会责任战略管理、将社会责任纳入企业文化、组织结构、资源条件等方面进行规划。

2. 了解网络媒体企业社会责任管理现状

了解自身的社会责任管理现状是网络媒体企业能够制定切实可行的社会责任管理体系的前提条件之一。对企业内部现行体制与外部环境的适应性进行深入调研,对社会、政府、受众、内部员工等各相关方的利益与诉求进行充分考虑,同时对企业过往的有关社会责任方面的管理工作进行深刻总结,这些方面的工作都能为企业建立完善的社会责任管理体系做好铺垫。具体而言,网络媒体企业需要了解以下几方面的问题:

了解自身在社会责任管理方面存在的问题以及可取部分,这是为了日后在建立新管理体系时能够抓住问题所在有针对性地进行改良,并吸收借鉴之前体系中的可行之处。

要明确目前我国在规范企业社会责任、新闻媒体及其从业人员的行为方面都有哪些适用的法律法规,以及国际国内在相关方面制定了哪些标准体系或者文件。

---

① 参见杨洁《基于 PDCA 循环的内部控制有效性综合评价》,《会计研究》2011 年第 4 期。

评估网络媒体企业现有的社会责任管理组织架构及其职能部门和人员是否发挥了有效的作用、在多大程度上发挥了作用。另外，还应评估现有运行的相关制度、流程以及决策措施是否适用于现实情况。

调查网络媒体企业过去是否存在违背履行社会责任的情况，比如是否有过因传播不实新闻和不良信息、媒体失语或"权力僭越"等行为而造成错误舆论的情况，是否有过违反国家法律法规的情况，是否有过剥夺员工休假权利等违反劳动法的情况。这是为了在制定社会责任管理体系时能够抓住可能出现问题的关键点从而做到有的放矢。

充分调研公众、社会、政府、产业链上下游企业与集团内部上下属企业、股东、内部员工等各相关方对网络媒体组织的期望和诉求，以便日后确定社会责任管理的目标。

3. 确定社会责任管理实现目标

在充分调研了网络媒体企业自身社会责任管理现状的基础之上就可以明确组织社会责任所要达到的总目标。但是，总体目标的实现必须要依靠各部分子目标的实现，因此，企业应当将总目标细化，并明确媒体对各方在履行社会责任方面预期达到的成果。其主要包括：

网络媒体企业对受众的责任目标。网络媒体企业必须满足读者的知情权，它所生产和传播的信息内容应该是真实、全面、健康、积极的，应该是有助于受众了解其所处环境的真实状况，有利于受众身心的全面发展和培育受众美好性情，而不应该通过传播不实和污秽的信息欺骗和污染受众身心。

网络媒体企业对社会的责任目标。首先，网络媒体企业作为独立的经济主体，应当通过公司的经营活动实现盈利，积极纳税，并吸纳社会劳动力以促进社会的经济发展；其次，网络媒体组织应当通过传播健康和有价值的文化产品，营造良好的舆论环境，弘扬本民族的优秀文化，以支持社会的文化教育事业；再次，网络媒体企业要通过组织和参与各种慈善及公益活动来关心社会、支持社会的福利事业，积极弘扬社会的真善美；最后，网络媒体组织还应该担负起宣传环境保护的责任，并通过自身的绿色环保节约行为，以自己的行动感召社会各成员都来为环保贡献力量。

网络媒体企业对政府的责任目标。网络媒体企业应该在遵守国家法律法规、接受政府的管理以及对政府部门及其公职人员进行合理监督等方面做出承诺。

网络媒体企业对产业链上下游企业的责任目标。网络媒体企业应确保向产业链上下游企业推行社会责任管理。

网络媒体企业对集团内部上、中、下属企业的责任目标。这主要是针对具有集团性质的大规模网络媒体企业而言的,网络媒体企业也需确保向上、中、下属企业推行社会责任管理。

网络媒体企业对股东等的责任目标。网络媒体企业应确保通过合法经营维护股东的投资权益,并确保股东的合法投资收益。

网络媒体企业对员工的责任目标。网络媒体企业应遵守劳动法规,健全劳动保障机制,保证员工的安全,确保员工享受应有的薪酬、保险、福利和休假权利,并为员工的职业发展开辟道路。

4. 组建社会责任管理专门机构,将社会责任管理提升至企业战略层面

设置专门的网络媒体企业社会责任管理组织,能够保证社会责任管理工作的顺利实施。传统媒体和网络媒体的整体组织架构略有不同,传统媒体企业普遍是多层级的结构,而互联网等新媒体企业多偏于扁平化的组织架构,因此,网络媒体企业在组建内部社会责任管理机构时,需要考虑到企业自身的性质以及现行的整体组织机构形态。一般而言,社会责任管理机构需要两部分,即领导决策层和职能执行层。领导决策层的主要任务是依据网络媒体企业的整体战略规划来制定社会责任管理的战略目标,制定社会责任管理相关政策,授权、指导、协调、监督各级社会责任管理工作。职能执行层的主要任务是制定各级、各部门具体的社会责任管理实施目标及翔实的实施方案,组织开展各自的社会责任管理日常工作,处理社会责任管理出现的危机事件,定期向领导决策组汇报工作情况等。

建立专门的社会责任管理组织就意味着网络媒体企业应将社会责

任管理提升至企业管理的战略层面。社会责任管理部门应将企业的社会责任管理作为一项长期的工作进行谋划,并将社会责任融入网络媒体企业的文化当中。腾讯就将履行社会责任很好地融入企业经营中的案例,该公司就将社会责任管理纳入了腾讯战略管理。腾讯早已建立起了以社会责任为核心的企业文化体系,并通过设立专门的社会责任事务部与本身搭建的扁平化组织机构一道,保证了社会责任管理工作的有效落实。另外,腾讯还全面深化了各利益相关方的沟通机制,并分步骤系统地推进着社会责任管理工作,不断探索社会责任管理模式。其他网络媒体企业可以借鉴腾讯社会责任战略管理的经验,从战略高度来认识和实践社会责任管理,这将成为网络媒体企业能否实现可持续发展的关键因素。

二 实施阶段

1. 编写企业内部社会责任管理体系文件

网络媒体企业要表明对社会责任管理的决心,并规范管理体系的运行,这些都需要通过文件的形式正式在组织内部公示,因此,编写网络媒体企业社会责任管理体系文件就成为实施阶段首要的任务。社会责任管理体系文件不一定只有一部规则,它可以由多部准则构成。首先可以制定一部企业开展社会责任管理的纲领性文件,内容应当包括社会责任管理的总要求、实现目标、组织结构及其权责、基本原则、管理内容等。其次,还应编制一些程序性的文件或者更细化的管理标准,比如员工权益管理准则、社会责任信息管理准则、社会公益事务管理办法等。

2. 在企业内部对社会责任进行宣传贯彻

对于我国网络媒体企业,尤其是传统媒体而言,社会责任并不是一件新事物,但是将社会责任纳入严格的组织管理体系中,并形成制度严格执行,这对各家网络媒体来说却是一项新工作。因此,社会责任管理机构需要就社会责任管理的相关制度和程序对各级员工进行培训,让他们熟知企业社会责任管理的政策、准则、流程、评价标准、奖惩办法等事宜，并提高他们的社会责任观念和认识，督促他们履行社会责任，并严格按照社会责任管理流程进行日常管理工作。"加强对网络媒体企业社会责任的培训，让企业经营者、管理者理解企业社会责任对企业成功、经济发展和社会进步的重要意义"，① 这是能否贯彻实施社会责任管理的前提条件之一。

3. 建立各相关方沟通参与机制

沟通的目的是收集信息，了解各相关方的期望与诉求，以保证决策和执行的正确性。对于网络媒体企业而言，除了企业的股东之外，与之相关的各方大体可以分为公众、社会、政府、产业链上下游企业与集团内部上下属企业、股东、内部员工等，每一方的期望与诉求都是不同的，受众希望自己的知情权得到保障，希望媒体发布的信息是真实和有价值的；社会（社区）希望媒体通过传播健康的信息净化社会风气，希望媒体组织和参与社会公益事业以培育民众关心社会道德品质，并期待媒体能够通过宣传和积极投身环保事业来唤起民众保护环境的意识；政府希望报纸正确引导舆论，积极宣传党和政府的大政方针政策，通过纳税对经济建设做贡献；产业链上下游企业希望媒体能够提供高质量的内容产品，并通过平等的合作方式获得商业利益；集团内部上中下属企业希望能够与媒体在日常工作中相互关照与合作，以确保整个网络媒体集团的正常运行；股东希望媒体能够维护其投资权益并确保其获得良好的投资收益；员工希望企业能够保障自己的劳动权益不受损害，并期望企业能够为其拓展广阔的职业发展道路。

有时各方的诉求会随着社会的变化而变化，因而需要经常性地与他们进行沟通，一方面网络媒体组织不仅需要及时将自己在履行社会责任方面的情况告知各方，还应充分听取各相关方意见，洞察所在社区的变化情况，并邀请他们积极参与到企业社会责任管理的决策当中来。为此，应当确保各方的知情权、参与权与监督权，并使沟通工作

---

① 傅丹、杜燕：《我国企业社会责任报告体系建设探析》，《东北财经大学学报》2011年第5期；周志田、杨多贵、胡漭洋：《中国企业社会责任管理体系建设浅析》，《中国科技信息》2009年第10期。

常态化。沟通的方式也应该根据各方的特点而有所不同,比如与受众的沟通可以通过来信、来电、定期举行读者座谈会的方式,还应该运用各自的新媒体和社交媒体,积极与用户互动,解答他们的疑惑;与政府的沟通可以通过电话、邮件等形式,搭建交流平台使政府与公众有机会进行沟通;与自身员工的沟通可以以不定期访谈、设立意见箱、职代会等形式了解他们情况与诉求;网络媒体企业还应与所在社区的公益组织、文明建设管理机构、青年志愿者组织等保持经常性的联系,见表8-1。

表8-1　　　　　网络媒体企业各方参与沟通方式

相关方	参与沟通方式
公众	日常新闻发布、电话热线、座谈会、微博微信公众号、公司网站等
社区(社会)	座谈会、各类公益组织交流会、公益论坛、公司网站等
政府	高层交流会、问卷调查、专程访谈等
产业链上下游企业	座谈会、电话、邮件往来、公司网站等
集团内部上中下属企业	集团内部座谈会、碰头会、公司网站等
股东等	定期举行股东大会,定期公布业绩、股东交流会、公司信息发布会、公司网站等
员工	员工培训、各类员工协会、职代会、意见箱、座谈会、工作汇报、公司网站等

4. 建立有效的社会责任评价机制

社会责任评价体系是对企业履行社会责任的有效性和效率程度而设置的依据和标准,是企业社会责任绩效管理的重要组成部分。[①] 对于网络媒体企业而言,一个完整的社会责任评价体系应当包括经济绩效指标、社会绩效指标,另外还应包含对受众、员工、政府、社会(社区)等各相关方的绩效指标。目前,我国还没有建立适合网络媒体企业

---

① 参见曹海敏等《基于公司治理结构优化的社会责任绩效评价体系效应探析——上市公司的实证分析》,《Proceedings of 2012 International Annual Conference of Environmental Accounting Committee in ASC & the 1st Chinese CSEAR》2012年第10期;曹海敏、隋静《社会责任问题的研究》,北京交通大学出版社2009年版。

的社会责任评价体系，因而现在迫切需要做的就是建立起一部完整的网络媒体企业社会责任评价体系。其大致遵循的思路是：要借鉴但不照搬社会责任国际评价标准，要参考我国关于员工权益保护、新闻从业者职业道德规范、社会公益事业规范等方面出台的法规，要结合网络媒体行业和网络媒体企业自身特点制定符合本企业的社会责任评价体系。

针对网络媒体企业的特点，评价指标可以由至少两个层级的指标构成。一般来说，"一级指标可以包含信息传播、舆论引导、舆论监督、社会价值和道德观、净化文化环境、公共利益与社会公益、遵纪守法、经济绩效、员工评价"[①] 等方面，二级指标是对各一级指标的具体化。指标的设置可以依据网络媒体企业类型的不同而有所变化。在确定各级指标之后需由专家设置各指标的权重。网络媒体企业应在年末对本年度履行社会责任的情况进行评价，评价的方式可以是通过问卷调查法由各相关方在评价表上进行打分，最后通过评价模型的公式计算出最终结果，这个结果就可以直观地反映出该网络媒体企业在社会责任履行上的程度如何。

5. 完善企业社会责任信息管理机制

社会责任信息管理机制是沟通机制中最重要的部分，目的是为了网络媒体企业在实施社会责任管理过程中能够与外界保持对社会责任信息的沟通。要保证企业社会责任信息管理工作的顺利进行，就必须建立网络媒体企业社会责任报告制度以及信息披露制度。

企业社会责任报告是以正式的形式反映企业承担什么社会责任以及如何履行社会责任的载体，是企业履行社会责任的综合反映。[②] 对于网络媒体企业而言，编制社会责任报告能够使各级员工在思想和制度方面受到来自内外部的约束，督促他们完成社会责任管理工作。同时，由于社会责任报告中涉及企业对各相关方的责任履行情况，因而也成为沟通各相关方的重要工具。更为重要的是，实施社会责任报告

---

① 包国强等：《简论报刊社会责任评价模型》，《新闻传播》2012 年第 4 期。
② 参见光耀华《企业社会责任管理体系建立与实施》，中国标准出版社 2009 年版。

制度能够有效地提升网络媒体企业在公众心目中的形象,"只有取得了公众的信任,成为能够影响受众的媒体;而只有能够影响到更多的受众,新闻媒体才能产生巨大的传播价值"。① 我国在 2009 年和 2011 年分别出台了《中国企业社会责任报告编写指南 1.0》和《中国企业社会责任报告编写指南 2.0》,目前正在陆续推出《中国企业社会责任报告编写指南 3.0》,许多类型的企业都是按照《编写指南》标准来编写社会责任报告的,其中也包括许多网络媒体企业。从这些网络媒体企业编写的社会责任报告来看,内容大致可以分为以下几点:介绍公司基本情况、阐述公司理念及战略目标、描述公司治理以及对股东的回报情况、介绍公司社会责任管理体系的建设情况、阐明公司投身公益事业的情况、叙述公司对待员工的情况、例数公司荣誉以及对未来公司社会责任的展望等。另外,从 2013 年和 2014 年我国新闻媒体所做的社会责任报告中可以看出,这些报告内容更加凸显了新闻媒体的特征,在阐述企业履行社会责任情况部分着重强调了新闻媒体在正确引导舆论责任、对公众提供服务责任、人文关怀责任、繁荣发展文化责任、采编人员从业责任、对员工的责任等方面的实践情况。② 另外,每年度的社会责任报告需要定期公布在本企业或者政府规定的网站上,③ 且内容必须真实。

三 审核评议阶段

1. 建立监督检查机制

建立监督检查机制是网络媒体企业对社会责任管理内部审核的一项重要内容,是对社会责任管理的各项工作是否遵守规定要求的监督,和是否完成预期目标的检验。

---

① 冯臻、涂颖清:《新形势下新闻媒体的履行社会责任的动因及途径》,《重庆科技学院学报》(社会科学版)2012 年第 10 期;肖曜、梁峰:《传媒社会责任报告的意义与内容》,《新闻前哨》2014 年第 5 期。

② 参见肖海岳《网络媒体企业社会责任的评价及推进研究》,硕士学位论文,绍兴文理学院,2013 年。

③ 参见朱文莉等《资本成本与企业社会责任信息披露》,《会计之友》2011 年第 2 期。

2. 对社会责任管理的运行进行阶段性评价

社会责任管理如同其他管理工作一样，应当进行阶段性的审核检验，一般来讲可以每年一次。进行阶段性审议的目的是对社会责任管理体系的实施情况进行全面深入的检查，评价管理体系是否遵守了相关的法律法规、是否遵循了相关评价标准的要求、是否符合本企业相关文件以及管理办法的规定，以期及早发现问题及时修正。

四　改进阶段

网络媒体企业通过对社会责任管理工作的审议会发现一些问题，而针对这些存在的问题，社会责任管理部门要敦促对其进行改进，因而改进阶段是社会责任管理体系中不可或缺的部分。"大多数企业的社会责任管理仍然是采用传统的模式，即'出了问题再解决'的末端处理模式，是一种法律强制下的被动反应。"[①] 而网络媒体企业社会责任管理体系中的改进环节是一种主动行为，是一个动态的过程，组织需要对社会责任管理的政策、制度、目标、流程、指标等方面不断做出调整，这是网络媒体企业对外部环境的变化及时做出的反应，通过建立持续改进的机制，增强了网络媒体企业管理的灵活性和敏捷性，从而能够提高组织社会责任管理能力。

---

① 唐飞等：《企业社会责任管理体系：认同与行为》，《财经问题研究》2008年第5期。

第九章　网络媒体社会责任综合治理体系[①]

网络媒体社会责任治理体系的构建在网络媒体社会责任治理过程中是十分必要的。本章贯彻落实关于习近平总书记在互联网治理过程中的相关思想，从网络媒体社会责任治理体系的内涵、原则和内容三个方面进行论述网络媒体社会责任体系的构建。

第一节　网络媒体社会责任治理体系的内涵及原则

"体系泛指一定范围内或同类的事物按照一定的秩序和内部联系组合而成的整体，是不同功能的子系统组成的大系统。"网络媒体社会责任治理体系是基于网络媒体社会责任的提出和发展应运而生的，其中包括自律、信息、约束、监督、评价、受众、市场五个重要因素。自律是网络媒体社会责任治理的基础，其中包括媒体自律和行业自律；信息是网络媒体社会责任治理的技术支持，主要包括甄别机制、数据库和技术；约束是网络媒体社会责任治理的重要保障，其中包括法律约束、道德约束和激励机制；监督是网络媒体社会责任治理的外在驱动，其中包括政府监督、媒体监督、受众监督；评价是网

[①] 部分内容来源于包国强等《网络媒体社会责任治理路径研究》（研究报告，2016年）阶段性成果。

络媒体社会责任治理过程中的外在动力，其中包括政府评价、媒体评价、受众评价。

一 网络媒体社会责任治理体系的构建原则

网络媒体社会责任治理体系要遵循参与性、协调性、适用性、动态平衡性、可操作性、与国际接轨的六大原则，来保证治理体系的有效性和可行性，积极地促进网络媒体自觉地履行社会责任，形成清朗的网络媒体生存环境。

1. 参与性原则。网络媒体社会责任治理和传统媒体社会责任治理的一个重要区别就是要增强参与性。传统媒体社会责任的治理可以是政府或相关部门直接颁布相应的法律法规来约束传统媒体的相关行为，治理可以自上而下进行。而网络媒体传播特性决定了网络媒体社会责任治理体系的构建必须是强调网络媒体行业、受众、政府、行业协会的广泛参与性，要保证网络媒体的相关参与者都参与到社会责任的治理过程中来，这样才能提高网络媒体社会责任的治理效率。

2. 协调性原则。网络媒体社会责任的治理体系是一个有机统一的整体，这就要求网络媒体社会责任治理过程中的各个环节和各个参与部门都要保证高度的协调统一性，才能保证网络媒体社会治理达到事半功倍的效果。网络媒体行业、受众、政府、社会组织等各个社会责任的相关参与者都要提高自身对网络媒体社会责任的认识程度，提高自身的自觉意识，配合网络媒体社会责任的治理过程，另外自律、监管、评价、约束、信息等各个环节要协调配合来共同完成社会责任的治理。

3. 适用性原则。网络媒体社会责任的治理体系的构建不能生搬硬套西方的治理标准，也不能硬性地套用中国企业社会责任治理体系的构建，要结合中国的国情发展，结合中国网络媒体的发展趋势和发展特点，讲求适用性原则，构建一套符合中国网络环境发展需求的网络媒体社会责任治理体系。另外，除了适用于中国网络媒体的发展情况外，争取与世界网络媒体的治理体系接轨，为世界网络媒体社会责任治理贡献一份力量。

4. 动态平衡性原则。万物都是在发展中前进的，网络媒体的社会责任治理过程也不例外。网络媒体社会责任治理体系的构建要遵循动态平衡发展的原则，不是一个治理体系形成后就一成不变的，要根据网络媒体发展的进程而不断地调整，根据网络媒体发展过程中出现的各种现象而适时地调整治理体系，最终达到一个动态平衡点，来约束网络媒体对社会责任的履行。

5. 可操作性原则。一个治理体系构建的成功与否，关键还要看其可操作性。网络媒体社会责任治理体系的构建绝对不仅仅是一个书面工程，而是要注重其可操作性，不能盲目地借鉴其他行业的治理规范，要结合当今网络媒体发展的问题，构建出一个"符合网络媒体发展趋势的治理体系"。[①]

6. 与国际接轨原则。习近平总书记在强调互联网治理是要构建多变、民主、透明的国际互联网治理体系，所以网络媒体社会责任的治理同样不能闭门造车，一味盲目地构建社会责任治理体系，而应该积极地拥抱世界，与国际网络媒体社会责任的治理体系接轨，主动地学习网络媒体发展成熟的国家对于网络媒体社会责任缺失问题的治理经验，结合中国网络媒体发展的实际情况，形成符合中国发展的网络媒体社会责任治理体系。

第二节 网络媒体社会责任治理体系模型及解析

网络媒体社会责任的治理体系构建是一个复杂系统的过程，不是单纯地靠网络媒体的一个构成部分或者一个环节就能完成的，需要各个环节相互配合，共同完成网络媒体社会责任的治理。习近平总书记在网络安全与信息化工作座谈会上指出了互联网产业发展的各种问题，

[①] 参见包国强等《网络媒体社会责任治理路径研究》（研究报告，2016 年）；陆慧《互联网产业视角下的网络媒体社会责任治理路径研究》（包国强指导），硕士学位论文，武汉轻工大学，2017 年。

策略篇

并且强调了要加快立法进程、完善依法监管措施，加强各方面的监督，注重技术和人才的发展等。本小节从自律、信息、约束、监督、评价五个方面来进行社会责任治理体系的构建（如图9-1所示）。

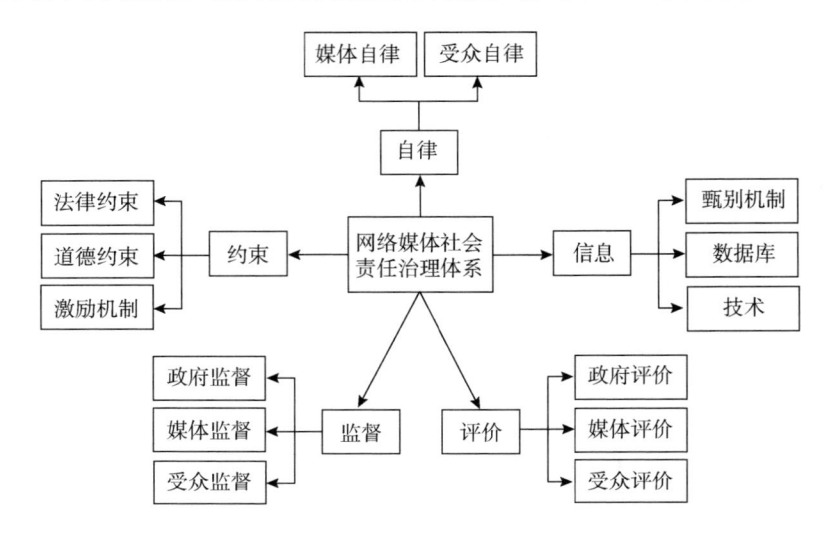

图9-1 网络媒体社会责任治理体系模型

一 自律

自律在网络媒体社会责任治理体系的构建过程中起到基础性的作用，是基于网络媒体行业和受众两个群体的自觉性而存在的，主要包括媒体自律和受众自律两个方面。

媒体自律是指网络媒体行业不受外在条件的约束下，能够自觉地、发自内心地履行社会责任的行为。媒体行业应该自觉地建立媒体社会责任意识，将媒体的自觉自律意识融入媒体行业的企业文化中去，共同建立整个网络媒体行业自觉履行社会责任的行业风气，为"网络媒体社会责任治理体系的构建提供坚实的内部条件"。[①]

[①] 包国强等：《网络媒体社会责任治理路径研究》（研究报告，2016年）；陆慧：《互联网产业视角下的网络媒体社会责任治理路径研究》（包国强指导），硕士学位论文，武汉轻工大学，2017年。

除了网络媒体行业的自律，增强网络受众群体的自律意识也是重要的部分。网络媒体受众群体是网络媒体发展的动力，有了足够的群众基础，网络媒体才能持续长久地发展，因此，网络媒体受众的自律性直接影响到网络媒体社会责任的履行。网络媒体受众应该自觉地提高自身素质，能够"在道德和法律允许的范围内自觉地履行相应的责任"。[①]

二 信息

信息体系在网络媒体社会责任治理体系的构建过程中必不可少，只有能够及时地掌握网络媒体发展过程中的各种积极履行社会责任的媒体信息和违背社会责任媒体信息，才能更有效地促进网络媒体履行社会责任。信息体系构建过程中主要"从建立信息甄别机制、网络媒体社会责任信息数据库、快速发展信息技术三个方面进行治理"。[②]

首先，是要建立"网络媒体社会责任的甄别机制"。[③] 网络媒体信息的传播过程中需有一个系统的甄别机制来对庞大的网络媒体信息进行信息筛选甄别，这就需要有网络媒体社会责任标准来约束信息甄别机制，对符合网络媒体社会责任标准的信息允许流入网络媒体系统中；对不符合网络媒体社会责任标准的信息进行拦截，以免造成网络媒体环境的混乱不堪。

其次，要建立社会责任信息数据库。网络媒体社会责任信息库的建立可以有效地降低网络媒体履行社会责任的成本，在这个数据库中可以查到各种网络媒体行业及自媒体个人的失责的相关情况，这有助于受众对网络媒体公信力的判断，有利于提升网络媒体的自律意识，

[①] 包国强等：《网络媒体社会责任治理路径研究》（研究报告，2016 年）；陆慧：《互联网产业视角下的网络媒体社会责任治理路径研究》（包国强指导），硕士学位论文，武汉轻工大学，2017 年。

[②] 包国强等：《网络媒体社会责任治理路径研究》（研究报告，2016 年）；陆慧：《互联网产业视角下的网络媒体社会责任治理路径研究》（包国强指导），硕士学位论文，武汉轻工大学，2017 年。

[③] 包国强等：《网络媒体社会责任治理路径研究》（研究报告，2016 年）；陆慧：《互联网产业视角下的网络媒体社会责任治理路径研究》（包国强指导），硕士学位论文，武汉轻工大学，2017 年。

抑制网络媒体失责现象的发生，同时大大地降低网络媒体社会责任监督的成本。

最后，应该快速地发展信息技术，搭建网络媒体社会责任治理体系的技术平台。网络媒体社会责任治理必须有与其相匹配的信息技术作为支撑，把现代化的网络信息技术恰当地运用到网络媒体社会责任治理过程中，使网络媒体社会责任的构建过程高效且现代化，符合互联网治国的整体发展战略。

三 约束

在网络媒体社会责任治理体系构建的过程中，除了需要网络媒体的内部自律之外，还需要外部力量对于网络媒体的约束来促使网络媒体履行社会责任。约束体系的构架主要是从法律约束、道德约束和激励机制三个方面进行构建。

第一，网络媒体社会责任体系的构建需要外部强制性的法律约束。网络媒体社会责任的履行单纯靠网络媒体自身的内部自律是远远不够的，需要强制性的外部条件来约束网络媒体的行为。首先，政府相关部门应该根据网络媒体的发展状况，制定与网络媒体发展模式相适应的相关法律，推动对于网络重点责任缺失区域的法律约束。其次，增强网络媒体行业及受众的法律思维。对网络媒体行业进行定期的法律培训，对违法现象及行为进行行业内部典型的分析、批评、处罚，使网络媒体行业增强法律意识。再次，要对网络受众进行定期的法律教育，使受众能够提高法律常识和法律意识，遵守网络媒体相关法律责任。最后，要建立法治文化环境，健康的法治文化环境需要网络媒体坚持正确的核心价值观念，遵守法律法规，并且积极地"引导广大网民参与到法治文化建设中来，积极地提高自身的文化素养，建立健康的网络媒体发展环境"[①]。

---

① 包国强等：《网络媒体社会责任治理路径研究》（研究报告，2016年）；陆慧：《互联网产业视角下的网络媒体社会责任治理路径研究》（包国强指导），硕士学位论文，武汉轻工大学，2017年。

第二,网络媒体社会责任体系的构建同时需要外部的伦理道德的约束。除了像硬性的法律法规对网络媒体及受众行为的约束外,还有像不成文的伦理道德对网络媒体行为和受众行为的非正式的约束。伦理道德的约束起到对法律约束的一种辅助作用,这是一种长期形成的、不成文的约束机制,通过"这种隐形的、非正式的约束机制,最终和法律的硬性约束来共同抑制网络媒体的社会责任缺失现象的发生"[①]。

第三,网络媒体社会责任的约束体系除了法律约束和道德约束外,还需要有激励机制来作为辅助。网络媒体社会责任缺失严重的现象时有发生就是因为网络媒体和受众抱着一种"法不责众""得过且过"的心态,认为遵守不遵守社会责任没有差别,抱着经济利益第一的心态面对网络媒体的发展。因此,媒体行业应该有相应的奖惩激励机制作为网络媒体治理体系的辅助机制。网络媒体行业对认真履行社会责任的媒体进行精神奖励和物质奖励,颁发年度最佳网络媒体责任奖,并提高其社会影响力,同时给予奖金支持;同时要对违背社会责任的媒体单位进行严重处分,吊销其经营资格,并对其进行罚款,严重违背社会责任的媒体单位将永远取消经营资格,员工将永久不得从事媒体行业相关工作。

四 监督

网络媒体社会责任的治理除了要有自律、信息以及约束体系之外,还要保证有监督体系来保证社会责任的有效履行。监督体系的构建分为政府监督、媒体监督以及受众监督三个方面。

首先,是政府监督。政府在网络媒体社会责任的治理过程中一定要主动承担起监督网络媒体行为的责任。政府应该成立分管网络媒体社会责任的监督部门,对网络媒体的行业行为进行严格监管以及督促,

---

① 包国强等:《网络媒体社会责任治理路径研究》(研究报告,2016 年);陆慧:《互联网产业视角下的网络媒体社会责任治理路径研究》(包国强指导),硕士学位论文,武汉轻工大学,2017 年。

对不符合网络媒体社会责任的行为进行及时的整治,另外,还要健全网络媒体社会责任监督制度,对媒体社会责任的相关责任进行明确分类,方便政府对于网络媒体责任进行明确的监督。

其次,是媒体监督。"除了政府相关部门对于媒体的外部监督之外,相关媒体行业之间进行互相监督,媒体内部自上而下进行内部监督"①。"媒体内部的监督和媒体自律是相辅相成的"。②

媒体自身自觉、自律,然后对同行业之间社会责任履行状况进行相互的监督,形成一个良好的社会责任履行环境。另外,媒体内部应该对各个部门的履行社会责任情况进行相应的排查,对不符合社会责任的行为进行整治,来保证整个媒体单位履行社会责任的自觉性。

最后,是受众监督。网络媒体受众群体的监督在社会责任的监督过程中起着不可替代的作用。网络媒体除了严格要求自身,提高自身的素质和社会责任意识之外,还要积极地对媒体行为进行监督。自觉地抵制不良信息,清朗网络媒体空间,促进网络媒体的健康发展。

五 评价

网络媒体社会责任治理体系的构建还必须要建立一个网络媒体社会责任评价指标体系,同时要政府、网络媒体行业以及受众三方面对于网络媒体社会责任进行评价,从而为网络媒体社会责任履行社会责任的情况提供参考,加快网络媒体失责现象的治理进程。网络媒体社会责任评价指标的构建主要包括7个一级指标和14个二级指标。一级指标主要是从舆论导向、信息传播、舆论监督、法律法规、社会伦理、健康文化、公共权力与公民权益七个方面展开的。其中又包括"政治、经济、文化、真实、快速、全面、准确、对权力机关的监督力度、对社会

---

① 杜紫薇:《浅析媒介公信力的现状与重构——以某幼儿园虐童事件为例》,《今传媒》2018年第4期。
② 包国强等:《网络媒体社会责任治理路径研究》(研究报告,2016年);陆慧:《互联网产业视角下的网络媒体社会责任治理路径研究》(包国强指导),硕士学位论文,武汉轻工大学,2017年。

生活的监督力度、遵守相关法律、坚持社会主义伦理观、弘扬健康积极向上的文化、坚持正义与良知、维护公民权益14个二级指标"。①

政府、网络媒体行业以及受众都要对网络媒体履行的社会责任情况进行定期的评估,网络媒体行业要综合三方的评分,正确地认识自身履行社会责任的情况,对于履行社会责任不到位的情况进行积极反思并进行整改,通过"分阶段定期的社会责任多方评价,促进网络媒体社会责任的履行"。②

结 语

网络媒体必须要有一个合理有效的治理体系作为网络媒体社会责任治理的重要的保障,要严格遵循参与性、协调性、适用性、动态平衡性、可操作性、与国际接轨的六大原则,形成"自律、信息、约束、监督、评价五位一体的治理体系"③,通过社会各界的不断努力,网络媒体社会治理效果将会得到明显的改善。

---

① 包国强等:《网络媒体社会责任治理路径研究》(研究报告,2016年);陆慧:《互联网产业视角下的网络媒体社会责任治理路径研究》(包国强指导),硕士学位论文,武汉轻工大学,2017年。
② 包国强等:《网络媒体社会责任治理路径研究》(研究报告,2016年);陆慧:《互联网产业视角下的网络媒体社会责任治理路径研究》(包国强指导),硕士学位论文,武汉轻工大学,2017年。
③ 包国强等:《网络媒体社会责任治理路径研究》(研究报告,2016年);陆慧:《互联网产业视角下的网络媒体社会责任治理路径研究》(包国强指导),硕士学位论文,武汉轻工大学,2017年。

第十章 善治与共享：我国网络媒体社会责任治理路径[①]

1998年5月联合国新闻委员会正式提出"第四媒体"的概念，被社会所接受。网络媒体是继网络媒体、广播、电视之后的"第四媒体"，具有"信息即时、内容丰富、传播范围覆盖全球、互动性强，是集各种技术于一身的多媒体传播媒介"[②]。第四媒体是主要以网络技术为支撑进行信息传播的一种媒体形式，它集传统媒体优势于一身，具有跨媒体和数字化的特点。三大传统媒体的"共性"和鲜明的"个性"特点在其身上都有明显体现。[③] 它的出现，"不仅是传播途径的增加，而且它集大众传播、组织传播、人际传播于一体，引起了人类传播领域的实质性变革。"[④] 随着科技的发展，随着我国民主政治建设不断推进，新媒体逐步走进人们的工作与生活之中，网络媒体已成为一种重要的公共力量，在政治传播中发挥着重要的影响力。"新媒体影响当代中国社会发展"[⑤]，网络媒体在促进社会发展，提高人民生活水

[①] 参见包国强等《网络媒体社会责任治理路径研究》（研究报告，2016年）；钟瑛、余红教授主编《中国新媒体社会责任研究报告》，社会科学文献出版社2014年版。

[②] 孔建会：《网络媒体的影响及社会责任》，http://www.cssn.cn/sf/bwsf_cb/201310/t20131022_447651.shtml。

[③] 参见孔建会《网络媒体的影响及社会责任》，http://www.cssn.cn/sf/bwsf_cb/201310/t20131022_447651.shtml。

[④] 孔建会：《网络媒体的影响及社会责任》，http://www.cssn.cn/sf/bwsf_cb/201310/t20131022_447651.shtml。

[⑤] 孙健：《新媒体影响当代中国社会发展》，《新闻记者》2012年第3期。

平的同时，因社会责任的缺失在诸多层面给社会带来了负面影响，引发媒体公信力下滑。如何提高网络媒体履行社会责任的水平是亟待解决的现实问题。基于 CAS 理论，从内部治理和外部治理两个方面，探讨网络媒体社会责任的有效治理路径。

第一节 网络媒体社会责任：从"管理"到"治理"

网络媒体社会责任，是指网络媒体及其人员"在进行信息传播活动时，对国家安定、社会进步及其公民身心健康等方面应承担的各种义务"①。网络媒体社会责任应在广义和狭义的层面理解。含有社会利益内容的法定责任和含有社会利益内容的道德责任可谓广义上的社会责任。其内涵相互依存、相互促进，由法律、行政法规明文规定的网络媒体企业应当承担的对社会的责任可谓法定的社会责任。没有法律的直接规定，但道德伦理要求网络媒体承担的对社会的责任则是道德的社会责任。狭义的网络媒体社会责任仅仅指网络媒体企业根据伦理道德对社会承担的责任，也就是道德责任。

网络媒体超强的传播能力和渗透能力，其可能产生的效果和后果比传统媒体更强，如果传播行为责任缺失，可能导致难以估量的后果（"外部性"②），社会甚至为此要付出巨大成本。因此，网络媒体应承担社会责任与义务，积极履行社会责任。

近年来，网络极大地改变了原有的信息传播方式。每一位公民都能成为传播者、见证者、评论者，记者的功能被泛化。微博、微信等依托互联网技术的传播方式不断更新、转变、升级，信息的交流发布更为频繁。"由此出现的极多信息源状态，使原有的官与民之间的信息不对称情况从根本上被打破。"③ 公众由过去"完全被动的被

---

① 肖海岳等：《网络媒体社会责任研究综述》，《经营与管理》2013 年第 5 期。
② 又称外部效应（Externality）是一个经济学名词，指一个人的行为直接影响他人的福祉，却没有承担相应的义务或获得回报，亦称外部成本、外部效应或溢出效应（Spillover Effect）。
③ 王宣民：《网络时代呼唤"治理"理念》，《学习时报》2012 年 5 月 22 日第 3 版。

策略篇

管理者",成为积极的参与者。传播生态彻底被打破,媒体的"管理"面临极大挑战。

老子曾说过:"政善治,事善能。"全球化、信息化、网络化时代来临,原有做政府管理模式受到挑战。作为管理学上"治理"理论,在20世纪90年代,被经济学、政治学和管理学界提出来。党的十八届三中全会《中共中央关于全面深化改革若干重大问题的决定》提出:"全面深化改革的总目标是完善和发展中国特色社会主义制度,推进国家治理体系和治理能力现代化。"① "治理"是一个新的概念、新的提法,"从'管理'到'治理',一字之差凸显了我们党执政理念的升华、治国方略的转型"②,将对中国未来发展产生重大影响。与传统的以"统治"为代表的政府媒体管理方式不同,"治理"理念下的政府媒体管理有几个突出特点。③ 一是治理主体的多元化。二是媒体"治理"的基础是满足公众的知情权,对媒体透明程度有要求。在信息化时代下,信息廉价便捷广泛的传播,使屏蔽已不可能。三是媒体"治理"的权威建立在公民的认同和共识基础上,"治理"以自愿为主,以共识和认可为前提。

与过去的"媒体统治""媒体管制"不同,"媒体治理"是一种由共同目标支持的活动,这些管理活动的主体"未必是政府,也不一定非得依靠国家的强制力量来实现"。④ 而是"在政府引导协调下,吸收市场、社会、公民个人等多方力量的参与,以求达到公共利益最大化的目的,体现了'治理'的理念"。⑤ 从"统治"到"管理",从"管理"再到"治理",反映了治国方略总体思想演变,是历史发展的进步⑥,

---

① 《习近平关于全面深化改革论述摘编》,中央文献出版社2014年版,第23页。
② 王德平:《推进人社治理体系和治理能力现代化》,《四川劳动保障》2014年第8期;刘新如:《从"管理"到"治理"意味着什么》,《解放军报》2013年11月26日第9版。
③ 参见兰文飞《网络时代呼唤"治理"理念》,《学习时报》2012年5月22日第3版。
④ 段忠贤等:《从管理到治理:十八大以来我国政府治理的理论与实践》,《秘书》2018年第1期。
⑤ 兰文飞:《网络时代呼唤"治理"理念》,《学习时报》2012年5月22日第3版。
⑥ 参见刘新如《从"管理"到"治理"意味着什么》,《解放军报》2013年11月26日第9版。

对网络媒体社会责任治理同样如此。网络媒体社会责任的缺失,即"'外部性'溢出,源于其承担社会责任的动力不足"①,适当的规制路径十分必要。

第二节 网络媒体社会责任的内部治理路径

复杂适应系统(Complex Adaptive Systems,CAS),也称复杂性科学(Complexity Science),是 20 世纪末兴起的前沿科学阵地。复杂适应系统的研究对现有科学理论,甚至对哲学思想有很大冲击。复杂适应系统的研究将实现人类在了解自然和自身的过程中在认知上的飞跃。按照 CAS 理论,网络媒体社会责任内部治理路径包括如下:

一 公司内部治理结构中纳入社会责任承担机制

在网络媒体企业的内部治理环节纳入社会责任,以保证网络媒体社会责任落实。只有网络媒体企业具备现代化公司治理结构,形成实现社会责任分担的微观基础,政府才能运用宏观调控,制定相应的公共政策,引导网络媒体企业承担相应的社会责任。公司内部设立专门社会责任委员会负责该事项。责任委员会应定期开展检查活动。有效的公司治理结构保证企业综合考虑利益相关者,决策行为价值最大化。实现其社会行为的可预期和控制。

二 完善自律机制,加强自我约束

自觉按照国家法律法规,建立和完善自律机制,加强自我约束和管理。自律是网络媒体追求社会责任的自觉,必须重视。《中国新闻工作者职业道德准则》是新闻工作者应遵循的基本职业准则。《信息网络传播权保护条例》《中国互联网网络版权自律公约》《中国互联网行业自律公约》《维护互联网安全的决定》等法律法规是"政府依法

---

① 肖海岳等:《网络媒体社会责任研究综述》,《经营与管理》2013 年第 5 期。

管理，网站依法办网的基本法律依据，也是我国互联网健康发展的基本法律保障"。① 各个网络媒体需要做的就是认真学习，增强依法办事的自觉性，自觉抵制各种违法违规行为。网络媒体应坚持高格调、高品位的信息传播，树立良好的信誉，完善网站内部管理制度，根据法律法规和道德规范的要求，加强自我约束和管理，提高自己的公信力。如自2006年4月13日起，北京市42家知名网站联合签署，正式推出网络新闻信息评议制度，以加强行业自律。

三　强化职业道德规范，树立正确的传播价值观

新闻媒介"既是社会的观察者和监督者，也时刻被社会各界观察和监督"②，当新闻媒介责任缺位，社会就会对它进行监督。监督新闻媒介"要靠社会、法律，作为媒介自身，应谨遵职业操守和道德自律。履行媒介职责不忘做人准则"③。追求高质量的信息传播。一些网站由于受到商业利益的诱惑和驱使，无视新闻的真实性原则，不顾客观事实，传播不准确的新闻，甚至仅凭道听途说，捕风捉影，任意编造新闻，制造虚假新闻，既严重损害了受众的合法权益，也严重损害了网络媒体自身的信誉。坚持正确的舆论导向。"对内以正确的舆论引导人，对外树立中国的良好形象。"④ 面对鱼龙混杂、良莠不齐的信息，网络媒体都必须自觉遵守国家法律、法规和社会主义道德规范，旗帜鲜明地表明自己的新闻倾向，并以此来引导人们的取舍，从而消解大众盲从。

四　建立内部评价体系：内部激励约束机制

发挥信用制度的作用，建立防范机制，从机制上规范职业道德行为，建立信用评价体系，进行信用评级和公示。参照其他行业，建立

---

① 郑春波：《武术信息网络传播的影响因素及对策研究》，《潍坊学院学报》2010年第12期。
② 沈继成、王东：《恶性案件报道引发的社会心理问题——兼论新闻媒体的责任》，《中国电视》2010年第7期；李近：《新闻媒体的社会责任》，《新闻前哨》2004年第9期。
③ 李近：《新闻媒体的社会责任》，《新闻前哨》2004年第9期。
④ 范蓉：《网络媒体的优势及其社会责任》，《甘肃科技纵横》2008年第6期。

一个网络媒体行业"信用信息数据库",将"从业者的失信行为记录在案,同时定期进行信用公示,及时清除失信者"。① 与此同时,可以参考借鉴网络媒体社会责任标准,在网络媒体企业"内部制定完善的内部评价体系"②。

五 加强机构建设与制度建设

网络媒体应加强自身的制度建设,树立自己的传媒理念。培养高素质的新闻采写人员,建立专业的新闻从业者队伍。③ 网络媒体中普遍存在乱写、恶炒、跟风、庸俗的现象,很重要的原因是新闻从业人员的素质过低,培养高素质的新闻采编人员成为重中之重。为了保持媒体在社会上和读者中的严肃性、权威性,必须向大众提供真实、快速、全面、准确的信息,提高在受众心中的公信力。中国网络媒体的新闻采编人员一部分由传统媒体或其他行业的从业人员转至网络媒体,另一部分基本上是从学校直接招聘。比较懂新闻的不多,基本没有接受过严格而系统的新闻专业培训,不具有一定新闻从业经验,大大影响了网络新闻的传播质量。从业人员应正确认识网络媒体的发展与社会进步之间的关系及自己所肩负的社会责任。必须通过培训建立高素质的网络传播队伍,为我国网络媒体的健康发展提供保证。

第三节 网络媒体社会责任治理的外部治理

按照 CAS 理论,网络媒体社会责任外部治理旨在发布履行社会责任的刺激信号,通过法律、行政和市场等手段强化其社会责任遵从意识。④

---

① 赵鸿燕等:《对谁负责?由谁负责?》,《传媒与教育》2012年第1期。
② 赵鸿燕等:《对谁负责?由谁负责?》,《传媒与教育》2012年第1期。
③ 参见孔建会《网络媒体的影响及社会责任》,http://www.cssn.cn/sf/bwsf_cb/201310/t20131022_447651.shtml。
④ 参见黄溶冰、王跃堂《基于复杂适应系统的企业社会责任治理机制》,《软科学》2009年第9期。

其外部治理路径包括如下：

一 强化立法

完善管理体制，立法明确网络媒体社会责任，加强网络传播的法制建设。完善法律制度。在立法制度方面建立一部社会责任法；在司法制度方面建立问责制，加大执法力度，使之真正做到有法必依、执法必严、违法必究。[①] 互联网虽是"虚拟的社会"，但它也是真实的"生存空间"，必须加强立法治理力度。

二 政府加强管理

建立政府引导与监督制度。中国互联网络信息中心（CNNIC）顾问、新加坡媒体发展管理局互联网与媒体咨询委员会顾问，马来西亚人庄振宏说，"今天的互联网对于一个国家的经济社会发展至关重要，政府不管起来是不大可能的"，"美国政府确实在加强互联网的监管，这也是大多数西方国家的发展方向。"[②] 我国的网络媒体管理部门涉及国家网信办、工信部、公安部、文旅部、广电总局等，部门相互之间具有独立性，各管一面。国家网信办对互联网的管理负专责，但很难负主责。因为互联网的管理涉及部门多，很难形成一种合力。长效机制缺失，无法根治网络责任问题。"建立一个有层次的、成体系的、全面的网络传播法律体系，对于互联网的健康发展是十分必要的"[③]。完善相关法律法规。要建立对企业失信行为的惩处机制，加大对失信行为的惩处力度。加强企业承担社会责任的外部监管机制，形成多层次、多渠道的监管体系。

---

① 参见杨自业、尹开国《利益相关者视角下公司社会责任与治理机制研究》，《财会通讯》2010年第5期。
② 《世界各国都在加强互联网治理——国际互联网管理专家庄振宏访谈》，《光明日报》2010年7月26日第4版。
③ 孔建会：《网络媒体的影响及社会责任》，http://www.cssn.cn/sf/bwsf_cb/201310/t20131022_447651.shtml。

三 强化行业协会及公众监督

行业协会自律管理在西方主要发达国家传播业发挥了巨大作用。中国行业协会的作用有必要提升。但从整体看,"依靠行业协会实施自律还有很长的路要走。毫无疑问,媒体社会责任的直接对象是公众"①。提高网民素质,"增强公众的监督意识。网络媒体需及时有效地接受社会各界的监督,建立持续、有效的公众监督机制"非常重要。② 可以借鉴西方媒体听证会制度,这是公民参与网络媒体管理的权利表现。

四 市场发力:减少其市场份额

市场作为互联网规制手段之一,对互联网行为的约束作用主要是通过互联网商品和服务的价格调节机制实现的。③ "受众即市场",减少媒体销售可以是制约网络媒体的不良传播的方法。西方国家的"抵制网络媒体公害"运动就是通过减少媒体的受众数量与市场份额,抵制不良媒体。受众传媒信息的使用者和消费者,完全可以"用减少购买"进行"投票"。作为影响媒介市场的强大受众群体,"应该常态性地行使自己的媒介监督权,以子之矛,攻子之盾"。④

五 推行网络媒体社会责任报告制度

网络传媒企业社会责任报告制度的实行,让监督者接受社会监督,促使网络传媒企业更好地履行社会责任,将产生巨大的社会效益,乃至提高经济效益。对政府来说,这是对网络媒体管理制度与方法的一大创新,是由过去相对单一的政治管理向社会综合治理转变的巨大飞跃。对

---

① 赵鸿燕等:《对谁负责?由谁负责?》,《传媒与教育》2012 年第 1 期。
② 参见赵鸿燕等《对谁负责?由谁负责?》,《传媒与教育》2012 年第 1 期。
③ 参见张真理《法治、市场与自律:互联网治理的有效机制》,《社会科学报》2011 年 12 月 20 日第 12 版。
④ 赵鸿燕等:《对谁负责?由谁负责?》,《传媒与教育》2012 年第 1 期。

媒体和社会来说，其积极意义不可估量。通过编写"社会责任发展报告"并向社会发布对其社会责任水平加以分析评价，剖析传媒社会责任的典型案例，揭示其经验和教训。对其社会责任发展现状及时做全方位的扫描，对其暴露的问题进行深入分析，并提出针对性的解决策略，可以"让监督者接受社会监督，极大促使其更好履行其社会责任"①。

六　强化媒体舆论监督作用

要发挥社会舆论的作用，尤其是新闻媒体的作用，新闻媒体要敢于自我批评。重视舆论宣传，提高社会公众的社会责任意识，应引导社会公众关注网络媒体社会责任问题，尽快形成"媒体监督社会，公众监督媒体"的良性互动环境。公众借助网络以及网络用户的力量对网络媒体进行长期监督，"可以拓宽监督渠道，扩大监督参与主体，增强监督的有效性"。②

第四节　强化网络空间社会责任综合治理

网络媒体社会责任治理是国家治理的重要组成部分，必须充分重视网络媒体社会责任治理体系建设。治理与监管根本在于对传播主体的治理与监管。传播主体应对传播内容负直接主要责任。③ 互联网时代的任何传播行为都可能造成巨大的社会影响，所以传播主体必须担当社会责任，把社会效益放在第一位。传播主体包括传播运营企业、传播技术平台和传播者。网络媒体治理以社会责任为导向，必须牢牢抓住传播主体，采取法律、技术等系列措施倒逼其担当社会责任，应建立科学的评价，实施社会责任报告制度。对网络媒体社

---

① 江作苏：《媒体建立社会责任报告制度势在必行》，《新闻战线》2014年第1期；江作苏、包国强：《强化媒体社会责任意识　建立传媒社会责任报告制度》（2013年中共中央宣传部、湖北省委宣传部、《湖北日报》委托调研报告）。

② 赵鸿燕等：《对谁负责？由谁负责？》，《传媒与教育》2012年第1期。

③ 参见黄诚、包国强等《基于网络空间治理的网络社会责任内涵及治理结构的多维解析》，《科技传播》2019年第3期。

会责任履行水平进行评价，从而掌握其履行情况，可以有效地引导其担当社会责任。

要建立科学的社会责任评价体系，定期对其进行检测评估，并予以公开，让其接受社会监督，促使其纠偏履正。规定网络传播企业必须定期公布其社会责任报告，真实披露自身履行社会责任的情况，接受群众监督。国家和第三方机构应担起监测责任，第三方机构应对网络企业社会责任情况出具报告，以示公开。通过网络传播企业自查和第三方评价结合的方式，促进网络媒体的治理。媒体社会责任的治理必须建立信用体系，必须有政策法规体系支撑，实施联合失信惩戒。无论是传播运营主体还是传播者，只要没有切实履行社会责任，造成一定危害，就要承担失信责任接受联合惩戒。公信力是任何网络媒体和平台赢得受众的根本保证，丧失信用的网络传播主体也就失去了立足市场的基础，必须对该类传播主体进行失信联合惩戒，及时逐出传播市场。要构建立体的网络媒体治理体系，借助法律、网络技术、行业组织等构建一个立体的网络，要结合法律法规、宣传教育、联合惩戒、技术检测、第三方评价、行业监管等手段，培育合格的市场主体，同时及时清退非适格主体，拓宽治理路径，优化治理手段，理顺机制，高效运转，增强实效。

网络媒体企业要自觉履行和承担各个层次社会责任，面对激烈的市场竞争，为促进经济发展，文化传承，社会稳定，构建"亿万民众共同的精神家园"发挥作用。媒体传播的内容能够反映社会各种现象，传达各类社会信息。媒体的担当及它所要承担的社会责任比一般的企业更为广泛和特殊，社会和人们对它的要求更为多元和复杂。深化对媒体社会责任的理解，加强媒体社会责任的治理，从而进一步促进我国传媒文化市场体系构建及其相应产业的健康发展。

"今天的互联网不可能再回到过去那个随意而为的时代"[①]，网络

---

① 《世界各国都在加强互联网治理——国际互联网管理专家庄振宏访谈》，《光明日报》2010年7月26日第4版。

策略篇

媒体责任背后实质上是"一个错综复杂的权力体系,即政府、媒体和公众彼此间责任和权力的博弈"①。如果说"社会是一个复杂系统,政府、媒体和公众作为社会里的子系统,彼此联动又彼此制衡"②,而"当形成社会规范,互联网管理步入正轨的时候,对互联网的管制会慢慢地放开"③(庄振宏④,2010),这是一个此消彼长的过程,这一天的到来必然是以网络媒体社会责任的有效治理为前提的。"民无信不立",传媒也不例外,媒体只有积极履行社会责任,方能获得受众的信任,建立起自己的信誉,铸造媒体公信力,对于互联网来说,尤其重要。

"法治、市场、自律、第三方监督、技术支撑"是网络媒体社会责任治理必须重视的五个方面,构建其社会责任治理体系。⑤ "合理有效地配置管理资源,达到社会效益最大化,需要各方共同努力方能推进互联网健康、有序、全面发展。"⑥ 在互联网高速发展的今天,全社会都意识到媒体应该加强社会责任的履行,完善社会责任制度。我国媒体履行社会责任更要从我国的基本国情出发,可以借鉴西方的"传媒社会责任理论",但绝不能简单地套用和全盘利用,要根据我国当前传媒行业的发展情况,弃其糟粕,取其精华,制定一套适合中国传媒行业发展的"传媒社会责任理论"。从目前来看,网络媒体企业社会责任的履行,是对网络媒体社会功能的释放,可以在一定程度上对社会和政府实现监督。但是,网络媒体要想在互联网、大数据发展的现实背景下生存,一定要找到适合自身发展的道路,在坚持党性原则、坚持马克思主义新闻观的基础上,要强化自身的社会责任意识,履行监督社会与政府的职能,切实做好媒体融合发展,为自己的生存发展奠定基础。

---

① 赵鸿燕等:《对谁负责?由谁负责?》,《传媒与教育》2012年第1期。
② 赵鸿燕等:《对谁负责?由谁负责?》,《传媒与教育》2012年第1期。
③ 庄振宏:《世界各国都在加强互联网治理》,《光明日报》2010年7月26日第2版。
④ 庄振宏,马来西亚人,现任中国互联网络信息中心(CNNIC)顾问、新加坡媒体发展管理局互联网与媒体咨询委员会顾问,同时还在多个国际互联网管理机构和标准组织中任职。
⑤ 参见包国强等《网络媒体治理路径研究报告》(2016)。
⑥ 张真理:《法治、市场与自律:互联网治理的有效机制》,http://blog.sina.com.cn/s/blog_64aa51a1010123wo.html;《塑造上海城市精神魅力》,https://www.docin.com/p-488590172.html。

网络媒体企业承担社会责任，在新的发展背景下建立辅助自身发展的社会责任报告制度，这对于规范网络媒体企业的行为是十分必要的。网络媒体在行使自己报道新闻权利的同时，必须自觉履行自身的社会责任：正确引导舆论导向，对信息的传播要做到真、快、全、准，做好对权力机关和对社会的监督，自觉遵守法律法规，传播的新闻及思想要符合社会伦理，积极引导社会的健康发展，积极投身公共事业，提高自身创富能力和内部员工满意度。正如著名报人普利策所说："只有最高的理想、兢兢业业的正当行为、对所涉及的问题具备正确的知识以及真诚的道德责任感，才能使报纸不屈从于商业利益、不寻求自私的目的，不反对公众的福利。"①

结　语

网络媒体社会责任报告制度建立的目的就是要监督网络媒体行业自身的行为，使其成为网络媒体发展过程中的一面镜子。建立网络媒体社会责任报告制度，可以促使网络媒体行业既总结自身取得的成就，又深刻反思发展过程中的不足之处以及社会责任的缺失行为，以利于网络媒体行业可以在互联网的冲击下，继续保持前行。当然，网络媒体社会责任制度绝对不能演化成一种摆设，而是要真实地反映网络媒体在发展过程中出现的问题，而不是运用社会责任报告来进行歌功颂德、吹嘘自己，这样就失去了其存在的意义，要保证报告的客观性和公正性。网络媒体必须知道，社会责任是整个社会发展不可或缺的核心力量，只有所有媒体都自觉履行社会责任，才有可能为实现"中国梦"贡献自己的力量。

总之，网络媒体社会责任的治理任重道远，必须将内部治理与外部治理齐头并进，以综合治理为目标，加强联合惩戒，有效配置管理资源，推进网络媒体健康发展，各方共同努力、多方齐抓共管，达到社会、经济等综合效益最大化。

---

① 刘红玉：《"新闻广告"与媒体社会责任》，《青年记者》2005 年第 12 期；刘聪：《论媒体广告的社会责任》，《神州》2012 年第 5 期。

第十一章 基于社会责任的网络谣言及网络信息传播的综合治理

在国家治理体系层面,党的十九届四中全会明确提出推进"国家治理体系和治理能力现代化"的时代要求,网络信息及网络谣言治理是其重要组成部分,不仅有利于提升政府治理现代化,树立政府公信力,更有利于保护公民生命健康,有效维护社会稳定。

随着互联网技术的更迭,人类在现实空间的基础之上依托技术性力量创造了网络空间,并且成为人类日常和生产实践的重要场域和新型空间。网络空间治理成为时代命题和国家治理的新领域,加强网络空间治理是新时代实现国家治理现代化的必然要求,提高网络空间治理能力是提高国家治理能力的内在逻辑。[①] 习近平总书记明确提出网络空间并非"法外之地",党的十九大报告中强调,"加强互联网内容建设,建立网络综合治理体系,营造清朗的网络空间"。互联网时代,网络主体的多元诉求、传播渠道的复杂多样让网络谣言传播更为便捷,造成的影响也不断增强。加强对网络谣言的双重认知以及对网络谣言的传播机制的透视才能够更好地制订出网络谣言及网络信息治理方案。网络谣言不断肆虐,污染舆论生态,误导公众认知,影响社会秩序的稳定,甚至破坏政府的形象。因此,对网络空间中出现的网络谣言的有效治理考验着国家的治理能力。

---

① 参见邓海林《新时代网络空间治理及其文化秩序建构》,《江海学刊》2019 年第 3 期。

第十一章 基于社会责任的网络谣言及网络信息传播的综合治理

第一节 "网络谣言"相关研究述评

谣言,古已有之,已成为社会舆论的某种"常态"。谣言在不断删减、强调和同化的过程中,动态性地在人际间多层级扩散和非正式地在多渠道中传播。在对谣言的学术研究中,中外学者从不同方面进行了论述。DiFonzo, N. & Bordia, P. (2007) 认为谣言是未经证实却被广为传播的信息,其内容具有不确定性和模糊性,谣言暗示着环境中可能存在的威胁,能够帮助人们弄清事实并控制风险。[1] Gary Alan Fine (2013) 强调谣言是未经由可信来源证实的信息沟通,虚假并非谣言的界定标准,根本特征是区别于精准性的不可知性。[2] R. Kelly Garrett (2011)、Harney, N. (2006)、Warren A. Peterson (1951) 认为谣言是与现存事实相关联的讯息,在人际间私下以口头形式传播的引发公众感兴趣的事件或问题的未经证实的阐述或诠释。[3][4][5] Ralph L. (1988) 论述谣言是处于焦虑状态的个人为了消除不确定性出现的一种现象。[6] 学者在对谣言研究不断深入的过程中,持续关注着谣言背后的人与社会的关系,勒莫 (1999) 认为谣言是对失衡或社会不安状况的一种反应。[7] Bordia, P. & DiFonzo, N. (2004)、Dana R. Fisher (1998) 认为谣言是社会群体在经历混乱不安时期,为解决问题、获得

---

[1] DiFonzo, N., "Bordia P. Rumor, gossip and urban legends", *Diogenes*, Vol. 54, No. 1, 2007, pp. 19–35.

[2] Gary Alan Fine, "Rumor, Trust and Civil Society: Collective Memory and Cultures of Judgment", *Diogenes*, No. 213, 2007, pp. 5–18.

[3] R. Kelly Garrett, "Troubling Consequences of Online Political Rumoring", *Human Communication Research*, No. 37, 2011, pp. 255–274.

[4] Harney, N., "Rumour, Migrants, and the Informal Economies of Naples, Italy", *International journal of sociology and social policy*, Vol. 26, No. 9/10, 2006, pp. 374–384.

[5] Warren A. Peterson, Noel P. Gist, "Rumor and Public opinion", *American Journal of Sociology*, No. 57, 1951, pp. 159–167.

[6] Ralph L. Rosnow, "Rumor as communication: A contextualist apporch", *Journal of communication*, Vol. 38, No. 1, 1988, pp. 10–27.

[7] 参见[法]弗朗索瓦丝·勒莫《黑寡妇:谣言的示意及传播》,唐家龙译,商务印书馆1999年版。

社会认知而展开的一种集体行为,是了某一目的而在人际间产生与传播的信息。①②

随着网络的发展和新媒体的崛起,具有多元化、扁平化、碎片化、移动化和社交化为特色的网络平台随之出现,加之网络媒介传播活动呈现着匿名性、弱规范性等特征,网络平台成为网络谣言滋生的主要承载体。同时,"后真相"时代新旧媒体之间的互相角力,许多新闻和资讯经过无数次的加工阐释甚至故意扭曲与篡改,使信息传播过程中真相让位于情感、观点和立场③,真相有时变得不再重要,主观性的内容通过修辞、虚拟、煽情等手段被包装成具有合法性、正当性的观点,影响着传播生态和舆论格局。④ 网络谣言成为网络媒介的伴生产物,民众通过网络平台有意或无意的情况下参与到网络谣言的传播行为中,呈现复杂化、恶性化、扩大化发展的趋势⑤。

基于网络平台和网络背景下的网络谣言研究成为学术界重要的议题。宏观层面的研究主要聚焦在网络谣言的社会治理上,王贵(2013)论述了网络谣言与社会突发事件相伴而生,网络谣言引发的"次生灾害"会严重影响政府对突发事件的应急处置。⑥ 何雨、陈丽君(2019)指出简单化的价值判断极易造成治理网络谣言的"寒蝉效应"困境,应加强民间舆论场的治理,完善信息公开机制,打通"两个舆论场"鸿沟。⑦ 湛中乐、高俊杰(2014)、谢永江、黄方(2013)、苏青(2017)、李洪雷(2014)、林华(2019)等学者从法律规制、政府规制的角度探讨

---

① Bordia, P., DiFonzo, N., "Problem Solving in Social Interactions on the Internet: Rumor as Social Cognition", *Social Psychology Quarterly*, Vol. 87, No. 1, 2004, pp. 33 – 49.

② Dana R. Fisher, "Rumoring Theory and the Internet: A Framework for Analyzing the Grass Roots", *Social Science Computer Review*, Vol. 16, No. 2, 1998, pp. 158 – 168.

③ 参见史安斌《"后真相"冲击西方新闻舆论生态》,《领导科学》2017 年第 11 期。

④ 参见李彪、喻国明《"后真相"时代网络谣言的话语空间与传播场域研究——基于微信朋友圈 4160 条谣言的分析》,《新闻大学》2018 年第 2 期。

⑤ 参见顾金喜《"沉默的螺旋"效应与网络群体性事件应对》,《中共浙江省委党校学报》2014 年第 1 期。

⑥ 参见王贵《别让网络谣言成为突发事件的"次生灾害"》,《人民论坛》2013 年第 20 期。

⑦ 参见何雨、陈丽君《论网络谣言的形成机制及其治理对策》,《南京工业大学学报》(社会科学版)2019 年第 3 期。

第十一章　基于社会责任的网络谣言及网络信息传播的综合治理

了我国网络谣言的规范化治理。①

中观层面的研究主要聚焦在网络谣言的传播主客体研究。卡斯·桑斯坦（2009）在对网络谣言传播机制研究中发现谣言传播呈现着信息流瀑、群体极化和偏颇吸收。徐勇（2015）指出网络谣言的传播过程是一个群体事件的演变过程，结构性诱因和结构性紧张是传播的条件，共同信念和偶发因素是传播的原动力，行动动员的完成和社会控制的失效是进一步激化的因素。② 顾金喜（2017）对网络谣言的传播进行了归因，网络谣言的传播必须符合相应条件：谣言必须涉及公众关注的话题且符合受众的心理预期；社会风险状态中存在信息真空且容易导致社会恐慌；网络社会中对政府的不信任和主流媒体被边缘化现象突出。③ 孟鸿、何燕芝（2012）从受众心理出发，分析了网络受众心理在推动网络谣言生成与传播过程中，呈现着泄愤心理、从众心理、投射心理以及选择心理等心理特征。④

微观层面的研究主要聚焦在网络谣言的本体研究。李彪、喻国明（2018）对微信朋友圈4160条谣言进行分析，总结了网络谣言在标题修辞上具有权威加持与恐惧诉求、使用新闻式和数字式标题等增加信度，议题建构多用程序化结构、故事元素、建构社交货币等方法⑤。卞修涛（2017）以微信谣言为对象，总结了微信谣言的话语表达呈现着图像化、模糊化、故事化的特点。⑥ 施爱东（2016）认为网络谣言是一种特殊的叙事文体，具有可外在识别的结构、语法等形态特征。⑦ 张志安、束开荣等（2016）把网络谣言所叙述的内容本身作为一种"风险"的叙事来考察，在其表现上呈现着描述夸张、视觉冲击、攀

---

① 参见林华《网络谣言治理的政府机制：法律界限与权力约束》，《财经法学》2019年第3期。
② 参见徐勇《网络谣言传播的动力机制》，《编辑之友》2015年第11期。
③ 参见顾金喜《"微时代"网络谣言的传播机制研究——一种基于典型案例的分析》，《浙江大学学报》（人文社会科学版）2017年第3期。
④ 参见孟鸿、何燕芝《受众心理分析视角的网络谣言治理》，《重庆社会科学》2012年第10期。
⑤ 参见李彪、喻国明《"后真相"时代网络谣言的话语空间与传播场域研究——基于微信朋友圈4160条谣言的分析》，《新闻大学》2018年第2期。
⑥ 参见卞修涛《微信谣言的特点解析》，《青年记者》2017年第2期。
⑦ 参见施爱东《网络谣言的语法》，《民族艺术》2016年第5期。

策略篇

附权威等"风险"叙事特征。①

学者对网络谣言和网络信息的研究在不断深入,网络谣言及网络信息治理已经成为普遍共识,对网络谣言的主体、客体、本体的研究不断地聚焦,并且在新闻传播、公共管理和社会心理等不同领域取得了相应的成果,对网络谣言的治理具有重要的理论意义和应用价值。但是,相比于西方学者的研究范式,国内对网络谣言偏向实践性和策论性的研究,基本上将作为完全负面的网络舆论现象,将网络谣言视为抽象的整体加以批判。网络谣言之所以出现,背后有着深层次的社会问题和大众心理作用的影响,对网络谣言的认知需要综合评价,绝不能仅仅停留在通俗语境下消极否定,只有秉持着对网络谣言"中立性"的价值原则,重新审视,才能客观理性地对网络谣言进行综合性分析,更好地消除网络谣言带来的灾害,进而适应新时代下网络空间治理的新常态。

从国外的研究成果来看,有关谣言传播的研究较为系统深入,最早可追溯至1944年纳普·罗伯特(Knapp Robert)发表的《谣言理论》,其中他首次对谣言的产生、传播和控制进行了较为全面的阐述。②③ 而1947年出版的《谣言心理学》中,奥尔波特也着手对谣言及其谣言控制进行研究。④ 同时,他们也开始关注谣言对国家安全和人民的影响,并在此后的十年里形成了一些格式化研究,比如贝克·费斯廷格等于1950年出版的《谣言传播研究方法论》、波迪克等于1955年出版的《谣言传播的田野试验》。自1960年后,国外学者开始转变角度和方式来研究谣言。戴利和肯德尔(1965)认为,谣言是通过传播者与他人的双向联系进行传播的,并且遵循质量定律。⑤⑥ 2002

---

① 参见张志安、束开荣、何凌南《微信谣言的主题与特征》,《新闻与写作》2016年第1期。
② 参见陈子晨《心理学视角下的网络谣言特点分析》,《吉林省教育学院学报》2010年第1期。
③ Knapp Robert H., *A Psychology of Rumor*, The Public Opinion Quarterly, 1944.
④ Gordon W. Allport, Leo Postman, "The Psychology of Rumor", *Russell & Russell Pub*, 1947.
⑤ D. J. Daley, D. G. Kendall, "Stochastic Rumors", *Journal of Applied Mathematics*, Vol.1, No.1, 1965, pp.42–55.
⑥ 参见殷晓椿《基于新媒体的疫情谣言传播个案研究》,硕士学位论文,上海交通大学,2014年。

第十一章　基于社会责任的网络谣言及网络信息传播的综合治理

年，Zanette 首次在对谣言传播的研究里糅合了复杂网络理论，并由此建立了小世界网络谣言传播模型。①② 回顾国外文献可以得知，国外学者在谣言传播的领域都有着许多精练透彻的研究与分析，特别是几乎都注意到了突发公共事件与谣言的密切联系。③ 重大公共危机事件由于有着难掌控、难预估、负影响力大且社会关注度较高等特性，也属于典型的突发性公共卫生事件之一。④⑤ 谣言通常都会与突发事件相伴而生，不仅涉及公众利益，也关乎社会稳定秩序，随着事态演变恶化，公众恐慌情绪加深，社会上的谣言铺天盖地且经久不绝。而在谣言传播方面，因其根植于社交媒体，以两微一端为主进行传播扩散，其共鸣难以轻易消除。⑥ 因而研究重大公共危机事件中的谣言传播和信息治理机制，是社会科学研究的一大重要议题。在信息治理方面，由于国外拥有比较完备的谣言治理体系，所以在这一方面也有着较为先进的实践经验。

国内对谣言问题的研究大约起始于 20 世纪 80 年代，综合相关文献可以发现，其实有少部分学者会从谣言影响的积极方面来进行阐述和分析，如 2004 年对"非典"事件的谣言研究中，李丹就提出过谣言有缓解紧张与克服恐慌的功用。⑦ 但有关这方面的研究是极少的，大多数学者仍侧重陈述谣言的危害，或偏向于分析某一具体事件的案例，或单方面研究传播成因或是传播影响等，重点放在谣言的传播及

---

①　参见周苗苗、许成、刘晓波《社会网络上的谣言传播模型》，《青岛大学学报》（自然科学版）2010 年第 4 期。

②　D. H. Zanette, "Criticality Behavior of Propagation on Small-world Networks", *Physical review. E*, Vol. 64, No. 5, 2001.

③　参见易杰《疫情类网络谣言的传播及治理研究——以 H7N9 禽流感疫情和 SB250 传染病毒疫情为例》，硕士学位论文，中南财经政法大学，2017 年。

④　参见易杰《疫情类网络谣言的传播及治理研究——以 H7N9 禽流感疫情和 SB250 传染病毒疫情为例》，硕士学位论文，中南财经政法大学，2017 年。

⑤　参见李明洁《突发公共卫生事件网络谣言的治理研究——以 H7N9 禽流感事件为例》，硕士学位论文，华东师范大学，2018 年。

⑥　参见赵梓然《谣言传播中的第三传播流——关于舆论情绪化的研究》，《新闻传播》2019 年第 18 期。

⑦　参见李丹《"SARS"危机中的谣言与恐慌》，硕士学位论文，四川大学，2004 年。

防控上，很少有从学科融合角度出发的综合研究，因此我国对谣言治理的研究尚处于理论探讨的阶段。

总的来说，目前研究的缺陷和问题在于：在谣言传播的研究方面还缺乏全面综合的分析，学者也很少从突发性公共事件的现实社会环境中去寻找谣言的传播规律和作用。① 就国内的研究方法而言，主要的方法还是案例分析法，但近几年的研究中也相继出现了谈话、实验、定量模型研究等实证方法，如苏国强等在2013年发表的论文《基于SIR的突发事件网络谣言扩散模型研究》中，在突发事件中借助了"传染病模型"来研究网络谣言的防控可行性。② 截至2020年2月，在中国知网数据库以"公共危机"和"谣言传播"为并列关键词搜索相关主题的期刊与论文，共有契合公共危机类谣言的研究论文12篇，其中"网络谣言"为主的共有6篇。由此可见，国内对公共危机谣言的研究数量较少，对不同主题的谣言研究也尚不全面，未成体系，因此本章对网络谣言及网络信息治理的研究就显得尤为必要。

第二节 深刻认识网络谣言及网络信息治理意义

媒体及广大民众都是"国家治理体系和治理能力现代化"的重要推动者和建设者，网络舆情应对与信息治理是国家治理不可或缺的关键内容。在发生公共危机时，加强网络谣言和信息治理，树立正确舆论导向，对于促进国家公共危机治理具有重要意义。在人人都拥有"麦克风"的时代，谣言是可怕的病毒，传谣是更危险的扩散，作为传播节点的个人，如若未经思考、不分真假就随手转发各种信息，可能就会在无意中变成谣言的"二传手"。③

---

① 参见易杰《疫情类网络谣言的传播及治理研究——以H7N9禽流感疫情和SB250传染病毒疫情为例》，硕士学位论文，中南财经政法大学，2017年。
② 参见苏国强、兰月新《基于SIR的突发事件网络谣言扩散模型研究》，《武警学院学报》2013年第4期。
③ 参见郭旭光《抗击公共危机，莫忘增强对谣言的免疫力》，《朔州日报》2020年1月31日第2版。

一　维护国家安全的需要

不可否认，国家治理体系和治理能力的现代化是通过科学的方法收集、整理、分析、传递、应用各种信息的过程。信息治理是国家治理的基础，是政府科学决策、有效执行的前提条件。[①] 应当明确，在重大公共危机事件中，治理各方只有坚持"总体国家安全观"的指导，更为系统科学地推动谣言信息治理，才能有效地保障国家安全和人民安全[②]，才能推动社会事实的清晰化，进而实现国家治理现代化，最终维护社会稳定和国家安全。

二　健全网络综合治理体系的需要

对谣言的管理力度不足、治理手段不够科学，都会导致网络治理工作无法获得良好的效果。每一个谣言可能都关乎生死，每一条知识可能都价值连城。因此，网络信息治理只有实时提升、随时进化，用互联网思维与技术体系才能确保公共危机和民众生活的稳定。相关部门应结合问题，制定有效的应对措施，不断完善谣言信息治理机制，规范谣言和信息失序行为，如此才有助于进一步推进网络信息治理立法，健全网络综合治理体系。

三　推进社会治理和维护社会稳定的需要

当前，信息化、数字化的时代背景对社会治理提出了艰巨的挑战。虽然自媒体和互联网的飞速发展把网络上的危机、冲突等延伸至社会层面，信息滥用、渠道不通畅也使社会矛盾呈现激增态势，极大地增强了治理难度。[③] 信息治理是社会治理的重要内容，应当明确，我国

---

① 参见钱坤《从"治理信息"到"信息治理"：国家治理的信息逻辑》，《情报理论与实践》2020年第7期。
② 参见虞文梁《坚持"总体国家安全观"推动网络危安信息治理》，《人民法院报》2019年9月19日第5版。
③ 参见冯卫国、苟震《基层社会治理中的信息治理：以"枫桥经验"为视角》，《河北法学》2019年第11期。

社会治理的长远发展，离不开信息治理水平的提升和能力建设，尤其在当今大数据时代，信息治理对社会治理更具有支撑性的地位和作用。公共危机爆发后，社会恐慌加剧，抗击公共危机的社会公共秩序也被扰乱。因此，官方机构及媒体需要掌握公共危机的信息动态，坚守责任理念，占领先机优先发声，用事实真相书写报道，这对于社会治理与社会稳定都有着重要的支持作用。

四　有助于推进国家治理体系和能力现代化

网络社会作为新时代中国社会建设的重要新场域，互联网技术已融入我国政治经济文化社会生态等各个领域，"互联网+"成为当前社会治理的技术保障。[①] 党的十九届四中全会强调坚持和完善中国特色社会主义制度、推进国家治理体系和治理能力现代化，是全党的一项重大战略任务。国家治理体系和治理能力的现代化一个重要的衡量指标是建设人民群众满意的服务型政府，服务型政府要求政府部门在面对突发公共卫生事件时，应采取积极主动的态势，借助互联网的技术优势，公开透明地发布群众迫切需求的相关信息，把引发网络谣言的动机提早湮灭。只有如此，才能在源头有效抑制谣言的出现，建立政府的权威和公信力。政府应对网络空间上出现的网络谣言进行科学合理的引导和控制，降低或化解负面作用。

五　有助于构建社会良好的舆论生态

新时代背景下，坚持和完善共建共治共享社会治理格局是社会治理的基本内涵，是适应社会主要矛盾转化和建设社会治理共同体的必然要求。共建共治共享社会环境反映到网络空间则需要优化网络舆论生态。但是良好的舆论生态并非一味地靠着"和谐的声音"，避免造成"寒蝉效应"，好与坏、正与负是相对的，网络谣言不可能完全根

---

① 参见欧阳康、郭永珍《构建和完善中国特色国家治理体系——以中国共产党的社会治理理论为视角》，《行政管理改革》2019年第11期。

除,况且负面声音发挥着警示和宣泄的功能。

六 有助于优化网络空间命运共同体

网络空间命运共同体是构建人类命运共同体的网络延伸。[①] 从世界的格局来看,中国正处于实现中华民族伟大复兴的历史进程中,中国的崛起对国际体系和整个国际社会产生了重大而深远的影响,但是崛起之路并非一帆风顺,尤其是在重大公共危机期间,一些别有用心的势力组织利用民众的不安心理,在网络上大肆发布攻击社会和政府的歪曲言论,试图扰乱社会秩序,煽动民众对政府的不满情绪。因此,加强网络空间的治理,净化网络舆论生态,通过信息公开透明机制,对突发事件网络舆情合理的引导。重大公共危机是全人类需要共同面临的挑战,在人类命运共同体框架下通力合作,共同克服。网络空间命运共同体就是让网络空间成为全人类抗击公共危机的重要平台,依托网络空间及时地向世界各国分享我国在抗击公共危机期间总结的行之有效的防控体系和防控措施,传达我国抗击公共危机期间的中国方案、中国经验。

第三节 网络谣言的再认知

一 网络谣言的认识

1947 年,G. W. 奥尔波特和 L. 波斯特曼提出一个谣言产生传播的法则:$R = i \times a$,即谣言的强度或传播广度 = 事件的重要程度 × 事件的模糊程度。1953 年,克罗斯对上面的公式进行了修正,$R = i \times a \times c$(c 指公众的批判能力)。事关国计民生的公共卫生事件的危害程度、传播范围及可控程度引发了公众的焦虑和恐慌心理,公共危机的预防和治疗涉及专业的医学知识理解门槛高,一般民众很难对信息的真伪

[①] 参见丁存霞《新时代网络意识形态安全治理能力现代化》,《湖北社会科学》2020 年第 1 期。

策略篇

做出理性的判断，加之权威信息的缺失和网络空间中出现的信息不全面，信息之间存在矛盾，造成民众对信息认知失衡，关于公共危机的网络谣言在此种条件下得以生成并扩散。

不存在没有谣言的社会，人类的历史进程也是谣言演进发展的历程。网络谣言作为网络空间特殊的舆论形态，是对网民感兴趣的事物、事件或问题的未经证实的阐述或诠释①，一定程度上直接或间接地迎合了这个时代的社会、文化心态或价值观念。重大公共危机作为突发性公共事件，与每个人休戚相关，也因此成为网络谣言产生的素材，衍生出了多种形态的公共危机类网络谣言。网络谣言在中文语境中经常以负面概念存在，但任何事物、现象都具有双重性，对于网络谣言这一社会现象也应做批判性的认知。

谣言的本质，有学者认为它是一种畸形且非道德的舆论。② 网络时代，信息数据总量庞大是其主要特征之一。伴随着新型媒介形式的发展，谣言也作为一种信息传播现象而显现。奥尔波特的《谣言心理学》③ 中有提到，谣言主要是在两个因素相互影响下产生的：一是在事实很模糊的情况下，这通常是指新闻很粗糙、简略或者新闻叙述很矛盾的时候，公众总是过于决断地做出判断。二是当某事件情况十分严重并影响到了人民自身利益的时候。④ 虽然有部分是真实权威的信息，但也不乏各种谣言。根据沃伦·皮特森和诺艾尔的观点，谣言在公众对其很感兴趣的时候，趋向于被阐释得更为多样化与复杂化。⑤ 而 D. 沙和 T. 扎曼认为，互联网信息覆盖着当今社会，在其衬托下，公众对风险都具有一个共同的建构⑥，如果将这个风险理解为谣言，

---

① 参见巢乃鹏、黄娴《网络传播中的"谣言"现象研究》，《情报理论与实践》2004 年第 6 期。
② 参见奂森元《本质分析下的网络谣言治理》，《科技传播》2015 年第 9 期。
③ 参见［美］奥尔波特《谣言心理学》，刘水平等译，辽宁教育出版社 2003 年版。
④ 参见张爱军、王富田《网络政治谣言与大数据治理》，《岭南学刊》2019 年第 6 期。
⑤ Peterson Warren A., Noel P. Gist, "Rumor and Public Opinion", *American Journal of Sociology*, Vol. 57, No. 2 (Sep, 1951), pp. 159 – 197.
⑥ D. Shah, T. Zaman, "Rumors in a Network: Who's the Culprit", *IEEE Transactions on Information*, Vol. 57, No. 8, 2011, pp. 51 – 63.

第十一章　基于社会责任的网络谣言及网络信息传播的综合治理

那么毫无疑问,互联网的传播会使谣言越加夸张化。

二　网络谣言的影响

网络谣言归根结底是一种不健康的网络舆论形态。尤其是在重大公共危机事件中,虚假、荒谬的网络谣言给本就不安的社会带来极大的混乱,影响着政府的公信力、消解着媒体权威、导致民众恐慌。

1. 破坏社会秩序的稳定

重大公共危机事件关系着每个人的健康安全。公共危机的突发性、传染性等特征使民众对公共危机信息的关注和重视程度越发突出。在经济社会转型的环境中重大突发公共卫生事件的爆发,考验着国家治理体系和治理能力。在民众共同参与的公共危机阻击中,网络空间中鱼龙混杂的网络谣言不断触动着人们的脆弱神经,乱象丛生的网络谣言也导致了各地出现不合理的囤积潮等,恐慌情绪大肆蔓延。网络谣言,很大程度上在于信息披露的不及时,引发民众在信息不对称的情况下散布网络谣言,激化民众对社会怀疑、对政府不信任,在"刻板印象"的影响下,民众便习惯性地将公共危机的责任归咎于政府,并利用公共危机类网络谣言来发泄对社会、对政府及相关机构的不满情绪,这种带有泛政治化的攻击,影响着社会的稳定。

2. 造成舆论生态的污染

网络技术催生的网络新媒体,改变了信息交换的方式,拓展了信息传播的渠道,让网络空间成为信息自由流动的公开领域,给网络谣言的传播提供了便利的途径,污染着舆论生态,主要体现在:一方面网络谣言在网络空间的传播中容易以讹传讹,使网络信息的可信度遭受巨大的挑战。公共危机类网络谣言由于直接关系公众的生命健康,公共危机信息具有贴近性和重要性的特点,因而更容易在网络空间中广泛地、快速地传播。在新冠肺炎公共危机中许多网络谣言辟谣后又死灰复燃,网络谣言从造谣—信谣—传谣—辟谣的过程并非单向性地递进,传播后的网络谣言会经过不断异化再次陷入传播循环,成为网络空间的信息垃圾。另一方面,网络的舆论生态主要由主流媒体舆论场和民间舆论场构成,而长期占据主要地位的传统媒体面临着互联网新媒体的冲击,传统媒介市场份额收缩,话语权威和传播效能不断降低。新兴媒体因其便捷性和灵活性打破了传统媒体"自上而下"的传播方式,在公共危机发生的前期成为公共危机事件披露的主要途径,但也因其缺乏"把关人"意识的薄弱,新媒体演变成为网络谣言生发的主力,公共危机信息真假难辨,主流媒体不能及时发声,舆论生态不断遭受质疑和污染。

3. 引发民众的恐慌和盲从

突发公共卫生事件是网络谣言的产生的"温床"。重大公共危机事件中由于病毒公共危机传播速度快、波及范围广、破坏力度大,加之病毒的变异性特征,不确定性较强,又因涉及公众的切身健康安全,公众对公共危机缺乏足够的认知。同时在公共危机初期,民众无法得到准确权威的消息,更无法获悉事情的真相,真真假假的信息在此期间不断生发,并以网络谣言的形式通过网络提供的各种渠道迅速扩散。这些网络谣言在更广泛的人群中演变成一种相互传播的"从众效应",导致民众情绪上的盲从与冲动,造成整个社会群体心理处于不健康的状态。

长久以来,民众对谣言存在抵触情绪,谣言的影响是负面的、消极的。但谣言也存在一些正向功能,在一些事件中发挥着"探测器""减压阀""聚合器"的功能。① 在突发的公共卫生事件中,网络谣言的出现成为人们在信息模糊的情况下表达困惑或不解的方式,网络谣言传播的泛滥也间接地推动着真实信息的公开。但是,纵然网络谣言中有可以被理解和宽容的成分,也应对网络谣言保持警惕,用理性制约网络谣言。

1. 缓解民众的心理压力

社群化、圈层化是民众网络时代社会生活的基础。社交媒体关联

---

① 参见陈强、方付建、徐晓林《网络谣言扩散动力及消解——以地震谣言为例》,《图书情报工作》2010年第22期。

着每一个人，人际间的交往圈层不断扩大，接触范围更广，网络信息引发的"蝴蝶效应"影响更为显著。在重大公共危机事件中，由于公共危机的突发性和切身性引发了民众的密切关注。民众对信息的强烈需求和对信息的不对称性导致心理不安，民众急需消除恐惧情绪和孤独感。在此种境况下，民众迫切地想了解事实真相，依托公共危机信息的共享来寻求心理上的疏导，但多数情况下对所需求的信息不能准确地获知或无法获知，网络谣言便有了传播空间，成为民众对信息需求的替代，进而帮助降低心理的不确定感。新冠肺炎公共危机期间，除了别有用心的网络谣言外，大部分属于恐慌性质和安慰性质的网络谣言。恐慌性质的网络谣言是民众获取心理平衡、消除恐惧和紧张的手段。

2. 引起政府和民众的重视

谣言并非单纯的虚假新闻，一则谣言如果毫无事实依据，很难得到民众的响应，得到有效的传播。"谣言"在中国历史上被统治者视为积极的政治监督力量。《东周列国志》记载："凡街市无根之语，谓之谣言。上天儆戒人君，命荧惑星化为小儿，造作谣言，使群儿习之，谓之童谣。"光武帝刘秀执政时期建立了一种古代行政监督制度，即以民间歌谣为郡国长官考绩凭据的舆论监督制度，也称"举谣言"。《后汉书》记载："兴和五年，诏公卿以谣言举刺史。"中国古代历史上的谣言是民间流传评议时政的歌谣、谚语。在当代社会中，网络谣言也在有意或无意中传达着未经证实的消息，进而引起政府的重视。网络谣言在社会公共突发事件中对一些特定问题和矛盾发挥着解释作用，是"社会抗争"的工具，是社会集体信念的反映[1]，从而激发政府和相关机构的重视。社会通过对谣言的集体交易，公共突发事件中的社会问题得到充分的讨论，形成一定的社会认知。[2] 有时，公共危

---

[1] 参见史安斌、王沛楠《作为社会抗争的假新闻——美国大选假新闻现象的阐释路径与生成机制》，《新闻记者》2017年第6期。

[2] Bordia, P., "Difonzo N. Problem solving in social interactions on the Internet: Rumor as social cognition", *Social Psychology Quarterly*, Vol. 67, No. 1, 2004, pp. 33–49.

机爆发早期阶段网络上出现的一些谣言，可能所传播的内容有些偏离事实真相，却发挥了很好的"警示器"和"蜂鸣器"的作用，政府及相关机构对公共危机开始重视，民众也开始有所防护和警惕。

3. 倒逼事实真相

谣言既是社会现象，也是政治现象。谣言是对权威的一种挑战，揭露秘密、提出假设，迫使当局开口说话。同时，谣言还对当局作为唯一权威性消息来源的地位提出异议。① 在突发的公共卫生事件中，民众希望引起政府的重视，并期待公共危机信息的事实披露，因为只有在信息真相及时公开的前提下，才有可能遏制网络谣言的蔓延势头。但现实的情况下，权威信息的不畅通，网络谣言就开始发挥作用，以谣言来求证和倒逼真相。但是，并不意味着网络谣言具有天然的合法性，"倒逼论"的常态化势必造成全社会的信任危机。

三　网络谣言传播的表现及危害

重大公共危机事件由于其突发性和公共性，通常可以快速引起民众的关注。根据制造谣言的方式来划分，公共危机事件中网络上的谣言主要有四种表现：一是网上爆料，即一些不法分子恶意发布捏造不实信息，为了增强逼真性甚至将谣言伪造成新闻，有真实的地点、时间和人物，还会配有图片、视频"以假乱真"。二是网上求证，凭借着网络传播工具的多样化，网民通过贴吧、微博、知乎等方式发布帖子进行求证追问，一些跟帖人随意臆想并对帖子进行回复，就造成了谣言蔓延的现象。② 三是网上的公关或水军编造虚假新闻来混淆公众视线，由于网络信息传播的双向性，读者通过评论、转发等方式快速传播，使谣言更具传染性。四是部分媒体从业人员或官方媒体，用微信公众平台、微博认证号或博客等方式发布不实言论。综上所述，由

---

① 参见［法］让-诺埃尔·卡普费雷《谣言：世界最古老的传媒》，郑若麟译，上海人民出版社 2008 年版。

② 参见吴杨《自媒体环境下网络谣言制造方式与文本句式特征——基于2016—2018年408条谣言文本的分析》，《视听》2019年第6期。

于网络谣言具有较强蛊惑力、逼真化、速度快、范围广以及传播工具多样化的特点①,经过网民的非理性传播,对公共利益与社会利益造成的危害都是不可预估的。

谣言的危害性从此次蔓延全国的公共危机现状中不言自明。在公共危机中恶意编造和传播谣言不仅会引发公众恐慌、扭曲公众认知和判断,还将错配各种公共和市场资源,从而破坏市场秩序,损害公共安全。② 虽然虚拟的网络空间是谣言传播的"主要基地",但谣言的危害性和破坏力却逐步在现实社会中显现。总结而言,重大公共危机中的网络谣言危害有以下几点。

（一）损害政府形象,影响政治稳定

在公共危机事件中,虽然编造政治新闻、调侃政治人物、败坏其形象的谣言占比不高,但少部分政治类谣言一经网络传播扩散,即使一些主流权威媒体发布了澄清文章,及时辟谣,也仍旧会使党和政府的形象遭到损害,并导致信任危机的产生,使其公信力受到了巨大挑战,从而严重影响了辟谣效果。目前,相关部门在辟谣方面对一些大肆扩散的压倒性的舆论也束手无策。网络谣言严重影响并威胁到了我国的国家政治安全,使党和政府的形象严重受创。③

（二）污染网络环境,破坏社会秩序

网络谣言的发布者善于借助网络平台广泛传播负面情绪,而受传者则在很大程度上会成为谣言的"二次传播者"。这种传播行为不仅极大地污染了网络环境、影响了网络的健康发展,也使缺乏媒介素养的社会民众无法辨别信息,以致徒增心理恐慌从而引发群体事件,扰乱社会。个体在重大公共危机事件中通常会处于焦虑、暴躁、慌乱的心理状态,对于公共危机事态走向也充满猜忌和困惑,因而也较易丧

---

① 参见周桂霞《网络谣言的危害及控制途径》,《新闻战线》2018年第10期。
② 参见杨先德《依法治谣是重要的抗疫举措》,https://rmh.pdnews.cn/Pc/ArtInfoApi/article?id=11093614。
③ 参见卢剑明《浅析网络谣言生成机制及其主要危害》,《新闻研究导刊》2017年第17期。

失理智，对安定的社会秩序形成阻碍和破坏作用。①

（三）误导社会舆论，影响经济安全

奥尔波特和波兹曼曾经提过，事件的价值与谣言有很大关系，谣言会因为某事件独特的价值存在而相对产生。② 诚然，公共危机就因为拥有讨论的价值而滋生了大量谣言，而各种网络传播工具更是成为谣言扩散的"垫脚石"，严重歪曲了社会舆论导向。当虚假信息和谣言不断累加，社会也终将难逃"舆论危机"一劫。③ 谣言的大肆传播不但导致企业不正当竞争，触犯道德和法律底线，更是严重破坏了商业规则和我国经济的正常秩序。

四 网络谣言传播的原因分析

（一）平台把关失守、监管不严，缺乏风险预警机制

网络媒体平台是舆情发酵的主要阵地，虚假信息与谣言的快速传播，会加大公众的认知风险。谣言管制与处理不当都会激化信息治理风险。④ 网络平台各方监管不严，未弄清情况就将片面信息发布出去，是自身的把关失责行为。这种情况的发生同时也告知网络平台需加大监管力度，做好谣言监测和预警工作，摒除平台非法传播的缺陷，传播真实准确的信息，如此才能减少谣言的传播扩散，降低损害，做出最优化处理。因此，政府、媒体、平台自身都需要完善预警机制，制订好具有针对性、可行性的应急方案⑤，留出解决和反应的时间以对谣言做出有效的应对措施。

（二）受众媒介素养参差不齐，鉴别能力不足

有专家曾言："谣言是一种以公开或非公开渠道传播的、对公众

---

① 参见张爱军、王富田《网络政治谣言与大数据治理》，《岭南学刊》2019 年第 6 期。
② G. W. Allferer, "How Rumors Are Born", *Society*, Vol. 28, No. 5, 1992, pp. 53 – 60.
③ 参见张亚萌《论突发性公共事件中谣言传播的危害》，《新闻传播》2015 年第 18 期。
④ 参见温志强、李永俊《融媒体时代基于语义识别的网络舆情风险智能预警体系构建》，《传媒》2019 年第 12 期。
⑤ 参见闫璐《大数据环境下网络舆情危机预警机制研究》，硕士学位论文，吉林大学，2018 年。

感兴趣的事物、事件或问题的未经证实的阐述或诠释。"① 在这个信息轰炸的时代，受众无法一一求证各类信息，他们始终在海量信息中比较、寻找有效信息，判断标准也更多的是依靠自身的知识和经验，过程极其辛苦。究其谣言传播的原因，除了与传播渠道不透明、不公开有关外，也与人们的媒介素养脱不开关系。因为有些人缺乏辨别力，转发给亲朋好友，造成谣言大面积"叠加传播"，在一定程度上为公共危机防控带来了负面影响，对正当渠道、权威信息的发布形成了阻塞。② 而在一些意见领袖如微博的"大V"转发的信息中，不论信息是真是假，缺乏媒介素养的粉丝通常全身心地选择相信并随手转发，也会造成谣言蔓延、大幅度扩散的趋势。

五 网络谣言的"平衡"探析

当谣言出现，舆论和舆情出现倾斜，社会稳定受到威胁。辟谣不是谣言治理的终点，发掘谣言背后的真相才能实现舆论和舆情平衡，最后恢复社会秩序的稳定。

"平衡理论"是重大公共危机中的认识谣言的理论依据。个体在面对突发的重大公共危机事件时会出现强烈的不安，不断地调适自身的心理状态，会为摆脱恐慌和焦虑借助"群体认同"实现心理平衡。社会心理学中的平衡理论认为人们心理状态不断趋向平衡，当不平衡发生时，人们也会试图调节改变态度或行为重新获得平衡。在这个场域中，人与人、人与信息、人与环境总体呈现着相互交融的态势，人们争相表达着对公共危机的认知。对突发公共危机事件的讨论过程中，民众为了缓解心理的焦虑、恐惧和紧张等情绪，寻求心理上的安慰和平衡，会不自觉地受到从众心理和证实性偏差的影响，在传播信息的过程中被集体潜意识所操纵，失去理性的分辨能力，不自觉地佐证预设观念，对网络谣言盲目信任并不断传播。

---

① 胡珏：《大众传播效果——问题与对策》，新华出版社2000年版。
② 参见郭旭光《抗击公共危机，莫忘增强对谣言的免疫力》，《朔州日报》2020年1月31日第2版。

策略篇

学会应用平衡理论分析重大公共危机中的谣言。20世纪50年代，心理学家弗里茨·海德提出了平衡理论，即"P-O-X理论"。当主体P与社交关系中的其他人O对信息事件X进行认知评价时，三者会形成一个三角状的封闭系统。他认为人在面临认知选择和评价时一定程度上遵循着平衡法则，对某一认知对象的态度和评价常常受他人态度的影响。平衡理论满足的前提是生活中的人与他周围的社会环境存在紧密联系，并在此基础上做情感评价。当主体P与社交关系中喜欢或认同的其他人O对信息事件X达成一致看法［见图11-1（a）（b）］，或者主体P与社交关系中不喜欢或不认同其他人O对信息事件X有不一致看法［见图11-1（c）（d）］，这四种状态下主体P的认知评价心理处于平衡。当主体P意识到与社交关系中喜欢不喜欢或者不认同的其他人O对信息事件X有一致看法［见图11-1（e）（f）］，或者主体P意识到与社交关系中喜欢或认同的其他人O对信息事件X有不一致看法［见图11-1（g）（h）］，这四种状态下主体P的认知评价心理处于不平衡状态，而这种不平衡状态可以作为动机驱使人调整影响平衡的因素，将不平衡状态转化为平衡状态（如图11-1所示）。

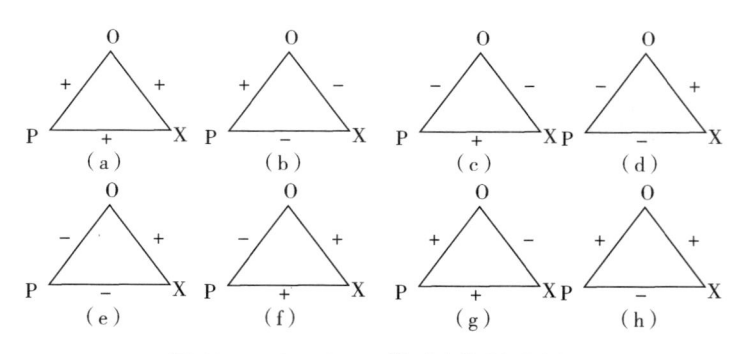

图11-1　P-O-X模型平衡判别分析

民众对网络谣言的传播受着"平衡理论"的作用，网络谣言的传播心理包含着主体、社交圈层中的其他人以及谣言信息三者间的动态博弈。对网络谣言的相信与否，很大程度上取决于主体所在圈层中对其他人的信任行为。为了从不平衡状态恢复到平衡状态，主体在"平衡理论"的作用机制下会出现三种抉择：第一，改变主体自己的认知和态度与其他人保持一致；第二，主体劝说其他人与自己的认知和态度保持一致；第三，主体转变对社交圈层其他人的喜欢和信任。但是网络谣言具有模糊性，主体自己缺乏权威信源的佐证，同时受制于"群体盲思"和"群体极化"，在没有辟谣之前很难改变其他人的认知和态度，加之社交圈层中的"熟人社会"的交往机制，很难做到与其他人断绝关联。因此，民众主体受限于共鸣效应和遍在效应，遵循简单化的"认知途径"，改变对信息的认知和态度，更愿意接受社交圈层中他人的影响，形成某种共同认知和态度。平衡理论的惯性心理机制在回声室效应和野火效应的作用下，让民众脱离理性经验的依据选择与自身认知期待相接近的网络谣言，在此过程中事实真相可能不再重要，之所以选择相信网络谣言是因为群体盲从行为，无形中促进社交圈层中的其他人观点意见的趋同。

第四节 网络谣言的传播机制

一 网络谣言的生发机制

网络空间是一个全民发声的舆论场，人人拥有着"麦克风"和"摄像机"，移动网络使网民不仅能够自由地表达意见，而且能够自行发现和传播信息。[1] 自媒体的崛起，信息渠道更加多元，社交化的媒体让人与人之间结成虚拟的社会组织形态，民众交流更加频繁，网络谣言更加高频化传播。

公共卫生事件中网络谣言的爆发原因在于群体心理的非理性化和信息供求的不均衡，诱导造谣者不断散布谣言以达到心理宣泄、利益驱动、扰乱秩序、吸引注意力等目的。民众对安全感和归属感的需求是最为底层的需求，突发公共危机很容易造成民众对熟悉的社会环境

---

[1] 参见符万年、宋沁《公共舆论事件的网络传播机制与特征》，《新闻与写作》2019年第12期。

失去自我掌控，恐慌和焦虑会占据主导，加之社交媒体在算法的加持下形成的"过滤气泡"和"回声室"影响着民众的认知心理，民众往往更倾向于选择那些与自己的既有认知和态度一致或接近的观点接触、信任，网络谣言成为网民群体的"安慰剂"，网络谣言得到滋生的土壤。新媒体的勃兴，信息交换和传播的方式不断被改写，信息媒介不断变革，传统的面对面交流和沟通模式被打破，信息传播的渠道不断扩大，受众的话语权日益增强①。公共危机期间，民众希冀借助媒介的力量弥补对公共危机信息的认知缺陷。但是，由于现实中突发事件处理的复杂性和时滞性，多数真相信息难以在第一时间内通过官方渠道和主流媒体进行公布，造成了信息供求的不平衡。从政府治理的角度来看，政府对信源、信息的垄断、披露不及时、不透明。从信息传播的规律来看，由于信息场域的非真空性，官方信息不能占领的领域必然会被各种非官方信息所抢占。② 网络谣言在此种情境下得以生成和发展。

二 网络谣言的扩散机制

网络谣言的扩散是传播主体和客体对网络谣言不断接受、强化和认同的过程。社交媒体推动网络信息的圈层化传播，圈层中每个个体都是信息的传播节点，圈层的相互嵌套使信息在多圈层中流动，急速推动信息的扩散。③ 圈层化传播结构是最适宜网络谣言的传播，网络谣言引起的情绪共振和社交认同让不同主体自发扩散。

社交媒体的圈层化对重大公共危机中网络谣言的扩散在于信息流瀑、从众心理和群体极化。信息流瀑是网络谣言一个动态演进的过程，网络谣言在生发的源头会让部分人作为某种谣言为真的判断并在所在

---

① 参见贾宏渊、贾博森《网络谣言的成因及防控对策》，《中国广播电视学刊》2016年第9期。

② 参见原光《突发事件中网络谣言传播的原因与动机分析——以社交媒体为例》，《传媒》2016年第11期。

③ 参见史剑辉、靖鸣、朱燕《社交媒体互动圈层传播模式：驱动力及社会价值——基于社会热点事件的分析》，《新闻爱好者》2019年第6期。

第十一章　基于社会责任的网络谣言及网络信息传播的综合治理

的圈层内传播，然后在羊群效应和从众心理的作用下，相信这些谣言的人就会增多，圈层里的不同个体会进一步对谣言进行扩散，对谣言的态度和行为就像流瀑一样向同一个方向迅速汇聚，从而形成关于谣言的集体认知，使之在更广泛人群中制造出一种相互传染的效应。① 在重大公共危机中，人们面对着不确定性和传染的风险性，激发了焦虑不安的"自我防御"心态，对圈层中出现的网络谣言"自验成真"，选择相信其他人的观点和看法，并在心理上不断自我强化。同时，从众心理和从众行为迫使个体会因信息均衡和社会社交舆论对圈层中出现的网络谣言选择相信，并成为新的网络谣言传播者。群体极化的出现则是一些想法类似或想法偏激的群体对某一事件进行讨论时，个体受到群体盲从效应的影响，往往容易做出比独自决策时更偏激的决定，最终群体会形成一个比讨论前更为极端的立场。② 圈层化传播的舆论环境，个体在群体的影响下个性便会不断削弱，不断呈现极端化、情绪化和低智商化等特点，加速了网络谣言的扩散。

三　网络谣言的渐变机制

互联网的开放性、去中心化等特性，众多未经审核和过滤的网络谣言充斥网络空间，民众或因专业知识的有限或求证成本过高等多重原因，对网络谣言选择性地相信，并在传播过程中对网络谣言的本体进行重新创造，偏颇吸收，进而对消息进行心理投射，以适应自己的情感、宣泄自身的情绪。

网络谣言的内容渐变机制是指网络谣言的内容在传播的过程中会发生内容的异化。网络谣言传播的主体和客体并没有明确的界定和区分，谣言接收者会因为对谣言的相信成为谣言传播者。奥尔波特等认为，谣言在人与人之间传播过程中包含着简化、强化和同化三个方面。简化即谣言中省略了大量有助于了解事实真相的细节，以便模糊民众的判断。

---

① 参见顾金喜《"微时代"网络谣言的传播机制研究——一种基于典型案例的分析》，《浙江大学学报》（人文社会科学版）2017年第3期。

② 参见［美］卡斯·R.桑坦斯《谣言》，张楠迪扬译，中信出版社2010年版。

策略篇

强化即突出和强调简化后的细节，强化是简化后的对等过程，谣言传播者会尤其强调有助于证明谣言的内容而把其他内容缩减到最小。同化即根据自己过去的经验、习惯、思维文化模式和个人的动机情感，对符合自身心理期待和心理需求的谣言不断合理化，化为自己的信息需求。这三种并存的过程，反映了谣言传播者的"自发行为的结果"。① 网络谣言在传播之初可能是某一事件或现象较为详尽的描述，但是在传播的过程中，民众会根据自身对信息的认知以及心理机制的影响，对网络谣言进行选择性的感知、保留和描述，使之与自身的经历和认知保持一致，并把谣言同化为个体认知和行为。②

四　网络谣言的"自证"机制

互联网时代，民众话语权的"平权化"让网络信息在网络空间不断讨论、聚合和分化。在这一过程中，网络谣言从产生到消散呈现了共时性和历时性的复杂特征。网络谣言会在多圈层中同时传播，在证"实"或者证"伪"中，谣言相对应的或被辟谣，或成为事实，或以异化后的谣言再次复生。

网络谣言的"自证"机制体现在无影灯效应、自我净化以及沉默螺旋效应，这三种机制使网络谣言在自证中会出现不同的结果。无影灯效应借鉴无影灯原理，从多角度出发，来看待和处理某些信息。③通过无影灯效应的四个基本要件，即数量、效能、角度和整合平台，可以让网络谣言得到更快速地辟谣。网络谣言的辟谣靠单个人或单一群体的作用收效甚微，只有整合多人和多群体的信息和意见，全方位、多手段、更客观地呈现事实真相，取长补短，才能让网络谣言在自证过程中得以消解。互联网时代，无影灯效应对消解网络谣言成效显著。

---

①　[美]奥尔波特：《谣言心理学》，刘水平、梁元元、黄鹂译，辽宁教育出版社 2003 年版，第 15 页。
②　参见黄文义、王郅强《转型期网络谣言传播过程及政府治理机制探析》，《国家行政学院学报》2014 年第 3 期。
③　参见秦荣生《无影灯效应原理与我国政府审计监督》，《审计研究》2010 年第 5 期。

网络谣言产生后，网络平台上的各个主体会迅速对谣言追踪，通过多种形式、多角度对网络谣言进行辟谣。自我净化机制则是网络谣言会在传播的过程中自我净化和消失。网络谣言传播很大程度上在于真实信息的滞后性，谣言领跑于事实真相，但在权威信息出现后，谣言的价值性功能得到瓦解，明显带有谬误性质的网络谣言被民众所辨别，在网络空间中失去了生存土壤，最终慢慢消散。沉默螺旋效应认为人们意见的公开表达受到他们所感知到的大众意见的影响，当人们认为其意见是少数派时就会保持沉默。① 沉默螺旋效应在网络谣言的消散过程中扮演着负面角色，很大程度上造成事实真相的淹没和信任的异化。网络谣言的传播，民众在社群中出于害怕孤立的恐惧心理，会选择对非理性的"大众认同的信息"采取趋同行动，少数人持有的真相信息不会越辩越明，反而迫于"意见环境"逐渐沉默，事实真相被淹没，网络谣言经过放大效应，成为强势话语并不断异化。官方澄清、抵制网络谣言的行动反而激起更大范围的不信任，这也是网络谣言在网络空间中不能彻底消失的主要原因。

第五节　网络谣言及网络信息治理的对策

一　网络谣言的治理

网络媒体时代，人人都是传播节点，网络谣言突破传统媒体单向度的传播结构，圈层化、链环化等多元结构成为新的传播方式，心理需求、情感驱动、社交认同又进一步激发网络谣言的生发、传播、渐变。重大公共危机间网络谣言影响着国家、社会及民众。因此，网络谣言的治理需要从以下三个方面重点发力：

（一）政府层面上，政府要不断提升公信力，完善网络谣言的治理机制。公共危机期间，政府机构在观念上要打破传统思维，积极主动地承担教育和应急管理的责任，避免陷入"塔西佗陷阱"。公共危

---

① 参见熊壮《"沉默的螺旋"理论的四个前沿》，《国际新闻界》2011年第11期。

机信息的公开尤为重要，政府需要抢占信息话语的主导权，树立阵地意识，向民众做权威性、客观性的信息发布，回应民众诉求，建立公共危机信息发布机制，公共危机信息公开透明化。只有如此，才能在公共危机初期满足民众的心理需求，提升民众对政府的信任感，以便开展后续的网络谣言控制和疏导。同时，政府在对网络谣言的治理中，一要加强对网络谣言的监测分析，对收集的网络谣言进行不同类型和等级的划分，进而针对不同类型的网络谣言采取科学合理的治理方案。二是要加强网络谣言的疏导，搭建信息互动交流平台，召开公共危机信息发布会、记者会等，形成民众与政府的良性互动，使网络谣言在理性沟通中得到化解。三是要建立常态化的网络谣言预警机制，对突发公共危机中的网络谣言进行研判，分析其内容和传播路径，进而对网络谣言采取有效的阻截。四是提高信源核实效率及网络谣言监管力度，尤其是应对危害性极大、造成社会秩序紊乱的网络谣言，需要完善相应的法律法规，建立长效的治理机制。

（二）媒体层面上，媒体要强化网络素养，承担社会责任。媒体的主要职能是传递消息、发布真相和承担自己的社会责任，尤其是主流媒体更应以专业性和权威性开展深度调查，报道事实真相。针对突发性公共事件，拥有更多权威信源的主流媒体需要积极地介入，第一时间占领舆论阵地。突发公共事件关系到全民的利益和生命安全，主流媒体要在公共危机前期发挥监督功能，对突发事件的追踪报道，为民众破解事实真相。同时要及时地对国家和政府为应对公共危机出台的政策措施及公共危机信息提供清晰权威的解读，满足民众对信息的需求，对出现的网络谣言进行官方辟谣，消除民众恐慌心态，稳定民众情绪。

网络平台及自媒体方面，互联网技术驱动的网络平台要积极发挥技术优势，依托于自身强大的算法机制和内容整合分发机制，建立可视化、便捷化的网络谣言监测系统，对平台上出现的网络谣言进行系统化、专业化的甄别，快速跟踪反馈，并对出现的网络谣言进行澄清和解释。自媒体打破了主流媒体的"话语垄断"，公众通过微博、微

第十一章 基于社会责任的网络谣言及网络信息传播的综合治理

信、抖音等自媒体平台获取、传播新闻、发表意见和制造舆论。① 但把关环节的简单和审核意识的缺失，导致网络谣言的蔓延。公共危机期间自媒体应加强自律意识和责任意识，在传播的过程中加强对各类公共危机信息来源和内容的筛选核实，社交圈层和自媒体中的"意见领袖"要强化社会责任，发挥正面引领，维护健康的网络传播秩序。

（三）民众层面上，民众要强化自律意识，遵守法律法规。从众心理、羊群效应和平衡心理等因素导致民众成为网络谣言传播的双重体。民众要清醒地认识到网络环境是个"拟态环境"，是处于人与现实环境之间的一个"中介物"，它不是现实环境"镜子"式的再现②，也不是客观环境的真实建构，网络上的信息也是带有倾向化的传播者的主观投射，对媒介的过度依赖往往导致认知的偏差。因此，民众在面对网络谣言时要设置对信息的多重审视机制，避免对网络空间的心理依赖和惯性化的"心理平衡"导致的群体认知盲从。加强对民众的科普教育，尤其是网络谣言易感人群的科普，提升其鉴别网络谣言的能力，对于一些重大的公共危机信息，在没有经过官方确认的情况下要有意识地对其进行质疑和判断，不要轻易地转发和传播相关信息。同时，互联网不是法外之地，网络空间也并非绝对自由化的场域，民众在传播网络信息时需要坚守道德底线，自觉遵守国家网络传播的有关法律法规，营造风清气朗的网络空间。

网络及其谣言治理，尤其是在重大公共危机期间，事关国家治理、事关公共危机防治。公共危机时期生发传播的众多网络谣言潜藏着民众对社会事件的担忧和对社会优势群体的不信任，一定程度上网络谣言成为民众内心真实的诉求，通过造谣传谣这种集体交易行为，能够在个人层面得以消解焦虑和紧张，使传播者获得控制

---

① 参见王雪桦《论自媒体传播的公共责任》，《中国出版》2013年第15期。
② 参见袁军《大众传播时代"媒介环境"的负面功能》，《新闻记者》2010年第5期。

感,并获得自我定位的相对安全感,在社会层面可以获得认知、缓解矛盾。① 但是,网络谣言的传播与公众关注度、公众的焦虑感、信息的模糊度、政府的公信力等多种因素相关,网络谣言在传播中的异化也带来严重的负面影响,"证实性偏差"造成民众面对网络谣言的心理更倾向于证实而非证伪,导致认知偏差,"蝴蝶效应"引发网络谣言的泛滥,加快了社会风险积聚,造成社会结构的断裂,"沉默螺旋"造成公众对政府及其相关机构不信任的加剧及污名化、标签化,"逆火效应"造成的辟谣机制的失效,事实让位于情感。因此,必须警惕网络谣言,改变传统的"知信行"单向度的健康传播模式,政府、媒体、个人多方力量的协同参与,加快真实信息的公开,建立对突发事件中出现的网络谣言的长效应对与治理机制。

二 网络信息的治理

治理应秉持社会共治、综合施策、综合责任三个原则。② 习近平总书记曾指出:"没有网络安全就没有国家安全,没有信息化就没有现代化"③,因此,对网络谣言信息的治理急不可待。公共危机谣言类型多样,根源复杂,传播途径各异,危害轻重不同,不能一概而论,因而其治理也须区别对待,科学施策。

(一)强化网络媒体及网络平台的社会责任意识,牢固树立守土有责理念

1. 坚守社会责任是网络媒体及网络平台的灵魂

各网络媒体和平台上谣言泛滥成灾,不仅煽动了网民情绪,造成社会恐慌,还扰乱了公共秩序。究其本质,不仅是媒体和平台自身的社会责任意识不足,也从侧面体现了相关部门对网络平台的监管不力。网络平台作为拥有一定传播力的媒介,同媒体一样需以理性和审慎的

---

① 参见周裕琼《谣言一定是洪水猛兽吗?——基于文献综述和实证研究的反思》,《国际新闻界》2009 年第 8 期。
② 参见张素伦《不良网络信息的有效治理路径》,《人民法治》2017 年第 9 期。
③ 《习近平谈治国理政》(第一卷),外文出版社 2018 年版,第 198 页。

态度来分析和反思自己应在社会生活中担任怎样的角色定位，发挥怎样的功能，承担何种责任。虽然官方媒体目前仍把控着社会舆论演变的总体方向，发挥着舆论导向的作用。① 但不可否认，有些媒体及网络平台的社会责任意识还较为薄弱②，这对公共危机防治有着恶劣影响和阻碍作用。针对公共危机中的种种责任失范行为，媒体和平台作为社会的"瞭望者"和公众的"指向标"，需坚守社会责任，及时公布真相，积极引导舆论。在践行社会责任的同时，也应与民众理性互动、汇集众力杜绝谣言传播，营造良好的舆论环境。

2. 树立守土有责理念

信息时代下，"人人都是通讯社，个个都是总编辑"。当前，大量不辨真伪的信息在网络上随意流传，危及网络秩序。面对公共危机中的谣言乱象，媒体和网络平台均应积极采取措施，加强责任意识和自律建设，虚心接受舆论监督，树立"守土有责"的理念。媒体作为社会公共利益的维护者，树立"守土有责"理念的首要方向就是维护公共利益，因而必须始终将新闻宣传的主动权掌握在自己手中。③ 作为深受社会民众信任的主流媒体，更需客观地反映事实真相，消解民众不良情绪并为其释疑解惑。此外，媒体也须协同各网络平台站稳舆论制高点，把握主动权，不让谣言有扩散传播的可乘之机，从而威胁到公众利益。公共危机与民众的生命健康安全休戚与共，在此情况下，媒体绝不能为追求时效性而胡乱发布文章扰乱社会动向。而应敬畏生命，把伦理底线放在重中之重的位置上，如此才能充分展现媒体的人文关怀和其坚守"守土有责"理念的态度，才能真正发挥"守土尽责"的作用。④

---

① 参见徐漪、沈建峰《试论网络时代意见领袖的社会责任》，《产业与科技论坛》2019 年第 13 期。
② 参见杨振国《中国网络媒体社会责任现状调查分析》，《新闻研究导刊》2018 年第 20 期。
③ 参见庹继光《"守土有责"与"错位竞争"——媒体资本运作的冷思考》，《中国报业》2019 年第 13 期。
④ 参见钱泊羽《浅析全媒体时代专业媒体人如何做到"守土有责"》，《传播力研究》2018 年第 18 期。

（二）健全法律规章制度，完善问责机制

随着微博、微信为代表的自媒体发展，网络信息把关人逐渐缺失，由此造成的新型网络信息违法侵权案件增多，而网络上传播谣言的现象尤为严重。动机目的无非或是借机攻击党和政府的治理能力水平，或无端生事，故意制造社会恐慌等。因此，对于此类明知信息虚假仍恶意散布谣言的行为须严惩。

目前的网络信息乱象反映了信息时代步伐加快，对网络谣言的事前治理法规已经不能适应需求，而更需要针对谣言的事后治理法规。① 对于违反公共危机防控工作在网络或其他媒体发表不当言论的任何人都应予以批评教育或政纪处分，故意编造、散布谣言则更应按照相关法律严肃处理。② 当前刑法已囊括网络造谣、传谣、散布虚假信息等行为，信息犯罪更是要承担应有的法律责任。虽然已有相关法律对网络谣言进行约束，但其犯罪成本低、执法难度大是一大难题，部分造谣者仍敢置法律底线不顾而大胆地去"涉险"造谣。③ 因此，重大公共危机事件中，执法机关应依法严查严惩造谣、传谣者，将谣言造成的危害划分等级，加大处罚力度，依法追责，用执法必严、违法必究的行动消除谣言传播主体的侥幸心理，让其望而却步。

（三）建立官方辟谣平台与权威话语渠道

目前，大量谣言信息处于疯长状态，这与相关部门信息发布公开不足有密切的关联，公共危机当前，各类信息鱼龙混杂，最大的问题就在于缺少中心化的权威信息平台。④ 美国新闻传播学者克诺夫（Terry Ann Knopf）早在1975年就指出，谣言对社会群体产生危害的根本原因是沟通不顺畅，只要政府或者媒体提供充足信息，便可有效地降低谣言

---

① 参见王飞、刘海贵《党的十八大以来网络信息治理立法历程解析及新思路探究》，《新闻传播》2018年第18期。
② 参见《公共危机灾难下谣言的传播与治理》，澎湃新闻，https://www.thepaper.cn/newsDetail_forward_5801452。
③ 参见杜一鸣《网络谣言传播主体的社会动机与应对策略》，《传媒论坛》2020年第1期。
④ 参见《对战公共危机谣言：信任机制与信息治理》，澎湃新闻，https://www.thepaper.cn/newsDetail_forward_5691847。

第十一章 基于社会责任的网络谣言及网络信息传播的综合治理

引起的社会恐慌。①② 在移动信息时代，社交网络、自媒体、信息流、搜索引擎和视频平台，构成了受众获取信息的五个基本通道。这样的信息流通局面下，只要平台高速响应，打通与权威媒体、专家、管理机构的信息沟通渠道，正向信息就可以在关键点上扼杀虚假信息与谣言。因此，在此基础上可以引入第三方技术支持力量，建立国家层面的官方辟谣平台，提高社会信息的有效性和可信度，让信息治理有效发生。

白明翰（Bai Minghan）认为，尽管谣言的传播范围凭借着社交媒体的关系网得以延伸，但网络谣言也同样会因为网络自由开放的特点而受到"歼灭"。③ 从信息治理主体的视角看，民众关心的话题往往就是最需要第一时间进行回应的信息治理节点。因而首先需打通信息向受众的高速传输桥梁，让正向声音、理性分析与客观报道能够流向受众。如微博每日都进行辟谣推送、实时滚动播报更新公共危机相关信息数据等，以最快速度传达给受众。而微信作为几乎人手必备的社交软件也不例外，其平台在"看一看"中置顶了"公共危机实时动态"，建立的公共危机更新与辟谣窗口如同在信息乱局中挺拔的一座高楼，有效降低负面信息的传播，让所有人都可以第一时间看到权威信息。此外，百度也是此次公共危机中信息治理的话语关键平台。与此同时，用户的有关提问、信息反馈均在百度上形成了与正向信息、权威媒体的交汇，《人民日报》等权威媒体以及权威专家的解读，第一时间帮助用户了解来龙去脉，避免不必要的麻烦。

（四）结合大数据技术完善监测、预警机制

任何危机发生都有一个过程，且不可避免地会在舆论上有所反应，这就为寻找谣言传播根源、避免谣言扩散提供了时间和可能性。④ 虽然

---

① Terry Ann Knopf, *Rumors, Race, and Riots*, Transaction Pub, 1975.
② 参见《对战公共危机谣言：信任机制与信息治理》，澎湃新闻，https://www.thepaper.cn/newsDetail_forward_5691847。
③ Bai Minghan, "Exploring the Dynamics of Rumors on Social Media in the Chinese Context", *Communication Studies*, 2012.
④ 参见李金莲《社会突发事件中谣言的网际传播现象透视——"非典型肺炎"事件引发的思考》，《忻州师范学院学报》2003 年第 6 期。

策略篇

在大数据时代，网络空间海量信息井喷状况对信息治理提出了不小的挑战，但同时利用大数据建立技术预警机制，发挥专群结合优势充分预测、监测、分析、处理各类谣言信息也是一个大契机。大数据技术不仅能使人们从海量数据中获取知识和信息，也能将网络信息治理从"监测预警"转变为"防范预测"的模式。[①] 因此，在重大公共危机中建立及时的风险预警机制，防患谣言传播于未然刻不容缓。

由于信息治理与舆论安全不可分割，需在网络信息治理中构建"政府主导，多方参与"的模式。[②] 通过合理利用云计算、大数据等技术来建立谣言信息监测采集系统，整合技术力量、社会资源来提高对谣言信息治理的水平和能力。[③] 比如可对谣言进行分级评定，当其影响力达到最高峰时，就优先采取一系列措施以应对不测危机的发生。从治理顺序而言，可以从谣言的负面影响程度、谣言传播范围等方面从高到低依次处理。[④] 谣言并不都是无中生有，有关政府部门可通过大数据等监测技术去探析谣言传播规律，如哪些事件会诱发谣言、谣言传播主体偏好在哪些问题上制造谣言等[⑤]，只有及时察觉并控制谣言在重大公共危机中的传播方向，才能将谣言大范围传播扩散的隐藏危害根除。与此同时，政府处理防控谣言的方式也应该公开透明。无论是已扩散开来的还是潜在的公共危机谣言，都要采取有力迅速的处置措施，以防止公共危机谣言继续恶化。[⑥] 此外，在抗击公共危机期间，巩固对网络信息的监测也有利于相关政府发现潜在威胁、完善风险预警机制。[⑦] 总之，只有持续更新治理信息的科学技术，结合管理

[①] 参见闫璐《大数据环境下网络舆情危机预警机制研究》，硕士学位论文，吉林大学，2018年。
[②] 参见戴丽娜《网络空间信息治理的变革与创新》，《新闻与写作》2017年第1期。
[③] 参见虞文梁《坚持"总体国家安全观"推动网络危安信息治理》，《人民法院报》2019年9月19日第5版。
[④] 参见张爱军、王富田《网络政治谣言与大数据治理》，《岭南学刊》2019年第6期。
[⑤] 参见杜一鸣《网络谣言传播主体的社会动机与应对策略》，《传媒论坛》2020年第1期。
[⑥] 参见李则霖《政府应对突发事件舆论引导机制研究》，硕士学位论文，湘潭大学，2019年。
[⑦] 参见殷晓椿《基于新媒体的疫情谣言传播个案研究》，硕士学位论文，上海交通大学，2014年。

措施，才能有效地提高对公共危机谣言和虚假信息的治理能力。① 也唯有将治理水平提高，方可保证公众的生命健康安全。

（五）加强政府和主流媒体的公信力建设

有些政府部门公信力不足是谣言传播的原因之一。虽说"谣言止于智者"，但谣言更止于治理者的公开。② 为了预防和减少公共危机谣言的产生，政府和媒体需从源头上发现问题，以积极的态度介入并主动公开信息，贯彻施行党的战略决策，宣传政府的主张措施以及科学的态度办法，增强公众应对公共危机事件的信心，使谣言不生自灭，合力共度危机。③④ 由于公共危机事件事关公众切实利益，一般来讲，公众会对意见领袖和官媒存在某种信任和支持。当今的网络新闻媒体的传播态势以"去中心化"为特征，其中极具影响力的官方媒体或意见领袖都能影响该时期或某事件的舆论走向。⑤ 面对公共危机中的一些焦点问题，政府辟谣能力受限，自身权威易受质疑，这时应该联合主流媒体共同辟谣，打消民众疑虑。⑥ 待公信力重建后，信息公开机制才能对社会提供有更有价值的引导。⑦

（六）提升公众媒介素养

有学者认为，社交媒体的兴起使人们步入了"后真相时代"，而导致舆情反转、谣言频繁发生的原因在于网民参差不齐的媒介素养。⑧ 由于公众是主要传播者，因此提升公众媒介素养，成为遏制谣言扩散

---

① 参见张素伦《不良网络信息的有效治理路径》，《人民法治》2017年第9期。
② 参见《公共危机灾难下谣言的传播与治理》，澎湃新闻，https：//www.thepaper.cn/newsDetail_forward_5 801452。
③ 参见殷晓椿《基于新媒体的疫情谣言传播个案研究》，硕士学位论文，上海交通大学，2014年。
④ 参见李金莲《社会突发事件中谣言的网际传播现象透视——"非典型肺炎"事件引发的思考》，《忻州师范学院学报》2003年第6期。
⑤ 参见叶雪枫《中国社交类网络平台新闻信息治理研究》，硕士学位论文，上海社会科学院，2018年。
⑥ 参见陈玉辉《基层政府应对网络谣言的困境与对策探析》，《理论观察》2019年第2期。
⑦ 参见张楠迪扬《对战公共危机谣言：信任机制与信息治理》，澎湃新闻，https：//www.thepaper.cn/newsDetail_forward_5691847。
⑧ 参见杜一鸣《网络谣言传播主体的社会动机与应对策略》，《传媒论坛》2020年第1期。

策略篇

蔓延的重要一环。根据奥尔波特的谣言传播公式，谣言传播概率的高低与公众的媒介素养是同向变化的。所以只要有效提高了公众的媒介素养，培养其防范公共危机谣言的意识，增强他们鉴别虚假信息的能力，就能使谣言无法在人与人之间循环传播，谣言也会自然消逝、不攻自破。[①] 社会民众不仅是信息的生产者和消费者，也是信息治理的参与者。[②] 而要加强民众在信息治理中的作用，首先就需提高其媒介素养，如媒介使用素养、信息生产素养、信息甄别素养等。[③] 当前，一些谣言传播主体正是抓住了我国网民媒介素养低，看问题缺乏理性，容易轻信谣言的特点，恶意引导网民。因此，在公共危机事件中，政府应与主流权威媒体相互配合，积极引导舆论和事件走向。[④] 此外，对网民的引导也不可或缺，大量难辨真假的信息输入只会加重民众的恐慌情绪，相关部门要及时关注公众情绪走向，能在恐慌心理爆发前进行及时疏导，而民众也应尽量自主回避去阅读一些无法核实来源的信息。

第六节 网络舆情的疏通与引导

一 网络舆情的疏通与引导的重要意义

（一）有助于提高国家治理能力

在网络舆情面前，做好舆论引导是提高国家治理能力现代化的重要条件。当前我国舆论的主要阵地已经不再是纸质传统媒体，而是逐渐转变为以互联网为主体的新舆论阵地。网络治理本质上也是国家治理的重要一环，当下国家正着手推进国家治理体系和治理能力现代化，网络企业需要和政府相互配合，形成合力共同促进国家治理的现代化。

[①] 参见冯枫添《微信朋友圈中谣言传播问题初探》，硕士学位论文，中共中央党校，2019年。
[②] 参见戴丽娜《网络空间信息治理的变革与创新》，《新闻与写作》2017年第1期。
[③] 参见彭兰《"自组织"机制下的自治：联网治理的一种可能路径》，载张志宏主编《互联网与国家治理年度报告（2016）》，商务印书馆2016年版。
[④] 参见杜一鸣《网络谣言传播主体的社会动机与应对策略》，《传媒论坛》2020年第1期。

提高网络信息治理能力,对谣言及不实信息进行及时的辟谣并遏制其传播,让互联网成为传播真实信息的平台。做好网络信息治理,也是提高国家治理能力的重大举措。

(二)有助于疏导民众的紧张情绪

当人们面对重大灾害的时候,往往会产生紧张、恐惧的心理。而大部分群众对于灾害的了解都来自电视、网络、报纸等媒体。在这种情况下,如果有不实的信息出来扰乱人们的视野,很容易引起社会的恐慌。以2011年日本福岛核泄漏为例,网上疯传碘食盐可以隔离核辐射,从而引发了国内的"抢盐"狂潮,这便是源于对于网络舆论引导的不到位,任由谣言的传播,引起了人们的恐慌。正确的舆情引导可以在一定程度上缓解人们对于公共危机的恐惧,避免其影响正常生活的节奏。与此同时,网络上关于信息的内容真假参半,更需要网络平台筛选信息,做好"把关"。舆情引导与网络信息治理是相辅相成的,而在"非常时期"的社会环境下,更要做好这两方面的治理,稳定人心。另外互联网信息也纷繁复杂,因此各大网络平台也要做好信息的治理,此外社会、媒体、公众也要对其进行舆论监督,保障其信息治理工作的完成,让舆论引导与网络信息治理共同发挥作用,保障人心的安定,维持社会的正常运行。

二 网络舆情的疏通与引导的对策

(一)完善危机信息网络监测系统

当今社会是一个信息和网络蓬勃发展的时代。建立一个符合我国国情的、完整的公共危机信息监测体系,可以为重大公共危机相关信息的发现、研究、发布提供最新的信息[1]。但在应对重大公共危机的现实情况下,我们往往会关注一些由医疗卫生机构、疾控中心等卫生机构收集和发现的作为监测对象的危机信息[2]。当前移动互联网发展十分迅速,舆情监测的主体也开始转变为互联网平台。人们不再是被动地接受信

---

[1] 参见王宇《不明原因肺炎监测系统评价》,中国疾病预防控制中心,2017年。
[2] 参见刘晓菲《谣言公式视角下公共危机中的网络舆情管理研究》,硕士学位论文,山东农业大学,2019年。

息，而是可以通过各大网络平台进行信息的交互。这些互动的过程中看似复杂且无序，但实则却是重大公共危机事件危机议题的根源，由此可见，网络舆情的分析监测十分重要。首先就需要对互联网产生的舆情信息进行分类，这是由于网络是一个开放的环境，人人都可以在平台上畅所欲言，由此而来的是信息传播治理参差不齐。对舆情信息进行有序分类，可以有针对性地进行舆情监测[1]，还可以对突发的舆情事件进行应急处理。其次是构建一个专门的网络舆情分析的机构。这是由于当前互联网上舆情信息充斥着人们的眼球，让人难辨真假，这就要求我们建立一套规范化、制度化的管理机制，便于我们及时监测舆情的发展趋势，掌握其发展规律，并从中提取公共危机的相关信息，从而及时引导舆论。

（二）保证信息及时透明发布

大部分的重大公共危机事件都涉及大量专业知识，需要相关的专业人员进行处理。公众对于事件整个过程的了解，大部分都是通过媒体获取的，其中新媒体、自媒体等平台有非常重要的作用。在这一前提下，就需要相关专业人员通过这些媒体平台来发布公共危机的相关信息，让人们更清晰地了解公共危机发展的脉络和走向，从而消除人们心中的恐慌，维持社会的正常运转。

（三）规范自媒体平台的发布行为

如何做好重大公共危机的舆情引导工作，自媒体平台在舆情引导方面有着得天独厚的优势，需要自媒体进行及时的预警和监测[2]。对于自媒体本身来说，一方面它有着比传统媒体更强大的预警监测功能。自媒体平台相比传统媒体来说，信息发布速度快，且用户接受和反馈的时间短，比传统媒体更灵活。另一方面自媒体平台很可能是网络上的"大V"，可以称为某个领域的意见领袖[3]，有时其发挥的作用超过

---

[1] 参见陈学智、王春江《网络舆情危机特点、成因及引导》，《人民论坛》2014年第20期。

[2] 参见栾轶玫、张雅琦《新冠肺炎疫情报道中的信息呈现与媒体表现》，《新闻战线》2020年第3期。

[3] 参见孙莹、杨帆《邻避事件中网络虚拟社群结构的"意见流"属性》，《价值工程》2019年第36期。

了传统媒体。自媒体在社会产生危机的情况下,需要发挥自身的优势,向社会效益倾斜,此举也会为自媒体本身树立良好的口碑。

(四)提高公众的参与度

传统应对重大公共危机的舆情引导办法通常忽视了公众这一角色的存在,事实上公众作为信息的接受者,有权利参与舆情引导。尤其是在重大公共危机的舆情引导的过程中,除了注重媒体对舆论引导的作用,也要关注受众。只有当公众以正确的态度接收舆情的引导,才能促使社会形成合力,共同实现重大公共危机的正向舆论引导。

(五)主流媒体要成为引导网络舆论的先锋和磐石

自媒体在重大公共危机中的舆情引导作用,在灵活性与互动性上有时远远超过传统主流媒体的作用。但主流媒体也有着自媒体所不具有的优势,其权威性、可靠性是自媒体不能比拟的。主流媒体在发布信息时需要一道道把关,最后才能将信息发布出去,这种情况传播效率较低,但在严格的"把关"之下,会提高信息的可靠性。另外主流媒体对于社会意识形态的引领起着至关重要的作用,主流媒体在尊重事实的基础上引导群众,逐渐影响社会意识,成为其中的主体。李普曼著名的"成见"理论中认为人们已经形成的认知,将会影响人们的意见、态度和对事物的看法[①]。

结 语

综观古今,关于谣言的问题从未消逝,谣言的影响说大可大,说小也可小,从个体生活到国家社稷都能看到谣言的影响。[②] 涩谷保认为,谣言产生于人们的日常交流与社交之中。[③] 谣言凭借着互联网的

[①] 参见周瑞英《探讨新媒体时代公众舆论的可能性》,《新闻研究导刊》2017年第20期。
[②] 参见冯枫添《微信朋友圈中谣言传播问题初探》,硕士学位论文,中共中央党校,2019年。
[③] Tamotsu Shibutani, *Improvised news: A sociological study of rumor*, Indianapolis: Bobbs-merrill, 1966, p.57.

策略篇

快速传播而更具危害性和破坏力，它不仅误导公众舆论、加剧恐慌程度，还使已经遭遇冲击的社会秩序更加脆弱，对社会风气也造成巨大破坏，进而造成公众财产损失与社会资源浪费。

重大公共危机应对下的网络舆情引导是一个复杂的过程，其间受到多种因素的推动和影响，在应对过程中，需要政府、社会、媒体、公众四方的力量共同完成治理。网络舆情引导也是一股重要的力量，恰当的舆情引导，有助于提高国家在特殊时期的治理能力，并且稳定人心，维持社会的正常运行，为应对重大公共卫生事件提供参考的范例。厘清网络舆情的演变路径和演变动因，有效的危机治理、清朗的网络空间就有望实现[1]。值得一提的是网络舆情引导与网络信息治理是相辅相成的，因此也要重视网络信息治理，其治理主体主要为政府与平台企业，加之社会和公众的监督，多方的力量协同治理。在面对重大社会危机的情况下，网络谣言和网络信息治理显得尤为重要。只有做好了舆情引导与网络信息治理，才能更好地应对重大公共危机。

---

[1] 参见李诗悦、李晚莲《公共危机网络舆情演变机理：路径及动因——以动物疫情危机为例》，《中国行政管理》2019年第2期。

案例篇

第十二章 网络平台社会责任治理体系构建

第一节 互联网平台概况

一 总体概况

据不完全统计,目前市场上主要的互联网平台型企业至少有149家(见图12-1),这些互联网平台企业全面覆盖了互联网主要业务。按照其提供的服务类型的差别,可以大致分为互联网新闻信息传播平台(《人民日报》、新华社、澎湃、新京报》等报业集团推出的新闻客户端不在本次统计范围内)、打车平台、订餐平台、购物平台、旅游平台、支付平台、搜索平台、交友平台、游戏平台、视频/短视频平台、直播平台、在线教育平台、通讯平台、发布平台和慈善募捐平台15个类别。在已统计的149家互联网平台型企业中,互联网购物平台企业数量最多(29家),占比20%,其次是视频/短视频平台(19家),占比13%。数量最少的平台企业类别分别为互联网订餐、互联网慈善募捐、互联网游戏和互联网搜索平台,分别为5家,均占比3%,如图12-1所示。

从企业布局来看,传统互联网三巨头BAT(百度、阿里、腾讯)及网易集团依托其雄厚的资金实力、品牌公信力等企业资源,大举进军互联网平台,掀起了数字经济转型的浪潮。例如,腾讯分别在通信、新闻信息传播、在线教育、游戏、直播、视频等领域布局了微信、QQ、腾讯新闻、腾讯课堂、腾讯游戏、NOW直播、腾讯视

案例篇

```
                慈善募捐平台
         发布平台    3%
          4%              新闻信息传播平台6%
    通讯平台
      5%                    打车平台5%
  在线教育平台
      8%                       订餐平台3%

    直播平台
      6%                          购物平台20%

  视频/短视频平台
      13%
                                 旅游平台8%
       游戏平台3%  交友平台7%  支付平台6%
              搜索平台3%
```

- 新闻信息传播平台
- 打车平台
- 订餐平台
- 购物平台
- 旅游平台
- 支付平台
- 搜索平台
- 交友平台
- 游戏平台
- 视频/短视频平台
- 直接平台
- 在线教育平台
- 通讯平台
- 发布平台
- 慈善募捐平台

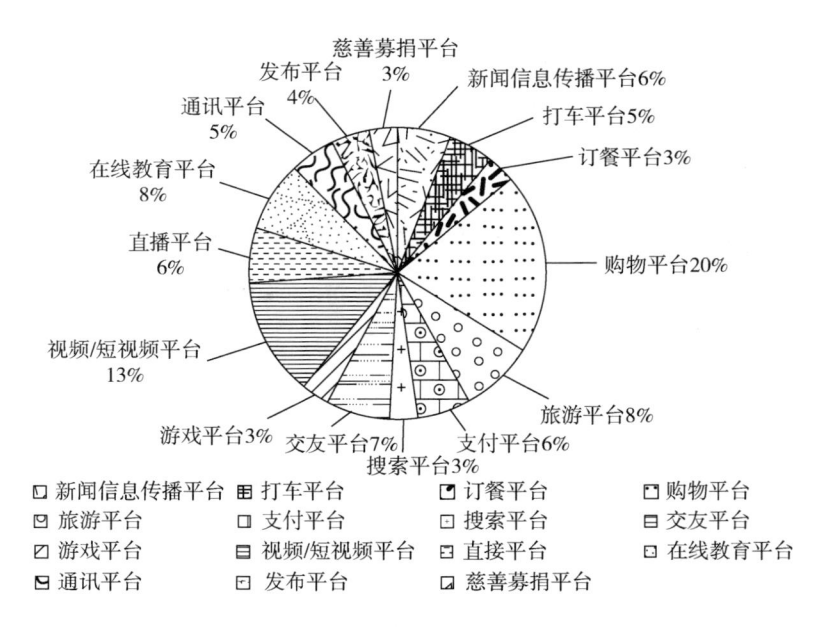

图 12-1　各类互联网平台企业所占比重

频、微视等平台，网易也在通讯、新闻信息传播、在线教育、游戏、购物等领域布局网易邮箱、网易新闻、网易云课堂、网易游戏、网易严选等平台，分别形成了涵盖多种类别平台的庞大的互联网平台生态系统。随着互联网经济的发展，新三巨头 TMD（今日头条、美团、滴滴）通过在信息传播、短视频、订餐、网约车等领域的深耕而逐渐崛起。

从服务模式上看，互联网平台覆盖了线上、线下及线上线下融合的多种服务模式。例如，互联网直播、视频、游戏、搜索、交友等平台集中于线上服务，互联网旅游平台集中于线下服务，淘宝等购物平台采用 B2C 模式（Business to Customer）借助互联网开展在线零售活动，饿了么等外卖平台、滴滴打车等网约车平台采用 O2O 模式（Online to Offline）则借助互联网打通了线上交易与线下体验，实现了线下闲散资源的需求与供给的匹配。

从互联网平台内部来看，各平台呈现受众细化和服务细化的趋势。例如，在互联网购物平台中，蘑菇街、聚美优品、唯品会等主要为女性消费者提供服务；得物、识货主要为球鞋及运动爱好者提供服务；一淘、返利网主要提供购物优惠信息；亚马逊购物、洋码头、考拉海购等则主要提供海外购物服务，这些购物平台通过在某细分领域做精、做透得以从淘宝、京东等巨头的业务中分得一杯羹。再比如，互联网旅游平台中小猪短租、木鸟民宿、爱彼迎主要提供旅游租房信息；马蜂窝旅游则提供景点资讯和游玩攻略。互联网行业并非"强者恒强、弱者恒弱"，即使互联网竞争日益加剧，小型的互联网平台企业若坚持纵深化、垂直细分化发展也可以争得立足之地。

二 地域和区域分布

从地域和区域分布来讲，已统计的149家互联网平台企业分布极不均衡，见图12-2。

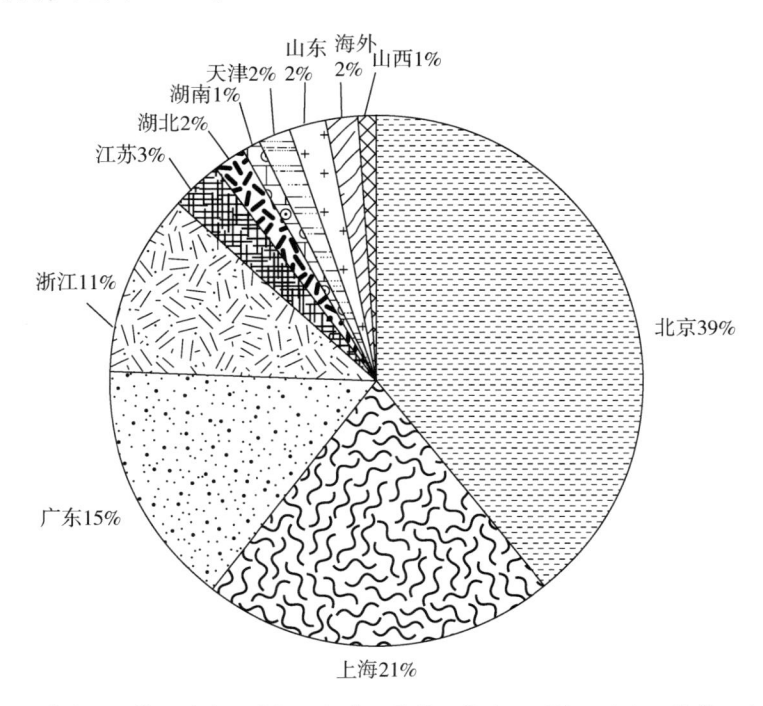

图12-2 互联网平台企业各省份分布情况

北京39%、上海21%、广东15%、浙江11%、江苏3%、湖北2%、湖南1%、天津2%、山东2%、海外2%、山西1%

梳理发现，北上广深等一线城市毫无意外成为互联网平台企业重镇。其中分布在北京的互联网平台企业最多（59家），占比高达39%，其次为上海（31家），占比21%，再次为广东省（22家），占比15%，浙江省则位居第四（17家），占比11%。与这4个省、直辖市相比，其他省份数量呈现断崖式的下跌，占比均不超过3%，中西部、东北部等部分省份甚至数量为0。虽然这次的统计不够科学，会对部分省份的互联网平台企业有所遗漏，但总体上还是可以看出各省份在互联网平台企业发展中的不均衡状态，中西部、东北部互联网平台企业的实力和影响力有待提升。从区域来看，绝大多数互联网平台企业位于京津冀、长三角和珠三角等经济带。虽然目前各地方政府纷纷出台推进"互联网+"平台融合发展计划，但各区域间互联网平台企业发展差距仍非常大。

另外，在这149家互联网平台企业中，有4家互联网平台企业来自海外，分别是亚马逊购物、爱彼迎、必应和暴雪游戏，可以看出目前市场上国内互联网平台企业占据优势地位。

三 行业分类和分布

通过对149家主要互联网平台企业的梳理，可以看出目前互联网平台企业的发展主要集中于消费品电商、金融/支付、旅游、餐饮、视听娱乐、教育、社交和其他生活服务业（见表12-1）。

表12-1　各互联网平台企业所属类别、企业及省份（直辖市）

平台类别	平台名称	所属企业	所属地区
互联网新闻信息传播平台	今日头条	北京字节跳动科技有限公司	北京
	ZAKER	广州坚和网络科技有限公司	广东
	腾讯新闻	深圳腾讯计算机系统有限公司	广东
	新浪新闻	新浪网技术有限公司	北京
	网易新闻	网易传媒科技有限公司	北京
	东方头条	上海东方网股份有限公司	上海
	搜狐资讯	北京搜狐新媒体信息技术有限公司	北京
	一点资讯	北京一点网聚科技有限公司	北京

续表

平台类别	平台名称	所属企业	所属地区
互联网打车平台	滴滴出行	北京小桔科技有限公司	北京
	神州专车	神州优车股份有限公司	北京
	首汽约车	首汽约车（北京）有限公司	北京
	易到用车	北京东方车云信息技术有限公司	北京
	曹操出行	杭州优行科技有限公司	浙江
	哈啰出行	上海钧正网络科技有限公司	上海
	斑马快跑	武汉斑马快跑科技有限公司	湖北
	嘀嗒出行	北京畅行信息技术有限公司	北京
互联网订餐平台	美团外卖	北京三快科技有限公司	北京
	饿了么	上海拉扎斯信息科技有限公司	上海
	到家美食会	北京时尚人家网络科技有限公司	北京
	百度糯米	北京糯米科技发展有限公司	北京
	口碑	杭州口口相传网络技术有限公司	浙江
互联网购物平台	淘宝	浙江淘宝网络有限公司	浙江
	京东商城	北京京东世纪贸易有限公司	北京
	拼多多	上海寻梦信息技术有限公司	上海
	苏宁易购	苏宁控股集团（南京）有限公司	江苏
	唯品会	唯品会（中国）有限公司	广东
	聚美优品	北京创锐文化传媒有限公司	北京
	什么值得买	北京值得买科技股份有限公司	北京
	毒	上海识装信息科技有限公司	上海
	蘑菇街	杭州卷瓜网络有限公司	浙江
	小红书	行吟信息科技（上海）有限公司	上海
	洋码头	上海洋码头网络技术有限公司	上海
	1号店	纽海电子商务（上海）有限公司	上海
	考拉海购	网易无尾熊（杭州）科技有限公司	浙江
	网易严选	杭州网易妙得科技有限公司	浙江
	小米有品	小米科技（武汉）有限责任公司	湖北
	当当	当当信息科技有限公司	北京
	微店	北京口袋时尚科技有限公司	北京
	有赞精选	深圳有赞信息科技有限公司	广东

续表

平台类别	平台名称	所属企业	所属地区
互联网购物平台	一淘	阿里巴巴	浙江
	返利网	上海中彦科技股份有限公司	上海
	企叮咚	济南企叮咚信息科技有限公司	山东
	东方购物	上海东方希杰商务有限公司	上海
	海豚家	北京凯谱乐科技有限公司	北京
	淘集集	上海欢兽实业有限公司	上海
	贝店	杭州贝友科技有限公司	浙江
	云集	云集共享科技有限公司	浙江
	有货	有货（江苏）商贸服务有限公司	江苏
	识货	虎扑文化传播股份有限公司	上海
	亚马逊购物	亚马逊公司	海外
互联网旅游平台	携程旅游	携程计算机技术（上海）有限公司	上海
	天巡旅行	携程计算机技术（上海）有限公司	上海
	同程旅游	同程网络科技股份有限公司	江苏
	艺龙旅游网	北京艺龙信息技术有限公司	北京
	途牛旅游网	南京途牛科技有限公司	江苏
	飞猪旅行	浙江飞猪网络技术有限公司	浙江
	驴妈妈旅游	上海景域文化传播股份有限公司	上海
	马蜂窝旅游	北京马蜂窝网络科技有限公司	北京
	去哪儿旅行	去哪儿网国际旅行社有限公司	天津
	小猪短租	北京快跑信息科技有限公司	北京
	木鸟民宿	北京爱游易科技有限公司	北京
	爱彼迎	爱彼迎信息科技有限公司	海外
互联网支付平台	支付宝	支付宝中国网络技术有限公司	上海
	拉卡拉支付	拉卡拉支付股份有限公司	北京
	收钱吧	上海喔噻互联网科技有限公司	上海
	易宝支付	北京通融通信息技术有限公司	北京
	财付通	财付通支付科技有限公司	广东
	京东钱包	网银在线（北京）科技有限公司	北京
	网易支付	网易宝有限公司	浙江
	快钱	快钱支付清算信息有限公司	上海

续表

平台类别	平台名称	所属企业	所属地区
互联网支付平台	云闪付	中国银联股份有限公司	上海
互联网搜索平台	百度	北京百度网讯科技有限公司	北京
	搜狗	北京搜狗信息服务有限公司	北京
	必应	微软移动联新互联网服务有限公司	海外
	宜搜科技	深圳宜搜天下科技股份有限公司	广东
	360搜索	北京奇虎科技有限公司	北京
互联网交友平台	陌陌	北京陌陌科技有限公司	北京
	探探	探探科技（北京）有限公司	北京
	Soul	上海任意门科技有脸公司	上海
	积目	北京蓝莓时节科技有限公司	北京
	微光	北京清奇有限公司	北京
	同桌	北京同桌游戏科技有限公司	北京
	脉脉	北京淘友天下科技发展有限公司	北京
	百合婚恋	百合网股份有限公司	北京
	世纪佳缘	上海花千树信息科技有限公司	上海
	珍爱网	深圳市真爱网信息技术有限公司	广东
互联网游戏平台	腾讯游戏	深圳市腾讯计算机系统有限公司	广东
	网易游戏	网易（杭州）网络有限公司	浙江
	暴雪游戏	美国暴雪游戏公司	海外
	途游游戏	在线途游（北京）科技有限公司	北京
	中文互娱	中文在线（天津文化发展有限公司）	天津
互联网视频/短视频平台	腾讯视频	深圳市腾讯视频文化传播有限公司	广东
	爱奇艺视频	北京爱奇艺科技有限公司	北京
	搜狐视频	飞狐信息技有限公司	天津
	PP视频	上海聚力传媒技术有限公司	上海
	芒果TV	湖南快乐阳光互娱传媒有限公司	湖南
	咪咕视频	咪咕文化科技有限公司	北京
	迅雷影音	迅雷计算机有限公司	广东
	哔哩哔哩	上海幻电信息科技有限公司	上海
	优酷视频	优酷信息技术有限公司	北京

续表

平台类别	平台名称	所属企业	所属地区
互联网视频/短视频平台	百视通	上海文广集团	上海
	人人视频	上海众多美网络科技有限公司	上海
	抖音	北京微播视界科技有限公司	北京
	快手	北京快手科技有限公司	北京
	梨视频	北京薇然网络科技有限公司	北京
	西瓜视频	运城市阳光文化传媒有限公司	山西
	火山小视频	北京微播视界科技有限公司	北京
	好看视频	北京百度网讯科技有限公司	北京
	微视	腾讯科技（北京）有限公司	北京
	秒拍	北京炫一下科技有限公司	北京
互联网直播平台	斗鱼直播	武汉斗鱼网络科技有限公司	湖北
	虎牙直播	广州虎牙信息科技拟有限公司	广东
	YY	广州华多网络技术有限公司	广东
	花椒直播	北京密境和风科技有限公司	北京
	映客	湖南映客互娱王洛新有限公司	湖南
	熊猫直播	上海熊猫互娱文化有限公司	上海
	触手直播	杭州开迅科技有限公司	浙江
	now 直播	深圳腾讯计算机系统有限公司	广东
	一直播	北京炫一下科技有限公司	北京
互联网在线教育平台	学而思网校	北京学而思教育科技有限公司	北京
	有道精品课	北京网易有道计算机系统有限公司	北京
	轻轻家教	上海轻轻信息科技有限公司	上海
	家有学霸	杭州小余科技有限公司	浙江
	猿辅导	北京贞观雨科技有限公司	北京
	学霸君	上海谦问万答云计算课件有限公司	上海
	网易云课堂	网易（杭州）网络有限公司	浙江
	中国大学 mooc	杭州郎和科技有限公司	浙江
	腾讯课堂	腾讯科技（深圳）有限公司	广东
	沪江网校	沪江教育科技股份有限公司	上海
	考研帮	北京一鸣天下信息技术有限公司	北京
	粉笔	北京粉笔蓝天科技	北京

续表

平台类别	平台名称	所属企业	所属地区
互联网通讯平台	微信	腾讯科技（深圳）有限公司	广东
	QQ	腾讯科技（深圳）有限公司	广东
	网易邮箱	广州网易计算机系统有限公司	广东
	QQ邮箱	腾讯科技（深圳）有限公司	广东
	189邮箱	世纪龙信息网络有限公司	广东
	新浪邮箱	新浪网技术有限公司	北京
	钉钉	钉钉中国信息技术有限公司	浙江
互联网发布平台	新浪微博	新浪网技术有限公司	北京
	腾讯微博	腾讯科技（深圳）有限公司	广东
	百家号	百度在线网络技术（北京）有限公司	北京
	企鹅号	腾讯科技（深圳）有限公司	广东
	简书	上海佰集信息科技有限公司	上海
	微信公众平台	腾讯科技（深圳）有限公司	广东
互联网慈善募捐平台	水滴筹	北京纵情向前科技有限公司	北京
	轻松筹	北京轻松筹网络科技有限公司	北京
	爱心筹	青岛联创优内信息技术有限公司	山东
	百姓筹	青岛百姓筹网络科技有限公司	山东
	曙光筹	上海善链信息科技有限公司	上海

第二节 互联网平台和互联网平台企业界定及特征

互联网不仅能够大规模收集和存储并按指令剔选各种信息，而且它还具有全球性这一特点，所以为了有效整合各种信息资源，越来越多的企业将一些或全部经营活动转移到互联网上来，形成所谓的网络产业。在现实经济生活中，除了由企业独自完成从生产到销售全部经营活动的独立经营模式以及企业与其他互补企业合作完成全部生产经营活动的合作经营模式以外，还存在一种新的经营模式，即平台化生产经营模式。平台化经营企业通过构建具有特定功能的平台系统向产业内其他企业提供产品和服务，这种经营方式通常比传统的经营模式更具有优势。所谓网络平台,就是网络产业中的一种平台化经营模式,即由专业的平台开发商或运营商以互联网为基础,以网络技术为依托构建一个平台架构,为网络用户提供集认证、支付、物流、客服于一体的一站式服务吸引买卖双方参与到平台上来达成交易的一种商业模式。网络平台企业本身不参与交易业务,只为买家和卖家同时提供发布和搜索供求信息、撮合交易和信用管理等服务。网络平台作为第三方为交易双方提供交易和支付担保,在一定程度上降低了网络购物的风险。用户通过网络平台进行交易,能够降低商品搜索和信息交互成本,增加用户提供和获得服务的效率,打破时间和空间上的限制,网络平台为买方提供了更多的选择机会,也为卖方带来了更多的商业机会[①]。

一　互联网平台和互联网平台企业界定及特征

(一) 网络平台的特点和优势

1. 网络平台是由专业的平台开发商和运营商提供,是作为第三方存在的,所以网络平台具有很强的独立性和公平性,这降低了网络购物的风险。网络平台只有对交易双方都保持公正客观的立场,才能取得平台用户的信任,从而在激烈的市场竞争中脱颖而出。

2. 网络平台是典型的双边市场,它具有双边市场的一般特性,如具有交叉网络外部性、非对称的定价结构等,网络平台还具有网络效应,即平台的价值会随着平台用户的增加而呈指数增长,而用户数量和质量的增加反过来又能吸引更多的新用户参与到平台上来,网络平台的这种网络效应能将用户锁定在平台上,提高平台用户的黏性和忠诚度,形成赢者通吃的局面。

3. 网络平台为买方提供了检索功能,降低了信息的不对称性,买方拥有了更多的选择,只要一对比就能货比千万家,所以卖家不仅要在质量和价格上进行竞争,还得加强物流和服务质量,为客户提供定制化产品或服务等,才能获得持续的竞争优势。

---

① 参见贺慧明《互联网平台企业发展路径研究》,硕士学位论文,郑州大学,2019年。

(二) 互联网平台企业

不同于传统意义上的实体平台，互联网平台企业是基于互联网技术产生的具有虚拟经济特征的平台模式。互联网平台经济以"平台"为基础、"共享"为特征，是依托互联网技术而产生的新兴经济形态[①]。以互联网、云计算、大数据等现代化工具为支撑，互联网平台企业多品类、柔性灵活的商业形态能够有效地满足用户的个性化、多样化需求，顺应了以用户为中心的时代发展方向，进而使互联网平台企业成为互联网经济时代所产生的平台经济学的研究重点。

互联网平台企业的发展与电子信息和网络技术的进步息息相关，在现代化商业基础设施的支撑下，互联网平台企业能够有效地捕获和满足用户的个性化需求。目前，互联网平台企业的数目众多且类型多样，以其所提供的主营业务为划分依据，互联网平台企业主要可以分为电子商务型平台企业、互联网综合型平台企业、新闻信息型平台企业、社交互动型平台企业、互联网出行型平台企业、互动直播型平台企业六种类型（见表12-2）。

表12-2　　　　　　　　　　互联网平台企业类型

平台企业类型	举例
电子商务型	阿里巴巴、京东、唯品会
互联网综合型	腾讯、新浪、网易
新闻信息型	人民网、新华网
社交互动型	百合佳缘集团
互联网出行型	携程旅游网、途牛旅游网
互动直播型平台	斗鱼直播、花椒直播

二　互联网平台企业及其社会责任特征

越来越多的互联网企业发布了履行网络平台社会责任的报告，以一种以身作则的态度为建立中国互联网秩序井然，完善中国互联网法

[①] 参见贺慧明《互联网平台企业发展路径研究》，硕士学位论文，郑州大学，2019年。

治建设，更好地为履行互联网网络平台社会责任做出贡献。

（一）自主知识产权创新

在很长的一段时间里，我国对于自主知识产权意识薄弱，侵权问题十分严重。而对于互联网平台企业来说，只有掌握了核心技术才能在激烈的市场竞争中站稳脚跟。要想有核心技术，首先就得注重自主知识产权的创新。一方面企业需要吸取创新型的人才，另一方面企业的创新意识要明确，对于抄袭现象要予以制止，对创新大力支持，并制定合理的奖惩措施。尤其在中国建设创新型国家的核心战略背景下，互联网企业更应积极发展自身硬件条件，保持创新型企业的发展路线。许多国内的企业在企业内部投资巨大，设立自己的研究院，有些与国内的高校合作，充分调动高校及大学生参与企业创新。这些举措都有利于促进互联网平台企业的自主知识产权创新。

（二）维护网络安全

人类已进入互联网时代，网络空间是人类生存和国家发展的新空间，网络空间治理成为国家治理和全球治理的新的重要组成部分。习近平总书记指出，没有网络安全就没有国家安全[①]。由此可见，网络空间安全的重要性不容小觑。对于网络平台企业来说，经济利益在国家安全面前是不值一提的，没有国家安全，企业生存发展也会举步维艰。维护网络安全首要是进行网络空间的治理，这对于各大网络平台企业而言具体表现为：（1）以"造福人民"为核心，网络平台企业首先要明确网络空间治理的最终目的是为了"谁"，要以人民的利益为首要出发点，让互联网发展成果惠及人民。（2）担当是政治责任理念。网络平台企业进行更需要敢于"担当"，与政府、公众共同联合实现网络空间治理。（3）新发展是第一要务理念。我国网信事业是新的生产力，要注重创新、协调、绿色、开放、共享的新发展理念。（4）同心圆是关键使命理念。在我国网络空间和现实空间是紧密相连的，两者需要达成共识，共同努力，方能达成最终

---

① 参见阮氏梅《互联网企业社会责任的特点及其评价体系》，《西部皮革》2017年第4期。

的目标，同心圆的理念正好印证了这一点，需要在共产党的领导下，多方共同努力，实现网络空间的治理，保障网络安全，为国家安全保驾护航。

（三）创造社会价值

企业的社会责任将最终体现于企业所创造的社会价值。除了为互联网用户提供咨询信息、沟通交流服务等外，互联网企业还有着强大的社会影响力。例如，阿里巴巴集团于2011年7月22日正式发布了《电子商务发展的环境影响报告》，该报告由中国社会科学院中国循环经济与环境评估预测研究中心、阿里研究中心联合课题组编制，是国内第一份从环境保护角度研究电子商务产业的报告。该报告通过理论推算得出结论，2011年在淘宝网上进行的交易，相较于传统模式减少了约235.8万吨标准煤的使用，降低了492.8万—611.2万吨的碳排放量，也就是说相当于森林生长269万—334万平方米的木材减碳量，即增加89万—111万亩的人工林，几乎达到杭州整个市区的森林覆盖面积。除此以外，淘宝网还积极承担了保护环境的责任，在2010年3月2日，宣布加入气候环境组织，至此成为气候组织在中国范围内的第八位全球会员。由此可以看出，互联网企业积极参与公益事业，为社会创造价值是提高企业美誉的重要方式，尤其在一些互联网企业自身强大的社会影响力之下，也会使整个社会的风气更好。不仅是环保领域，在一些重大灾害面前，互联网企业更是发挥了很大的作用，例如，汶川特大地震时期，网友通过网络平台进行自发募捐活动；北京奥运会期间，6000多万人参与在线火炬传递。

（四）员工和用户关怀

像阿里巴巴集团董事局主席马云说过的一样：我们永远把用户的利益放在第一位。许多互联网企业把这种一切以互用价值为归依的经营理念渗透和体现到所有的产品和服务中。以阿里巴巴为例，阿里巴巴集团建立的薪酬福利管理制度全面而透明，薪酬体系非常具有市场竞争力，所有的薪酬福利制度都会定期公布，以保证政策的公开、公正和透明，同时每年的加薪政策，都会向普通基层员工倾斜①。除了劳动保障法律所规定的养老、医疗、失业等社保和住房公积金以外，阿里巴巴为每一位员工都购买了商业保险以及补充医疗保险，用以帮助员工解决自己以及子女看病难的后顾之忧。对于互联网平台企业来说，关怀员工不仅是承担社会责任，而且也是对企业效益的保障。如果一个企业并不善待员工，那么员工也会慢慢失去对企业的向心力，从而产生企业留不住优秀员工的现象。再加上当前中国人口老龄化严重，社会养老的问题显得十分严峻，对于企业来说，保障员工的福利不仅对企业自身有利，也是为国家分担养老难题的体现。

三 网络平台社会责任的特征

（一）系统性和整体性。网络平台社会责任不仅仅是一个简单的定性的词汇、一个宏观的一般性的号召和要求，而是有着具体实在内容的、一整套的、独立的规范体系。由此，网络平台社会责任体系又是一个整体，缺少哪一个方面，都不能落实好网络平台的社会责任。

（二）动态性。首先，从理论方面说，关于网络平台社会责任的理论还处在发展的初期，还很不完善，随着理论研究的深入，网络平台社会责任的内涵和外延还会做出许多调整和变化，因而具有动态性和不确定性。其次，从实践方面说，随着网络平台社会责任意识的加强以及利益相关者的制约，企业履行社会责任的范围会不断扩展，程度会不断加深，因而网络平台社会责任的内容也会不断丰富和完善，表现出明显的动态性。

（三）强制性和非强制性。在网络平台社会责任中，有些是通过法律、法规固定下来的具有强制性的制度，如安全生产环境、保护产品质量、售后服务等，都有相关行业标准和国家法律、法规并强制执行的。而道德和价值观念所要求的网络平台社会责任，如更高的环境保护标准、更高的质量标准、慈善事业等，其推行要靠企业文化、靠人与自然的和谐、靠企业家的素质来实施，具有非强制性，而且需要

---

① 参见孙惠珠《BAT三大互联网企业的社会责任研究》，硕士学位论文，华东理工大学，2017年。

一个过程，不能一蹴而就。

（四）派生性和从属性。网络平台社会责任是建立在企业经营的基础上的，是在企业追求利润最大化的过程中派生出来的，企业只有在能够为自身和股东谋取利益最大化时，才能履行对利益相关者的社会责任。离开了企业利益和股东利益的最大化，就谈不上企业履行对他人的社会责任，因而可以说网络平台社会责任是在企业利益之后由企业利益派生出来的，具有派生性。同时，网络平台社会责任与其营利性相比处于次要地位。企业首要的是盈利，离开了盈利企业一天也存活不下去，因此，网络平台社会责任又具有从属性，其从属于企业的营利性。

四　网络平台企业社会责任呈现的特征

据有关报告显示，当前中国互联网企业社会责任呈现的七大特征：1. 社会责任在各行业平台企业表现中皆有优秀者：电子商务行业是阿里巴巴（淘宝、天猫），社交平台行业是腾讯（微信、QQ），视频行业是快手，交通出行行业是美团打车，汽车服务行业是途虎养车，医疗健康行业是微医，旅游业是携程，网络游戏行业是三七互娱。2. 整体上看，各行业社会责任指数差异较大，医疗健康行业综合表现最佳，网络游戏、视频、交通出行行业排名靠后。3. 在"产品/服务责任"维度，视频行业表现最好，旅游业最差。4. 在"企业家责任"维度，医疗健康和旅游业表现最好，交通出行行业相对较差。5. 在"企业公益"维度，旅游和电子商务行业表现较好。6. 在"社会价值"维度，游戏行业得分显著低于其他行业。7. 从舆情测评上看，各行业履责状况与社会公众期待之间还有一定差距。总体看，互联网企业社会责任履行还有待进一步完善。

第三节　网络平台社会责任的主要成就、问题及原因、对策

中国正式进入互联网时代的 25 年来，我国互联网行业实现飞速发展，互联网企业在引领信息技术创新、推动产业转型升级、促进经济

增长、提供便捷服务、增加就业机会、保障社会民生、增进公共治理信息化等方面发挥了重要作用。中国互联网企业发展到今天，充分享受到中国发展和改革开放的红利，但是，在享受红利的同时，互联网企业应当担负起自己的社会责任和使命担当，从而为实现网络空间的风清气正、建设良好的网络生态环境做出应有的贡献。

为进一步推动互联网网络平台社会责任的建设，营造良好的互联网产业环境，构筑健康网络生态，树立互联网企业的社会形象，促进中国互联网产业可持续发展。① 中国互联网协会组织了第2届中国互联网网络平台社会责任论坛，与会互联网企业就积极履行社会责任作出郑重承诺。即：1. 树立底线意识，积极传播正能量，大力弘扬社会主义核心价值观。2. 积极参与网络生态治理，努力构建清朗网络空间。3. 自觉维护国家网络和信息安全，履行信息网络安全管理义务。4. 加强自主创新，保护知识产权，提升企业核心竞争力。5. 诚信守法经营，公平有序竞争，自觉维护良好的社会秩序。6. 提供便携多样的网络产品和服务，尊重用户隐私，保护用户合法权益。7. 保证财产信息真实、完整，及时保证投资人的合法权益。8. 营造特色企业文化，重视员工个人发展，关爱员工职工健康。9. 积极参与社会公益事业，缩小数字鸿沟，促进社会和谐。10. 积极参与国际交流与合作，提升中国在互联网全球治理的话语权和影响力。②③ 互联网的出现，是一场技术革命，对人类的经济、政治、日常行为等产生了深远的影响。

一 网络平台社会责任的主要成就

（一）互联网平台企业对社会做出最大的贡献就是提高社会的经济发展

互联网平台企业对发达国家的 GDP 贡献率将达 5.3%，发展中国

---

① 参见杨山禹《互联网人的责任心》，《现代企业文化》（上旬）2016 年第 5 期。
② 参见孔令磊《互联网企业签署社会责任宣言做出十大承诺》，http：//www.qhnews.com/newscenter/system/2015/11/24/011872238.shtml，2019 - 11 - 20。
③ 参见新华网《互联网企业签署社会责任宣言 提升中国在互联网全球治理中的话语权》，http：//www.xinhuanet.com/economy/2015_11_25_342600.shtml，2019 - 11 - 20。

家增长率高达 18%。互联网还为劳动者创造了更多更好的就业机会。比如，2018 年微信拉动信息消费 2402 亿元，带动传统消费规模达到 4198 亿元；整个微信生态带动就业岗位 2235 万个，其中小程序成为"就业大户"，带动就业岗位 182 万个。2019 年天猫"双十一"全球狂欢节一天总成交额达 2684 亿元，"12·12 京东全球购物节"累计下单金额超 2044 亿元，带动了无数商户的发展。

（二）网络平台提高人类生活品质、创造更大的社会价值

互联网数字化的浪潮深刻改变了中国人的生活。今天，数字化更成为国家治理体系和治理能力现代化的重要推动力。在城市，互联网企业助力政府全面提升自身管理和服务水平，让科技为民生所用；在乡村，互联网企业更被寄予填补"城乡鸿沟"、提升乡村治理和建设水平、助力脱贫攻坚和乡村振兴的期待。以数字化助力民生政务和城乡治理水平提升，也体现了互联网网络平台社会责任的成就。互联网能提升政务水平，让科技"慧"及民生。通过整合技术、数据、内容和平台等核心能力和资源，助力政府提高治理水平，为市民和企业创造办事便利。履行网络平台社会责任的对象不仅包括政府，还有行业、用户和公众多个方面，最终是为了助力互联网时代的每个人实现对美好生活的追求。互联网产业覆盖零售、交通、教育、医疗和养老等诸多领域，促进传统产业数字化转型升级，使人们在出行、学习、看病、购物更方便、快捷、选择性更多，提高人们的幸福感。在这方面，已经做出许多有益的探索。比如，腾讯与公安机关合作，借助优图人脸识别等产品和技术，来帮助家庭找到走失的家人；我们的"成长守护平台"持续升级，携手家校共建有效机制，防止未成年人沉迷游戏。

（三）公益初心，引导科技向善，与各方共创美好的新时代

用科技连接信任，助力公益慈善行业发展，推动理性公益文化形成。互联网公益领域的创新通过创新募捐手段、开放产品能力和投入大量资源等，依靠移动支付、小程序、大数据等核心科技能力，也依托优质的内容和平台，开发透明度组件，严格信息披露规则，推动行

业变得更加理性和透明，帮助公益慈善组织全面提升专业能力，如腾讯利用网络平台募捐总额突破50亿元，5万余个公益项目受益。

二 中国部分互联网平台社会责任突出问题及缺失的原因分析

随着"互联网+"创业热潮的群起，以互联网为基础的平台企业得到快速发展。然而，这些平台在盘活社会资源、为国民经济的创新发展提供强大动力的同时，也带来新型的网络平台社会责任问题。互联网网络平台社会责任的履行严重落后于互联网发展的步伐，当前突出的社会责任问题有：

（一）隐私泄露

移动互联网和信息技术的飞速发展为消费者提供了更便捷和舒适的网络服务，也增加了公民隐私权被侵犯的风险。近年来，以BAT为代表的互联网平台企业的兴起和扩张对公民隐私权构成了巨大威胁，具体表现为互联网平台在个人信息数据收集、使用、保护过程中对公民隐私权的种种侵权行为。互联网平台企业收集大量的用户个人信息，包括银行卡号码、身份证号码、电话、地址等较为隐私的信息。由于互联网平台企业在运营过程中的监管不力，或是内部人员在非法利益驱动下的有意泄露，往往会流入诈骗团伙的"黑色利益链条"中，造成用户遭受诈骗、骚扰、个人利益遭受损失等现象。[①] 这不仅对人民的隐私权造成了侵害，也让社会对于互联网网络平台社会责任缺失而产生的信任危机带来了无法计量的损失。

隐私泄露的根源是各平台对数据的共享与挖掘。各个利益相关者在追求自身的利益最大化的时候，与其他主体产生了利益的冲突，加剧了个人隐私泄露的风险。平台企业优先关注公司的商业利益，对个人信息的深度挖掘使个人隐私受到了侵犯。[②]

根据中商产业研究院整理数据，我国2018年互联网用户信息泄露

---

① 参见黄浩通、谢惠钱、梁硕《互联网企业的社会责任问题探析》，《中国市场》2018年第8期。
② 参见陈盼盼《大数据时代个人隐私的伦理问题研究》，《计算机时代》2019年第8期。

占比高达 28.5%。以电子商务平台、社交平台为代表的互联网企业在运营过程中收集了用户大量的个人信息,因此这些互联网平台企业更应重视保护用户个人隐私。①

(二) 侵害消费者权益

部分网络直播平台存在严重的数据造假现象,还有电商平台如淘宝商家在早期通过雇用虚假客户进行实际上不存在商品买卖的交易,也就是"刷单",最终实现短期内商品销售数量和好评率的虚高,以此骗取消费者的消费选择。实际上,采取数据造假的商家往往也是销售劣质假货的主要群体,严重侵害消费者权益,扰乱了商品市场上公平竞争的秩序。自 2010 年起,央视就先后曝光了淘宝多个皇冠卖家销售假冒伪劣商品、严重损害消费者利益的现象。假货横行还是要归结于互联网网络平台社会责任的未充分履行,对自身平台运营商家的监管不到位。②

2019 年 1 月,由各级有关部门共同评选的"2018 十大消费侵权事件"中,互联网企业侵害消费者权益的就占了五个。其中包括:ofo 共享单车退押金困难;多方互联网平台涉及的"大数据杀熟"问题;网络购票平台收取不合理退票费;互联网用户个人信息被兜售;侵犯个人隐私问题。此外,还有电子商务平台假货泛滥、销售数据造假、订餐平台的食品安全等问题都归结于互联网企业对自身平台运营监管不到位,其社会责任未充分履行。

(三) 网络侵权

互联网平台企业凭借着互联网技术带来的便利,实现了资源的快速共享,降低了交易成本,但同时也加剧了侵权现象的产生。很多互联网的门户网站企业在运营的时候,大量转载、分享未经授权的个人作品。其中,有些做搜索引擎的企业更是未经作者同意,直接将他人作品编辑发布,通过网站点击量和流量的积累达到盈利的目的,严重

---

① 参见徐月茹《互联网企业社会责任探讨》,《合作经济与科技》2019 年第 17 期。
② 参见黄浩通、谢惠钱、梁硕《互联网企业的社会责任问题探析》,《中国市场》2018 年第 8 期。

损害了原作者的利益。① 预防网络侵权行为，除了要求行为人承担法律责任外，也需要强化网络交易平台在管理等方面的责任。

（四）恶意垄断竞争

部分互联网企业试图利用其资本、技术、用户基数达到垄断，以此来实现高额经济利润。根据《2017—2018 中国网约专车行业市场研究报告》数据显示，在网约车行业，滴滴的活跃用户量占比63％。依据《中华人民共和国反垄断法》，可以推定其具有市场支配地位，显然滴滴具有市场垄断地位。再如，2010 年奇虎与腾讯的"3Q 大战"等，都说明一些互联网企业开始依靠市场垄断进行不正当竞争，漠视商业道德和行业规则。这不仅会对互联网平台企业履行社会责任产生不利影响，更会造成行业发展的倒退。②

根据以上互联网网络平台社会责任突出问题，分析互联网网络平台社会责任缺失的原因，可归纳为以下几个方面：

1. 未树立以人为本的经营理念

互联网平台企业之所以不愿意、不主动履行社会责任的最大原因是企业认为履行社会责任会增加企业运营成本，与股东追求利益最大化的企业目标相冲突。多数企业经营者和管理人员缺乏社会责任意识，网络平台社会责任问题本身是一个经济领域和社会层面的问题，只有改变企业家的经营理念，真正重视网络平台社会责任问题，把人的价值看作高于利润，在人与利润发生冲突的时候，总是把人的价值放在第一位，真正做到"以人为本"，才能彻底消除某些人将网络平台社会责任肆意扩大到政治领域，意识形态化的企图。

2. 政府监督力度不足

互联网平台企业履行社会责任工作的健康发展，需要监督护航。然而平台企业中出现的一系列责任感缺失的行为，在一定程度上归咎于政府部门的监督不力。目前一些政府相关部门往往对企业履行社会

---

① 参见黄浩通、谢惠钱、梁硕《互联网企业的社会责任问题探析》，《中国市场》2018 年第 8 期。

② 参见徐月茹《互联网企业社会责任探讨》，《合作经济与科技》2019 年第 17 期。

责任监督机制不健全，监督力量投入不足，监督措施不到位，有法不依、执法不严、违法不究等现象大量存在，并且无视平台企业的一些不良行为，把更多的注意点放在企业经营产生的经济效益和最终的纳税上，没有深刻认识到网络平台社会责任问题对环境和社会产生的影响，导致企业履行社会责任效果不佳[①]，直到问题产生了较为恶劣的影响时才采取补救措施。政府监管不力使一些平台企业有机可乘，使利益相关者的合法权益受到侵犯。[②]

3. 社会监督体系不够完善

互联网网络平台社会责任缺失，行业协会和公众社会的监督力量薄弱也是一个重要的原因。社会监督体系不完善，尤其是信息披露手段缺乏和信息披露阻力较大，使信息无法做到透明化。大量的不健康内容充斥着门户网站，这些不健康的内容很多时候会诱发青少年以及其他辨别能力较弱的群体的暴力违法甚至是犯罪行为，造成社会利益的损失，而这些都是与社会监督体系不完善紧密联系在一起。

三　加强网络平台社会责任治理的意义

网络平台企业在为社会做出积极贡献的同时，也出现了种种问题，加强其社会责任治理具有重大意义。

（一）落实企业社会责任是企业必须面对的现实。对互联网企业来说，加强履行社会责任，能够为企业树立良好的社会形象。随着社会主义市场经济制度的不断完善以及非公有企业发展实力不断增强，互联网企业对社会责任的认识也应该超出一般慈善社会和企业形象的范畴。而把履行社会责任视为企业自我发展的客观要求。自觉履行社会责任是增加企业竞争力的有效途径，企业承担社会责任，能够形成良好的商业信誉，赢得利益相关者的信任和支持，其产品和服务有可能获得更大的市场份额，从而获得长期稳定、健康、和谐的可持续发

[①] 参见周广均《我国企业社会责任缺失原因及对策》，《宜宾学院学报》2011年第10期。
[②] 参见赵卫红、张敏红《群体性企业社会责任缺失原因分析及其对策》，《管理观察》2016年第28期。

展。落实企业社会责任有利于维护劳工的合法权益，缓解劳资矛盾，促进企业内部的和谐。

（二）落实企业社会责任有利于企业的可持续发展。对互联网企业的员工和用户来说，加强社会责任的治理，使一个企业对社会责任的关注度增高，就越能使企业高度关注自己的产品，就越能推进企业对产品设计生产流程，严格程序，强化管理制度，推进技术创新，促进其运营方式和增长方式的转变，而不是一味地牺牲员工劳动力价值或者牺牲产品质量为代价，用假冒伪劣产品欺骗消费者来获取利润，取得发展。互联网企业在提供产品和服务时，更多地会考虑到给客户创造价值。又因为网上交易的资金支付方式，互联网企业更需要为消费者本身的资金安全负责，提供更加有保障的安全的支付方式。数据是互联网企业的最大资源，这种资源涉及大量的个人信息，[1] 加强用户隐私信息保护，对互联网企业加强道德责任有积极的推进作用。

（三）对净化网络生态环境有积极的作用：主要限制不负责任或不文明的网络传播。网络企业在网上不负责任地传播一些不合适的信息，不仅污染了大众的视线，对于青少年的教育也产生了非常多的危害。青少年是接触网络的最大人群，网络对于他们的生活产生了直接而深刻的影响。所以，作为互联网企业，更应该发送一些健康的、积极向上的内容，正确引导青少年。人们在网络上发言，[2] 同样是为了给其他人看，或者其他人会看到，依然会影响到其他人。因此，加强互联网网络平台社会责任的治理会对一些不负责任或不文明的网络传播加以限制，还大家一个清净的网络世界。[3] 另外互联网企业也必须要关注专利法。在互联网上，版权问题屡见不鲜，关于版权问题的诉讼，我们也时有发生。加大对于歌曲、著作权等方面的保护力度，促

---

[1] 参见《公司的社会责任》，http：//www.xspic.com/lunwen/gongsiyanjiu/287336_2.htm，2019-11-20。

[2] 参见《公司的社会责任》，http：//www.xspic.com/lunwen/gongsiyanjiu/287336_2.htm，2019-11-20。

[3] 参见马凤明《互联网企业的社会责任探析》，《现代营销》（下旬刊）2017年第11期。

使互联网企业不会无视专利权，直接播放、下载或者抄袭等。

四 网络平台社会责任治理的基本对策

不同于传统企业，互联网平台企业主要借助于互联网络来构建信息服务平台，其数字化、虚拟化程度更高。同时，平台的特性也决定了其整体必然是具有圈层性和复杂性的，圈层性即指互联网平台上各主体根据交易关系形成了以平台企业为核心圈，以平台参与企业、众多微商网商为辐射的关系网络[①]；复杂性则可分为两方面，一是平台参与人员构成情况复杂，二是平台产品涉及内容复杂。鉴于互联网平台企业的以上特性，其社会责任治理和传统网络平台社会责任治理是不可一概而论的，必须以另辟蹊径的方式来妥善处理。本章认为，互联网网络平台社会责任治理需要在借助以往先进经验的基础上，以互联网企业自治为核心，兼顾整合政府资源、社会资源和网络资源，形成多位一体的治理体系，以强有力的制度框架来保障网络平台社会责任的稳定运行。

（一）建立健全互联网法律制度

当前，互联网已经成为人们生活、工作的重要组成部分，"互联网即生产力"的构想正在逐步走向现实，互联网平台企业发展前景优越。但随着互联网络的快速发展，一些新的问题不断涌现并逐渐凸显出来，对原本的法律体系提出新的挑战。尽管经过 20 多年的发展，我国的互联网法治已经在多方面取得了骄人的成就，但是由于立法的滞后性、地域性和封闭性和互联网发展的迅速、开放性和技术性之间存在冲突和矛盾，导致我国互联网立法的整体位阶不高、相关立法缺失、条文之间协调性不足、"权利—义务"的结构失衡。[②] 互联网立法的不足直接导致网民和企业的行为缺乏严格约束，导致互联网"只讲权利

---

① 参见宣博、易开刚《互联网平台企业的社会责任治理》，《光明日报》2018 年 3 月 27 日第 11 版。
② 参见郭少青、陈家喜《中国互联网立法发展二十年：回顾、成就与反思》，《社会科学战线》2017 年第 6 期。

而不讲义务""只讲索取不讲奉献"的现象成风,在某种程度上造成了现阶段互联网环境的混乱。近年来,我国正在全力推进社会主义法治化建设,这无疑给互联网平台企业的社会责任治理提供了一个良好的推进契机。

建立健全针对互联网产业的法律体系,使互联网平台企业能够在完善的制度轨道下平稳运行,让企业明白其运营权利和社会义务的边界,有助于平台的长远发展。以信息服务类的互联网平台企业为例,早前出台的《互联网信息服务管理办法》对规范互联网信息服务活动做出了一定的贡献,为打造绿色健康的互联网环境做出了贡献。但经年之后,其涵盖范围已然不够广阔,有必要以层次更高、内容更全的国家法律来代替原先的行政法规,打击现阶段游离在法律边缘的灰色信息服务业务,依法综合治理互联网有害信息,打造真正风清气正的互联网论坛。在立法过程中,必须具有强烈的针对性,应当明确界定网络有害信息,并通过专门条款以及援引性条款建立治理网络有害信息的法律规范体系。只有建立众多具体且刚性的法条才能共同构成完善的互联网法律体系,促进互联网平台企业的社会责任治理,为其长远的发展保驾护航。

(二) 完善现有行政监督体系

在法律制度完善的基础上,行政监管是进行互联网网络平台社会责任治理的又一有效手段。

"他山之石,可以攻玉",在互联网监管方面,我们可以参考国外的经验。在德国,互联网监管是以严格审慎、权责分明的立法为基础的,联邦、各州、互联网行业三级监管机构,各级之间进行广泛的互联网监管合作。[①] 我国的互联网体量要远超德国,在互联网行政监管方面要考虑的因素更为复杂。因此,必须设立更为层级、更为合理的监管机构,监管制度的实行也必须始终保持在法律制度的框架下,保

---

① 参见黄志雄、刘碧琦《德国互联网监管:立法、机构设置及启示》,《德国研究》2015年第3期。

证监管的公平性和公正性，做到张弛有度，避免因过度监管而打击互联网平台企业的活力，以营造有责任、有能量的互联网环境为目标。

具体来看，应当建立专项的新媒体社会责任监督和管理体系，将企业在社会责任方面的得失与企业的社会信用体系挂钩，通过专职机构和社会公众对相关的企业行为进行有效的监督和规范，设置可进可出的社会责任黑白名单，强化互联网平台企业及其从业者的社会责任意识，促使其承担起相应的社会责任。

（三）强化网络平台社会责任意识

从整体上看，企业承担社会责任是法定的义务，都是"应当如此"的，但鉴于网络平台社会责任的复杂性，法律需要将企业应当承担的社会责任加以区分，在严格履行法定义务的基础上，企业需要根据自身实际情况主动承担起社会责任。[①] 互联网平台网络平台社会责任治理体系中，最为关键的一环应当属于企业自治。在这方面，我们需要运用行政和社会力量来推动企业强化自身的"自律意识"，承担起相应的社会责任，将"只有自律，才有自由，以至发展"的理念贯彻到整个互联网行业中，切实强化企业内部的社会责任意识，进一步履行网络平台社会责任。

（四）推动企业内部社会责任自治

从平台层面上来看，互联网网络平台社会责任治理应该分为两个部分。

第一，是企业内部的社会责任治理。俗话说"打铁还需自身硬"，互联网平台企业应当在企业内部建立企业道德准则和问责制度，强化内部员工的思想教育和责任管理。企业内部可以设立独立的监管机构来进行内容的审查和把关，坚决杜绝有损企业社会形象的行为，积极履行有理想、有情怀、有担当的社会责任，以高度的社会责任意识来提高自身的社会影响力。

[①] 参见徐强胜、辛世荣《公司自治与企业社会责任——关于公司法网络平台社会责任规范的功能与适用》，《法学杂志》2013年第5期。

第二，平台需要强化对平台参与者的社会责任治理。现阶段互联网平台尚且存在诸多弊病，就互联网信息平台而言，许多平台用户在网络上传播虚假新闻、有害信息，这类问题给平台造成了相当大的困扰，也在一定程度上制约了平台的发展。由于平台型企业是平台的搭建者与运营者，可以充分利用平台的门槛机制、监督惩戒机制对平台内网络平台社会责任行为进行有效治理。[①] 借助这种方式对平台参与者进行有效的社会责任治理，营造整体性的网络平台社会责任意识，打造出真正有责任、有担当的互联网平台。

（五）建立社会责任披露机制，定期发布社会责任报告

互联网平台企业要建立社会责任披露机制，定期发布网络平台社会责任报告。企业可以采用企业年报、网络平台社会责任报告、企业官方网站等形式进行多渠道、多样化的方式披露企业践行社会责任的状况，便于企业扩大社会影响力。[②]

针对不同规模的平台企业，可以采用不同的方式，规模较大的企业其信息披露频率可以更高、内容上更为详细；而规模较小的企业则可以定期发布相关信息告知公众在自身践行社会责任方面所采取的行动，展现高度的社会责任感，在提高自身知名度和公众好感度的同时，在一定程度上也能增强市场竞争力。同时，企业可以将平台内部账户进行分类，根据相关门类特征以多样化的形式发布社会责任报告。

（六）积极动员社会监管力量

从企业结构上来看，互联网平台企业大致可以分为三类角色，即互联网公司、终端用户和第三方服务提供者。与传统企业相比，这种多层级、多元化的结构决定了互联网平台企业在管理上的复杂性。这种复杂结构使企业在进行社会责任治理时，不能简单依靠司法行政监管和企业自律，必须引入社会力量，进一步扩大对平台企业的监管范围，加强监管力度。

---

① 参见阳镇《平台型企业社会责任：边界、治理与评价》，《经济学家》2018年第5期。
② 参见李颖、鲍伟《我国企业社会责任信息披露问题及对策研究》，《西安财经学院学报》2016年第4期。

事实上,并非所有企业都能主动认知到需要构筑社会责任制度,并将社会责任融入企业运营与管理过程中。而以政府为主导的治理模式,依赖于政府部门公权力的边界限度与制度约束,任何公权力处理不当的行为都可能无法彻底解决网络平台社会责任缺失、寻租等行为。[1] 鉴于此,在进行互联网网络平台社会责任治理时,引入社会力量更是显得尤为必要。互联网监管方以设立"社会监督员"和完善公众检举渠道等方式来充分动员社会监督力量,实现对互联网平台的有效监督。

(七)建立完善的用户反馈渠道

传统企业在进行社会责任治理时往往会陷入"当局者迷"的困境,难以发现自身存在的问题。而互联网平台企业的一大优势就是拥有众多用户,利用"人口红利"进行平台治理是其社会责任治理的特殊手段。

具体来看,就是要实行"以网治网",借用网民的力量来治理网络乱象、督促网络平台履行社会责任,既可减轻企业自检自查的负担,同时增强企业参与社会公益方面的动力。平台企业和监管机构都应当设立完善高效的用户反馈机制,安排专人及时处理用户的反馈信息。与此同时,平台也应当提高自身在这方面的积极性,要注重对应用市场和平台内容的用户评论的关注,对评论中所暴露的问题要加强管理。

从用户层面来看,这类举措会给用户造成一种群体性压力,用户在互联网平台上的行为也自然会得到一定的约束。以信息服务平台为例,一些用户在发布极端言论时,通常会受到其他用户的反对和抵制,并采用举报的方式向平台企业和监管机构进行投诉,从而使此类内容在平台上的式微,净化互联网平台的信息环境。此外,社会和平台用户对网络平台社会责任的关注和参与也会推动平台企业的社会责任履行。在这方面,平台企业会根据用户偏好,举办各类企业公益活动来彰显自身的责任意识,同时也会通过平台协调用户共同参与到社会活

---

[1] 参见阳镇、许英杰《平台经济背景下企业社会责任的治理》,《企业经济》2018年第5期。

动中,既能够吸引用户的关注度,也能进一步加强用户黏性。

第四节 构建网络传播平台社会责任治理体系

　　互联网能够大规模收集、存储并按指令筛选各种信息,它所触及的范围还是全球性的,所以为了有效整合各种信息资源,越来越多的企业将经营活动转移到互联网上来①,结合各类网络技术,形成网络平台。所谓网络平台,就是基于互联网形成的平台化组织,除了具有网络产业的一般属性外——即以互联网为依托、以网络技术为基础、以提供信息服务和商品交易等为主要内容,由互联网相关产业组成的新兴产业,还具有典型的双边市场特性。通俗来讲,网络平台的范围非常宽泛,它包括网络交易平台、网络推广平台,网络软件平台、网络信息平台、网络社交平台等,而这些不同分类的网络平台又各自囊括了许多小平台。

　　由于网络平台的发展前景良好,大量网络运营商涌入网络平台产业领域,但正所谓矛盾无所不在,网络平台也具有两面性,它在自身快速发展成长的同时,也滋生了一些社会问题。目前激烈的市场竞争,促使个别网络平台为吸引观众注意力而触犯法律底线的信息内容,污染用户的心智健康。②究其本质,不仅是平台自身的社会责任意识不足,也从侧面体现了相关部门对网络平台监管力度的不足。社交媒体平台上谣言泛滥成灾,不仅造成社会恐慌,还扰乱了抗击公共危机的公共秩序。此外,还有电商平台中的伪劣商品、网约车平台频发的安全等问题以及自媒体平台上虚假、低俗内容和不当言论等。③仔细回顾,可以发现,网络平台的社会责任意识基本上还处于薄弱阶段,存在推卸或逃避社会责任的现象,这对我国经济、文化、政治的发展都

---

　　① 参见周利华《网络平台演化机制研究》,硕士学位论文,浙江师范大学,2013年。
　　② 参见闫宏亮《我国网络视频直播平台的发展现状及其优化策略研究》,硕士学位论文,兰州大学,2017年。
　　③ 参见白金蕾、梁辰《社交媒体应加强平台治理和社会责任》,《新京报》,http://www.bjnews.com.cn/feature/2018/11/07/518820.html,2018-11-7。

有着恶劣的影响,① 而相关政府及管理机构也未加强完善对社会责任体系的治理。

一 新时代网络平台社会责任治理面临的挑战

当下,网络用户规模扩大,网络平台日益影响着现实社会。但随之而来的社会责任缺失问题经由互联网平台集中、放大与快速传播,也同时引起了公众的热烈关注和讨论。然而,当问题出现,公众只一味地抨击涉事网络平台的错误和缺点,却未能提出一些具有建设性的看法和建议。党的十九届四中全会曾提出:推进国家治理体系和治理能力现代化是全党的一项重大战略任务。② 因此,若要网络平台自主提高治理能力、创造社会价值、承担社会责任,对其进行社会责任治理是尤为重要的。强化平台社会责任是党和政府的要求,也是社会公众的呼声。总的来说,目前网络平台社会责任治理面临的挑战主要有以下几个方面。

(一) 传播主体众多使管理难度增强

网络平台的参与者数量庞大、规模不同,使监管和治理平台的社会责任愈加复杂和困难。③ 在日益市场化与技术创新的背景下,仅凭从业者道德自律或政府监管来强化网络平台的社会责任面临越来越大的压力与挑战。一方面,互联网经济发展过于迅速,新型问题出现的速度远远快于制定国家法律制度的速度;另一方面,我国大部分网络平台规则和监管制度都不够完善。例如,连续发生的滴滴顺风车事件说明了司机准入管理缺乏、风险事件预警不足等问题。作为垄断的出行平台,滴滴应为自身的不作为便是社会责任缺失。此外,许多网络自媒体平台发布的谣言、煽情或惊悚信息数不胜数,

---

① 参见杨振国《中国网络媒体社会责任现状调查分析》,《新闻研究导刊》2018 年第 9 期。
② 参见新华社《党的十九届四中全会〈决定〉全文》,https://china.huanqiu.com/article/9CaKrnKnC4J? bsh_bid = 5468074399,2019 - 11 - 5。
③ 参见宣博、易开刚《互联网平台企业的社会责任治理》,《光明日报》,http://www.cssn.cn/zx/201803/t20180327_3888215.shtml? COLLCC = 2763235698&,2019 - 12 - 03。

不仅煽动网民情绪，加剧恐慌，还混乱社会，破坏了稳定的秩序，这使监控部门一时难以做出应对各网络平台的扩散传播谣言的有效措施。

(二) 虚假信息和数据使技术甄别难度加大

某些网络信息平台迫于生存压力或追求经济收益而制造虚假信息和数据。从治理上看，虚拟化的交易行为使平台上的信息很难被有效识别，同时一些繁杂的环节也增加了技术甄别的难度。[①] 如购物平台上的刷单行为，商家的生产地、商品质量不一致等造成销量、评价、评分均不实等问题加大了监察管理的审查难度，使专业化的技术追踪、辨别系统也束手无措。还有网络社交平台微信，其私密性使外部监管力量难以渗透微信空间，社群关系的牢固性使平台内缺乏自我监督的自律机制，两者形成了微信平台法律管理的真空地带。[②] 如2020年的新型冠状病毒公共危机中的谣言乱象就根植于社交媒体，以两微一端为主进行传播扩散。[③][④] 造谣者利用民众对公共危机的高度关注和恐慌心理，通过各种手段和途径在微信群内散播谣言。因此，微信平台无法有效识别用户之间传播的信息，而这些信息和数据可能正好触及了法律底线。

(三) 平台"圈层化"导致危害性事件频发

"圈层化"是指各类圈子分层抽离，形成的一个个内核稳定、连接紧密的社群。[⑤][⑥] 网络平台上各主体根据关系形成了以平台企业为核

---

① 参见包国强等《大数据时代媒体社会伦理与责任的挑战与治理》，《新闻前哨》2016年第8期。

② 参见靳澜涛《微信平台网络舆情治理的挑战与应对》，《中共四川省委党校学报》2016年第3期。

③ 参见赵梓然《谣言传播中的第三传播流——关于舆论情绪化的研究》，《新闻传播》2019年第18期。

④ 参见易杰《疫情类网络谣言的传播及治理研究》，硕士学位论文，中南财经政法大学，2017年。

⑤ 参见李红岩、杜超凡《试论佛教文化网络传播"圈层化"现象》，《宝鸡文理学院学报》（社会科学版）2019年第3期。

⑥ 参见于建海《圈层众筹》，广东经济出版社2016年版。

心圈、参与平台和众多网商为辐射的关系网络。网络平台的圈层化形成了彼此不同的话语体系与平台风格，其产生的影响既能够消解集权，也能够诱发危害性事件。勒庞的《乌合之众》认为，当个体处于群体之中，会易受情感驱使而无法理性思考。在群体心理机制的主导下，易发生危害性的群体行为。[①] 平台的圈层化显然加大了对网络平台社会责任治理的难度。

二 新时代网络平台社会责任治理体系的科学内容

如前所述，网络平台数量繁多，管理难度重大。为建立健全网络平台社会责任治理体系，需从各个方面打好基础。笔者认为，新时代网络平台社会责任治理体系的内容主要囊括七个方面，即平台企业法规保障体系、行政监管体系、监督体系、大数据支撑体系、评价体系、信用体系以及预警体系。

（一）网络平台社会责任治理的法规保障体系

在网络社交平台上频繁活跃的用户，不只有官博官微，也有各类自媒体。自媒体人分布在不同区域、从事着不同的职业，他们不仅成为一支重要的传播力量，还成为内容生产者，能随时随地发布或转发信息。网络上信息鱼龙混杂，有些具有新闻价值，但也有人恶意散布不良信息，破坏网络环境，危害社会安全。因而需建立一个清朗健康的平台企业法规保障体系，出台相关互联网传播政策法规，完善互联网规则体系，明确互联网网络平台的基本定位，建立涵盖网络平台安全、平台责任、数据保护等的法规体系。当一个统一规范、系统的平台企业法规保障体系构建完成时，才能在整体上促进网络平台的长远发展，才能将网络平台普遍存在的问题从根本上解决，也有利于各平台之间在市场中进行公平竞争，有利于促进网络平台制度的建立和完善。

（二）网络平台社会责任治理的行政监管体系

内容为王主导的新格局下，网络平台对市场的竞争体现在对信息

---

① 参见宋佩容《互联网社区平台圈层文化的形成及影响研究》，《新媒体研究》2019年第8期。

流的争夺上。① 在传播内容上，一些低俗的视频被大量分享，不仅侵害青少年身心健康，也扭曲了社会价值取向，因而对网络平台的管控亟待加强。相关部门应对网络平台的内容生产和信息传播进行规范化管理，在社会主义核心价值观的引导下，带领社会发展。② 虽然网络平台迫于国家监管的压力不敢肆意造作，但如今的漏网之鱼不在少数，行政监管机构应加大对网络平台上传视频或信息发布的审核，时刻监督其保持自律、遵守相关政策法规，直面社会责任，保持输出正能量。

（三）网络平台社会责任治理的监督体系

当前，网络乱象频发，建立监督体系显得尤为必要。网络舆论监督是指受众通过互联网对国家事务进行评价、发表意见与建议等。③ 有着言论表达的自由性、舆论监督的广泛性、意见信息交互性的优势。这种监督方式不会耗费政府太多的时间和精力，受众可以借助网络平台满足自己的传播权、媒介接近权，并与其他用户或平台进行交流，从而达成共识。当然，只依靠公众的舆论监督无法根除隐患，平台作为某种程度上的"意见领袖"，若为博得受众眼球而对某些内容进行过度编辑策划，总会带偏部分人的意志，因此，政府应推动网络平台对网络秩序、法规进行宣传普及，做好舆情引导，引导网民采取合法的监督形式，营造一个清新、健康有序的网络环境。

此外，作为传播网络信息的"门户"，网络平台是非理性时评的传播载体，因此也理所应当是率先自律的典范。④ 如果网络平台认识不到自己所应承担的社会责任，永远都不能长远健康地发展。因此，平台内部还需建立一支优秀的监督队伍，加大对内容的监管，制定平台内部责任明确、奖惩明晰的相应规范标准，构建完善的网络平台自律体系和监督体系。除了平台内部，也可以让不同平台间建立起互相

---

① 参见陈璐、范以锦《全媒体环境下构建全新传播体系的对策思考》，《传媒观察》2019年第6期。
② 参见范以锦《商业平台：构建全媒体传播体系不可忽略的力量》，《新闻与写作》2019年第6期。
③ 参见张真弼《试论网络舆论监督体系的建立和完善》，《党政干部论坛》2013年第4期。
④ 参见孟承《规避非理性网络时评规范网络舆论监督体系》，《新闻论坛》2014年第1期。

监督的机制，让监督体系更加完善。

（四）网络平台社会责任治理的大数据支撑体系

基于大数据的网络资讯平台在近年凭借互联网的发展而飞速振兴，成为新型的"信息中介"，使舆论生态、媒体格局、传播方式都发生了深刻变化。当前，我国网络平台大数据体系还不健全，平台企业数据不相通的数据孤岛现象普遍存在。

网络平台应充分利用互联网优势，不断推进社会责任治理精细化、构建基于大数据的信息化、现代化的社会治理体系。① 随着大数据技术的发展，信息开放程度进一步扩大，数据的安全性逐渐受到了人们的重视。② 通过大数据对信息进行整合和分析，运用大数据理念开展数据收集、信息整理可为构建网络平台的社会责任治理体系提供机遇和最大限度的助力。③ 比如为平台的各个角色建立全方位的用户画像，运用大数据主动识别，对其行为进行数据跟踪，对其数据进行挖掘分析等方式能有效问责相关平台主体。

（五）网络平台社会责任的评价体系

现有的平台评价体系主要依赖于专家意见，但专家的经验知识存在局部性和差异性，评价指标难以定量化，这些因素都将影响评价结果。以保障平台发展为前提、提升社会价值为导向，建立网络平台社会责任的评价体系可促使提升平台建设能力。④ 当下，如何对网络平台进行评价，使竞争力得到提升、运营水平得到优化，已成为决定平台企业能否持续发展的关键性因素。网络平台具有高度抽象性，影响平台发展的因素众多，因此需多维调研、全盘统筹、多方考量。为更加合理有效地评价网络平台，评价框架及其指标体系要满足不同类型以及处于不同发展阶段的各类网络平台的评价需求，遵循科学性、实

---

① 参见《构建一体化大数据社会治理体系》，《海南日报》2020年1月22日第9版。
② 参见张佳倩《新闻出版业大数据体系构建》，《传播力研究》2019年第22期。
③ 参见郭艳娜《大数据下经济金融管理体系构建策略分析》，《中国中小企业》2019年第8期。
④ 参见李君、邱君降、柳杨等《工业互联网平台评价指标体系构建与应用研究》，《中国科技论坛》2018年第12期。

效性和可操作性,注重体现共性特征和要素,以突出不同类型平台的共性特征。

(六) 网络平台的信用体系

网络平台面临信用危机有着多方面的原因,如网络平台内部信用管理水平较低、社会责任意识薄弱、一味追求经济利益而损伤了总体信用。① 建构信用体系,需要政府和社会各方面相互配合,以道德意识为内在约束,社会监督为外在审核,共同构建诚实守信的信用环境。共同推动建立符合实际、涉及平台信用的一系列管理体系和法律法规等。

在掌握网络平台信用状况的基础上,可对其信用进行分级并采取差异化的监管措施。同时,还需建立健全责任追究机制,若网络平台被列入失信名单,应依法对其主要负责人进行失信惩戒,并将相关失信行为记录下来。同时,网络平台也可通过信用承诺或整改等方式开展信用修复,纠正自身失信行为、消除不良影响。②

(七) 网络平台社会责任治理的预警体系

网络媒体平台是舆情发酵的主要阵地,虚假信息与谣言的快速传播会加大公众的认知风险,舆情管制和危机处理不当会激化危机处置风险,使政府形象遭到重创。而媒体报道失语也会加剧舆情传播的风险③,网络虚假信息,不但日益影响着人们对公共危机事件的客观认识与判断,也影响了相关部门对公共危机事件的有效处置④。因此,加强风险识别与智能预警是消除潜在风险的根本良策。网络平台应建立健全相对完整的网络舆情监控预警体系,将预警机制视为一个整体的动态系统,覆盖对舆情危机信息的监测、评价,以及应对的

---

① 参见陈立娟《企业信用体系中的第三方》,《理论月刊》2015 年第 6 期。
② 参见叶雪枫《中国社交类网络平台新闻信息治理研究》,硕士学位论文,上海社会科学院,2018 年。
③ 参见温志强、李永俊《融媒体时代基于语义识别的网络舆情风险智能预警体系构建》,《传媒》2019 年第 12 期。
④ 参见殷晓椿《基于新媒体的疫情谣言传播个案研究》,硕士学位论文,上海交通大学,2014 年。

全过程,①包括信息监测采集系统,舆情分析判断系统以及危机预警预控系统。②做好危机监测和预警工作,才能减少舆情的传播扩散,降低损害,做出最优化处理。所以政府、媒体、平台自身都需要完善预警体系的方案库,根据不同的预警等级制订好具有针对性、可行性的应急方案,积累大量数据得出危机事件发生前的普遍规律,留出解决和反应的时间以有效应对危机。

三 如何构建网络平台社会责任治理体系

社会责任治理体系的构建是基于制度、组织与技术的三重治理。在协同治理的理念指导下,需构建包括制度治理、组织治理和技术治理在内的网络平台社会责任治理体系。

(一)推进网络立法,完善网络平台管控

由于互联网是一个虚拟平台,出于匿名性的心理机制,一些人明目张胆地在网上散布谣言、传播色情信息或恶俗内容,甚至"人肉搜索",这些行为反映了现有法律法规的滞后。应当明确,互联网不是法外之地,互联网立法才是规范网络行为的关键保障。③规范网络空间行为、构建网络平台社会责任体系,离不开互联网法律法规的成熟与应用。而当前最大的瓶颈就是部分网络平台钻法律的空子来逃避社会责任。

因此,建立追责制度完善、具体明确的法规体系,龙头地位的网络平台应率先承担社会责任,给其余平台立下榜样,最终使普遍适用的法律法规能作用于每一个网络平台。同时,政府相关部门也要加强对网络平台行为的执法和立法,完善网络平台社会责任治理的相关法律法规,改变违法现状,使社会责任缺失的问题均"有法可依"。

---

① 参见闫璐《大数据环境下网络舆情危机预警机制研究》,硕士学位论文,吉林大学,2018年。
② 参见李则霖《政府应对突发事件舆论引导机制研究》,硕士学位论文,湘潭大学,2019年。
③ 参见《以互联网立法规范网络秩序》,人民网,http://opinion.people.com.cn/n/2014/1102/c1003-25957285.html,2020-02-16。

（二）促进全网守法，加强平台自律建设

作为传播主体，网络平台具备社会责任意识并履行社会责任是决定自身长远健康发展的关键。针对网络平台在传播过程中的失范现象，平台自身应积极采取措施，遵守法律法规，加强自身的责任意识，自觉践行社会责任行为，虚心接受舆论监督，加强自律建设。按照互联网管理的法律法规不断完善平台内部组织结构，建立完善各项管理制度，积极引导平台用户严格遵规守法，加强行业自律和自身建设，真正做到知网懂网、依法办网、文明上网。

同时，平台用户也应加强对安全信息的学习和掌握，强化自身的法律意识，提高对不良信息的识别能力，学会利用网络媒介对网络平台的不足提出建议和意见，对其不履行社会责任的行为进行舆论制约，如及时向相关法律部门举报网络平台上的不实信息或虚假伪劣产品，以维护个人利益。

（三）严格网络执法，建设形成专业监督队伍

为切实加强网络平台治理，除了制定实施相关法律法规、加大网络执法力度之外，最重要的是加强建设网络监管队伍，积极开展网络监管技术的学习，加大监控力度，严格网络执法。为杜绝此类现象的再次发生，要建立基于组织治理的组织体系，需平台、监察机构、政府等主体的有机结合，并形成协同治理的战略合作伙伴关系，从而建立起全面的治理格局。[①] 在网络监管人员的协助下，制定相应监管措施并深入落实，严厉打压网络违法行为，营造积极健康的网络环境。

（四）对治理主体分类，加强主体联动

根据社会责任的程度和性质，有必要对其进行分类治理，并明确每个治理主体的重点。因此，需做好对网络平台社会责任问题的分类工作，将其分类为社会组织处理、司法和行政机关处理和自主治理的类别。此外，各治理主体还应加强互动和协同，发挥各主体在治理上

---

① 参见易开刚、厉飞芹《平台经济视域下商业舞弊行为的协同治理——问题透视、治理框架与路径创新》，《天津商业大学学报》2017年第3期。

的最佳优势,从而形成协同合作的治理网络。通过平台之间的互相监督、协同联动、通力合作从而找到一个普惠实用的治理模式,有效降低网络平台失责的风险。

(五)提升监测技术,积极发布社会责任报告

当下,大多数网络行为在信息技术的监测下都变得透明化,提高监测技术,建立健全网络平台干预机制和网络监管技术体系不仅在很大程度上节约了人力和精力,还能有效地针对社会责任的治理问题。因此,有必要在网络平台的社会责任治理和监管过程中加强对云计算、大数据等技术的应用。此外,利用信息技术创新和监督渠道,网络平台也需积极发布社会责任报告,使社会成员能够了解并监督自身履行社会责任的情况,以此来不断推动监管向纵深推进。

结　语

我国的网络平台社会责任治理体系建设虽还未完善,但也不应操之过急,从现状来看,应逐步建设好各个体系,从以上方面修好"围栏",才能让网络平台的社会责任意识根深蒂固。相关制度的确立、监测技术的提升,以及相关部门的监督也须与时俱进。监察部门要做好对网络平台的检查和巡视,全方位进行实时动态监控。[①] 对于触犯法律底线的网络平台绝不姑息,严厉惩处,以此警示其余平台,净化网络环境。

总之,网络平台应着重甄别和筛选信息,用有价值、有内涵的内容来获取网民的信任。在加强自律的同时也要积极融入社会责任治理的理念,将公众利益和社会效益放在首位,起到作为拥有传播力的平台的示范作用和主导作用。并不是说,要求网络平台重视社会责任就得让他们舍弃自己的经济利益,因为这种方式只会使平台自取灭亡,也不利于我国网络经济以及网络平台的发展。为了建设更加便捷、更为普惠公民的社会,网络平台既要讲社会责任,又要看商业价值。

---

① 参见李帷筎、张波《新媒体时代网络舆论的监督与引导》,《科技传播》2019 年第 15 期。

从根本上来讲，网络平台的社会责任问题更多地触及社会公共范畴，只依靠平台自身或政府都无法取得良好的治理效果。因此，深入挖掘问题成因，理性面对发展困境，正确分析网络平台走向，针对种种责任失范及其引发的社会责任问题，需以一种理性和审慎的态度来分析和反思，唯有如此，才能塑造负责任的网络平台，才能建立其合乎时代发展和现实需求的健康有序的社会责任治理体系。

第十三章 多方较力下的平台责任：基于《王者荣耀》青年守护计划案例

第一节 问题的提出

20世纪90年代以来，数字和通信技术的发展带来以互联网、移动互联网、大数据、人工智能、5G为标志的一系列变革，颠覆了生产和商业的运作方式以及人们生活和思维方式。我们被媒介包围，空气中弥散着信息的味道，"后数字化时代"互联网不再仅仅关注于信息交换，它已然经由工具层面、实践层面抵达到社会安排或制度形式的层面，所有数字技术被无缝地集成到我们的日常之中[1]。截至2020年6月，我国网民规模达9.40亿，其中19岁以下占比18.3%[2]（见图13-1）。作为数字时代的原住民，青少年在网络空间经常扮演着重要的角色。互联网迅速发展给未成年人提供了更为广阔舞台，但前期把关滞后，后期监管失责等诸多原因作用下使大量虚假、色情、暴力、血腥和迷信的内容充斥在网络空间，安全意识不够、自制能力偏弱的未成年人很容易遭受网络良莠不齐信息的影响乃至污染[3]。此外，侵犯个人隐私、高额打赏充值以及长时间沉迷使用等传播失范行为频繁

---

[1] 参见胡泳《数字位移：重新思考数字化》，中国人民大学出版社2020年版。
[2] 数据来源：第46次中国互联网发展状况统计报告。
[3] 参见王建敏、倪桂芳《未成年人网络空间权益保护问题研究》，《预防青少年犯罪研究》2020年第3期。

出现，严重扰乱网络公共空间和社会健康秩序，引发主管部门采取必要的网络平台治理。青少年模式就是政府和企业协同助力未成年人守护的阶段性成果，通过内容筛选、时长限制、部分功能关闭等方法让青少年尽可能少地接触不良内容，部分平台引入亲子模式为父母提供监督管理的后台，但在实际操作中依然存在明知故犯、漠视规定的企业。特别是在"青少年模式"下，部分应用仍能搜索到色情低俗的内容，这种置青少年权益于不顾的反向操作其负面影响让人担忧。平台希望争夺青少年的注意力本身无可厚非，但绝不能以损害未成年人身心健康为代价。

本案例以现象级游戏《王者荣耀》为研究对象，对我国未成年人"防沉迷体系"进行历史脉络的回顾，从企业主导下的"成长守护平台"到国家网信办引导下的"青少年模式"，有助于系统性了解我国互联网平台在未成年人保护方面存在的发展转向和问题成因。作为一款历史争议颇大的国民手游，它是较早一批率先进行青少年模式探索的互联网公司，游戏应用与未成年人之间的矛盾冲突是具有典型性的，诸多短视频成瘾性消费都能从《王者荣耀》的历史舆论中找到相似的案例；而且作为当下用户规模最大的手游 App，它的守护计划在迭代更新中有了更多崭新的探索尝试，其守护计划对于当下"青少年模式"的落地完善有着很强的参考属性和借鉴可能。

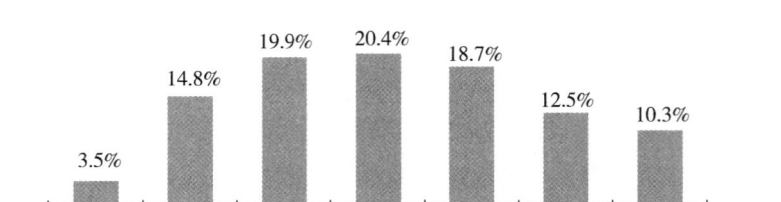

网民年龄结构

10岁以下	3.5%
10—19岁	14.8%
20—29岁	19.9%
30—39岁	20.4%
40—49岁	18.7%
50—59岁	12.5%
60岁及以上	10.3%

图13-1 中国互联网发展状况统计调查

数据来源：CNNIC中国互联网络发展状况统计调查，2020年6月。

第十三章 多方较力下的平台责任:基于《王者荣耀》青年守护计划案例

截至2020年6月,我国网络游戏用户规模达5.4亿,手机网络游戏用户规模达5.36亿,网络游戏市场实际销售收入1394.93亿元,同比增长22.34%①。数字游戏已成为极为普遍的大众娱乐方式,是近半数中国人日常文化消费的对象(见表13-1)。伴随着游戏产业链的不断发展,各种面向未成年人的游戏品类陆续推出,迅速吸引大量青少年用户;媒体报道从"电子海洛因"到"中国创造"的话语变迁,不仅折射出数字游戏在中国社会认知乃至意识形态的转向,也暗示了游戏与社会生活的深度融合②。随着用户规模不断扩张,青少年过度游戏的负面报道引发不少社会争议,尤其是2017年7月,以人民网、新华社为代表的主流媒体公开指责《王者荣耀》缺乏社会责任担当,危害少年儿童身心健康,从而引发全民性的社会围观。文章指出作为爆款手游的运营商天美工作室在商业上无疑是成功的,但在社会层面却在不断释放负能量③。文章还提到游戏出品方6月初的健康游戏反沉迷系统在某种程度上看到企业防范诚意,但"三板斧"能否"解毒"还有待时间检验④。其实早在2017年2月初,腾讯方面率先推出游戏成长守护平台,5月再推出移动端游戏实名注册系统,6月主动推出《王者荣耀》健康系统。被批事件后,腾讯游戏加紧完善未成年人保护体系健康防护方案,由"王者农药"引发的孩子"跳楼"、上万元金额充值、"离家出走"等极端事件有所遏制,游戏成瘾倾向、非理性消费行为以及未成年人信息安全隐患等问题得到有效控制。作为国内较早一批探索和尝试未成年人保护的企业,腾讯无疑在"青少年模式"道路上走得更早更远,并在这个过程中不断改错优化。

---

① 数据来源:2020年1—6月中国游戏产业报告。
② 参见何威、曹书乐《从"电子海洛因"到"中国创造":〈人民日报〉游戏报道(1981—2017)的话语变迁》,《国际新闻界》2018年第5期。
③ 参见刘芮君《〈王者荣耀〉的网络舆情分析》,硕士学位论文,吉林大学,2019年。
④ 参见《王者荣耀》,是娱乐大众还是"陷害"人生,人民网,http://media.people.com.cn/n1/2017/0704/c40606-29380709.html。

表 13-1　　2020.3、2020.6 网民网络游戏应用规模和使用率

应用	2020.3		2020.6		增长率
	用户规模（万）	网民使用率	用户规模（万）	网民使用率	
网络游戏	53182	58.9%	53987	57.4%	1.5%

第二节　文献回顾：青少年在数字游戏的权益研究

未成年人保护一直是国内外共同关注的话题，随着互联网等媒介技术大发展大繁荣的同时，原有的"童年"概念逐渐消失，围绕着青少年网络空间治理的难题摆在所有学者、父母和社会大众面前。

一　国外文献综述

约翰·帕克指出在 20 世纪的所有发明中，互联网对个人（尤其是未成年人）生活侵犯得最为厉害[①]；麦克卢汉在《理解媒介：论人的延伸》写道：技术的影响并非发生在意见或概念层面，而是慢慢借由改变感觉的比例和直觉模式实现的，而我们对这发生的一切毫无抗拒，电子媒介以强烈的视觉冲击影响着青少年的感官世界，感觉失衡很容易造成认知上的误差与局限[②]；尼尔·波兹曼认为电视不能保证收集且过滤信息，更多是一种任何年龄段群体都能接收的"传动信息"，电子媒介通过暴露成人的性、暴力以及成年人的神秘性，瓦解儿童和成人之间的界限，从而导致儿童羞耻心的丧失，使得儿童成人化趋势明显[③]；玛丽·威妮在《失落童年的儿童》中认为不可控的信息世界对于童年文化边界的侵入，媒体向儿童灌输成年人生活的秘密，导致儿童的说话和行为趋于成熟[④]；

[①] 参见约翰·帕克《全民监控：大数据时代的安全与隐私困境》，关立深译，金城出版社 2015 年版，第 299 页。

[②] 参见马歇尔·麦克卢汉《理解媒介：论人的延伸》，何道宽译，商务印书馆 2004 年版。

[③] 参见尼尔·波兹曼《童年的消逝》，吴燕莛译，广西师范大学出版社 2004 年版，第 6、284、279 页。

[④] Maria, W., *Children Without Childhood*, New York: Penguin, 1984.

第十三章 多方较力下的平台责任:基于《王者荣耀》青年守护计划案例

梅罗维茨提出"新媒介—新场景—新行为"的媒介情境论,即电子媒介促成旧有情境的融合重组,新的媒介场景将成年人后台的"秘密"堂而皇之地暴露给儿童,从而导致儿童的成人化[1]。塞尔纳等人认为互联网的出现使得见解和信息自由的行使范围扩大到无穷大,无限使用言论自由可能导致无休止的侵犯,这种背景下为互联网言论自由划分适当界限,特别是内容倾销和网络责任归属,未成年人保护和参与系统监管等相关问题[2]。索尼亚·利文斯通(Livingstone Sonia)等人指出儿童具有针对"每个人"的治理制度无法满足的特定需求和权利,在政策和治理应确保儿童获得访问和使用数字媒介的能力,不能忽视他们参与的自由[3]。

二 国内文献综述

我国政府历来重视青少年的健康成长和对未成年人合法权益的保护,但在网络游戏与青少年权益的相关研究起步较晚。现有文献主要集中在关于未成年人在网络空间的安全问题,关于受到侵害的主要原因以及相应的保护措施。

新媒体对青少年日常生活的渗透性和嵌入性非常强,未成年人很难区分社交媒体中的公共空间和私人生活的界限对于秩序、场景、规范的认识不清,很容易引发网络暴力等问题。未成年人的网络身份从被动接受转为主动参与,网络空间大量诸如虚假、淫秽色情、反动迷信等不良信息一旦被检索或查看将会严重影响未成年人的健康成长[4],保护未成年人合法权益,免遭不良信息玷污已经成为信息时代的重要

---

[1] 参见梅罗维茨《消失的地域:电子媒介对社会行为的影响》,肖志军译,清华大学出版社 2002 年版。

[2] FJA Serna, JB Iniesta, "The Delimitation of Freedom of Speech on the Internet: the Confrontation of Rights and Digital Censorship", *ADCAIJ: Advances in Distributed Computing and Artificial Intelligence Journal*, 2018, 7 (1): 5–12.

[3] Livingstone, S., Carr, J., Byrne, J., One in Three: Internet Governance and Children's Rights, No. 22, 2015.

[4] 参见佟丽华《儿童网络安全风险、网络保护的国际发展及其启示》,《中国青年社会科学》2018 年第 1 期。

课题①。即时便捷的网络媒体为其提供自我表达、情绪宣泄的空间，但信息的"鱼龙混杂"加剧未成年人在网络空间的风险。目前网络游戏对青少年的影响主要集中在以下三个方面：一是认知误导，网络成瘾行为容易造成青少年身心伤害、发展伤害和行为失范，缺乏科学有效的网络成瘾矫治方法会侵犯网瘾青少年的健康权、生命权等合法权益②；二是行为越轨，网络暴力游戏操作者通过角色内化、身份认同、动作模仿和行为强化很容易造成网络游戏成瘾和反社会行为增加③；三是现实与游戏的"脱钩"，沉浸状态的网络游戏用户往往满足于在虚拟游戏中的成就感，对现实世界的压力采取逃避的态度，形成自我封闭的倾向④。

不同学者对青少年的媒介行为存在不同解释，崔丽娟等人指出现实情感的补偿与发泄、人际交往与团队归属以及成就感共同构建青少年游戏行为的心理需求模型⑤；曹书乐等人结合《阴阳师》手游的氪金机制提出基于竞争、情感与社交的氪金动机思考⑥；曾庆东等人指出青少年对于新鲜事物的学习能力极强，但自我控制能力和自我保护能力薄弱、危险防御能力缺乏，容易沉溺于网络空间之中⑦；孙宏艳强调只有解决青少年成长中的实际问题，丰富他们的现实生活，才能从根源上解决问题，家长、老师都应该在这个过程中给予更多支持和帮助。

目前我国正逐步完善未成年人身心健康、合法权益保护和青少年

---

① 参见赵根山、高得胜《Internet 与未成年人权益保护》，《法制与经济》1999 年第 3 期。
② 参见郗杰英、郭开元《论我国青少年网络成瘾及其矫治》，《中国青年研究》2009 年第 12 期。
③ 参见盖艳伟《网络暴力游戏成瘾的心理机制探析》，《心理月刊》2019 年第 5 期。
④ 参见陈小环《大学生网络游戏成瘾影响因素及教育对策》，《牡丹江师范学院学报》（哲学社会科学版）2010 年第 6 期。
⑤ 参见才源源、崔丽娟、李昕《青少年网络游戏行为的心理需求研究》，《心理科学》2007 年第 1 期。
⑥ 参见曹书乐、许馨仪《竞争、情感与社交:〈阴阳师〉手游的氪金机制与玩家氪金动机研究》，《新闻记者》2020 年第 7 期。
⑦ 参见曾庆东、李志春《网络游戏对大学生的心理影响及其对策研究》，《中国水运》（理论版）2007 年第 3 期。

违法犯罪预防以及对违法犯罪青少年矫治改造的法律保护体系[①]。除去有效的法律监管体系之外，建立学校、社会、家长三方责任机制迫在眉睫[②]，这需要相关网络企业需要在制度规范和技术层面落实法律要求，在充分满足未成年人合理网络需求的同时制定严格自审和应急流程在内的企业规范，引导未成年人绿色文明上网[③]。需要注意的是，我国未成年人权益诉讼保护要素存在缺失，未能在司法审判中落实"未成年人最大利益原则"，很难对未成年人提供有效保护，需要从程序设置、原则确立、制度构建等方面进行司法完善[④]。

第三节 政企合力："青少年模式"的探索

青少年反沉迷系统是网络短视频领域首次尝试开展的青少年反沉迷工作，对于呵护未成年人健康成长、行业履行社会责任、营造良好网络环境具有创新性意义。这是国家层面联合企业保护青少年的一种举措，在规范短视频、直播等平台具有重要意义，2019年国家网信办公布的数据显示，平均每日约有4.6亿短视频用户收到过"青少年模式"的弹窗提醒，在限制青少年观看内容方面颇有成效。

一 "青少年模式"的初步建立

2018年8月30日，教育部等八部门联合印发关于《综合防控儿童青少年近视实施方案》的通知，国家新闻出版署将对网络游戏实施总量调控，通过游戏版号严格控制新增网络游戏数量，采取措施限制

[①] 参见刘金霞《我国青少年权益法律保护制度体系研究》，《北京青年政治学院学报》2004年第4期。
[②] 参见薛艺《我国网络游戏业中未成年人权益保护的法律制度研究》，《法制与社会》2010年第10期。
[③] 参见代秋影、苑宁宁《"未成年人网络保护与犯罪预防研讨会"综述》，《预防青少年犯罪研究》2017年第1期。
[④] 参见张旭东《未成年人权益诉讼保护要素缺失与补足——基于个案分析》，《集美大学学报》(哲学社会科学版) 2012年第3期。

未成年人使用时间。通知指出部分网络平台藏污纳垢，色情暴力易，危险动作、整蛊恶搞等不良内容也极容易妨碍其正确价值观的形成，部分网络平台对症下药开始对内容加强筛选；通过网络支付工具进行游戏付费，支付行为缺乏理性，多家平台推出消费提醒、充值退款等相应措施，但仍存在平台拒绝退款或退款条件苛刻；近年来老师、家长对游戏时长的管制导致未成年人离家出走等情况屡见不鲜，网络欺凌等暴力事件时有爆料，要求多方应采取心理疏导等措施及时救助，屏蔽对未成年人身心健康不利的内容和留言。

2019年3月28日，国家网信办指导组织"抖音""快手""火山小视频"等短视频平台试点上线青少年防沉迷系统，用户每次首次启动应用时系统将进行弹窗提醒，引导家长帮助设置"青少年模式"，进入"青少年模式"后，用户使用时段受限、服务功能部分开放、在线时长固定，且只能访问青少年专属内容池。5月28日，国家网信办统筹指导西瓜视频、哔哩哔哩、秒拍等14家短视频平台，以及腾讯视频、爱奇艺、优酷、PP视频等4家网络视频平台在"六一"儿童节之前同意上线"青少年防沉迷系统"。10月14日，国家网信办继续深入推进青少年网络反沉迷工作，统筹指导六间房、花椒直播等24家网络直播平台，搜狐视频、百度视频等9家网络视频平台统一上线"青少年模式"，到目前为止国内共有53家平台上线"青少年模式"，网络反沉迷工作基本覆盖主要网络直播和视频平台。

二 "青少年模式"的系统功能

全面推行"青少年防沉迷系统"得到各主要视频平台的积极响应和充分配合，各平台将上线防沉迷系统作为履行社会责任的重要机遇和举动，主动加入反沉迷体系。媒介社会下的青少年健康安全得到更多关注，游戏、短视频等社会问题暴露引发的舆论声讨，迫使企业履行法律责任和社会责任，并试图建立社会效应和经济效应的统一。以哔哩哔哩青少年模式为例，开启青少年模式后首页将呈现出一批精选的教育类、知识类内容；无法进行充值、打赏等操作，每日22时至次日6时期间无法使用哔哩哔哩;将自动开启时间锁,时间锁为40分钟,单日使用时长超过触发时间,需要输入密码才能继续使用;开启青少年模式需先设置独立密码,如忘记可通过申诉重置密码;为促进青少年健康成长做出的尝试,优先针对核心场景进行优化,也将致力于更多场景。抖音的青少年模式则在此基础上增加了亲子平台版块,家长可以根据需要设置孩子使用抖音的时长,为孩子远程开启儿童/青少年模式,抖音在亲自平台协议也就如何提交申请、如何使用以及法律责任与隐私政策进行强调。

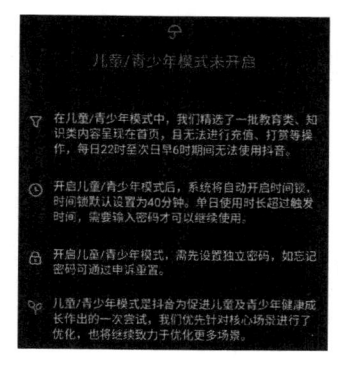

抖音:青少年模式　　　　哔哩哔哩:青少年模式

图 13 – 2　短视频青少年模式

第四节　实践漏洞:"青少年模式"的反思

中国青少年研究中心日前发布调查报告显示,近七成(65.6%)受访未成年人使用过短视频软件,初中学生用过短视频软件的比例很高,29.7%的未成年人认为多数短视频内容低俗,31.4%的未成年人认为短视频采用的青少年模式用处不大,部分平台"青少年模式"名不副实,比如在使用时限上,抖音、虎牙、抖音等平台可通过输入密码延长使用时间;在充值环节,斗鱼和酷狗规定,对于未成年人使用行为及后果"不承担责任";在注册和登录方式上,《和平精英》《王者荣耀》等游戏可通过微信、QQ等操作绕开实名认证。

近期全国"扫黄打非"办公室部署广东省"扫黄打非"部门,对"全民K歌"App传播色情低俗歌曲、青少年模式形同虚设等突出问题进行查处。随后广东省"扫黄打非"办公室联合省网信办约谈"全民K歌"软件的开发运营商腾讯公司,责令全面整改。一直以来,媒体不停报道,但腾讯方面置若罔闻,"全民K歌"之所以能够长期与监管周旋,与其隐蔽、模糊的操作有关,一边打着"熟人社交"的招牌,宣扬全民社交、全民娱乐的理念,一边却以"K歌"为旗号,大打擦边球,在评论区"约磕",一些账号甚至为色情平台引流。特别是在"青少年模式"下,"全民K歌"仍能搜索到色情低俗信息。联系此种现象存在的长期性、普遍性,仅仅以"监管不到位"很难解释,平台故意反向操作,置青少年权益于不顾,其负面影响让人担忧。平台希望争夺青少年的注意力,本身并无问题,但不能以色情低俗为饵,助长一种无节制花钱刷礼物、崇尚奢靡的恶劣风气。目前有关部门果断出手、严厉整改,诸如下线"交友陪玩"功能;清理平台上涉黄歌曲色情低俗视频、评论;处置封禁违规账号和歌房;关闭青少年模式下的站内搜索功能,对该模式下的安全机制和产品功能进行完善。

一 企业层面:发展阶段与技术能力的错位

防沉迷措施虽然在一定程度上减轻了一些青少年对于短视频、游戏的依赖,但是在技术上的短板依然存在,由于各平台技术研发能力存在差异,现有的青少年防沉迷系统需要依靠用户自主设定才能发挥作用,在利用大数据分析、人工智能主动识别智能判断使用对象的身份存在技术短板。这与企业的技术能力、发展阶段和公司定位有着紧密的关系,一般来说需求驱动型公司的核心竞争力在于世界一流的消费者和用户洞察能力,技术创新在公司发展战略处于次要地位,而技术驱动型公司基于公司的技术能力开发新产品或服务,每一项突破性创新都是基于技术驱动导向,这使得企业在技术研发领域走得更远,目前中国的互联网巨头多为需求驱动型公司。虽然青少年模式在"不让孩子看什么"方面发挥比较关键的作用,但各平台对于"孩子究竟看什么"仍存在不同理解,这往往需要算法技术的精准判断和识别,目前很多平台在青少年专属内容池这块存在规模、种类上的巨大差异,一方面是由于现有的平台在优质内容供给方面相对不足;另一方面的原因可能是算法模型在内容过滤时采取粗颗粒的筛选方式,大量优质的内容由于算法的错误判断无法进入青少年模式的内容生态。"作为一个平台或技术,如果优质内容不去占领,那么有害内容就会去占领",关于制定什么样的专属内容池,如何扩充优质资源减少不良低俗信息将会成为下一步需要考虑的重要问题。

二 理念层面:短期效应与社会责任的冲突

"青少年模式"的有名无实看似是技术漏洞,背后却是网络平台的选择性失明。目前我国互联网应用程序产业普遍采用前端免费、后端获利的模式,点击率在线量不仅意味着消费潜力,更是注意力变现的广告收益。目前青少年全体消费潜能巨大,主动采取限制触网的方式无疑是自断财路,这样一来,识别青少年身份,开启青少年模式就与流量变现的商业模式产生冲突。既然相关部门有统一部署,那么只求在规则上"达标",而在实际效果层面就另说。一般来说,很多平台大多采用消极的实名认证机制,有意无意地模糊青少年身份,使得所有针对青少年的保护措施都无法施行。企业是市场主体,却没有承担好社会经济责任,这反映部分公司内部没有形成社会责任的公司文化和价值使命,"伟大的公司是要有价值观的输出和情感连接的",如果无法权衡商业利益和用户权益的关系,那么平台本身很难长久走下去。社会责任感和良好公共形象,更是软实力和竞争优势,在追求利润的同时,勿忘追求使命,如此才能够成为真正伟大的公司。

三 法规层面:立法规范与具体落实的两面皮

尽管有主管部门的引导规范,"青少年模式"通过弹窗引导、限定时长、筛选内容等方式，让青少年在更适宜的环境下触网。但从现实来看，各大平台的执行力度不尽相同，保护青少年成长的"张良计"在执行中遇到了企业的"过墙梯"，很多平台仅仅将"青少年模式"当成社会履责的幌子，在实际保护效果上远远达不到预期。制度落地的困难在于规则和受保护方以及落地方案之间存在脱节，"保护制度与保护者之间没有形成共识"，在政府主导下的平台管理很容易呈现出"我越主动你越消极"的现象，如何重新激发企业执行热情是需要思考的问题。

第五节 对策思考：基于《王者荣耀》的青少年模式优化路径

青少年是数字时代的原住民，网络已经成为青少年接受社会教育、完成道德和社会化的重要背景。但青少年的特殊性往往难以充分意识到网络带来的负面效应，因此需要我们借助一些有效手段防止其沉迷网络。青少年模式作为国家层面保护未成年人的一种新举措，其价值值得肯定，但发挥作用的具体路径有待优化。

一 外部治理：基于利益相关方的协同治理

目前腾讯旗下的游戏产品均进行防沉迷机制的绑定，这在一定程度上缓解了未成年人无节制打游戏的现象，以腾讯旗下《王者荣耀》为例，相比启用校验前，未满13周岁的未成年人用户平均时长下降约59.8%，13周岁及以上未成年人用户平均时长下降40.3%。以实名验证为基础，腾讯对疑似未成年人主动发起人脸识别验证，"如果发现是未成年人会增加一些刚性的限制性措施，包括时长时段、功能限制以及内容限制"。游戏平台需要建立技术、法律和社会相关层面联动机制，在利益相关方的理论框架下进行协同治理，尽快建立围绕青少年、家长、游戏平台、政府部门以及第三方组织之间基于相关利益者的框架：

第十三章　多方较力下的平台责任:基于《王者荣耀》青年守护计划案例

(一) 未成年人:媒介素养提升

孩子自身需要了解沉迷网络可能带来的危害,在了解的基础上逐步形成理性消费的观念。目前青少年较早接触网络媒体,对互联网基础知识有更多认知理解,儿童成人化在一定程度上催熟了青少年的身心年龄[①],需要借助科技教育和媒介素养学习来提升科学上网水平和科学实践精神,帮助青少年人树立良好的三观。

(二) 家长:关心管理未成年网络行为

其次是家长需要做好榜样,时刻关心孩子身心健康,可以通过事前设置孩子的游戏时长,后台远程跟踪未成年人的游戏轨迹[②]。信息时代使用收集已是大势所趋,不能苛求父母时时刻刻盯着孩子,但也要警惕"手机带娃"成为"流行病"[③],父母理应尽到监护职责,对青少年多一些关心和陪伴,不能任由孩子沉溺网游或直播,但在处理过程中应关注青少年情绪和自尊,不能采用冲突的方式解决问题。[④]

(三) 网络平台:社会责任建设落到实处

平台需要将社会责任纳入企业战略发展的框架,建立社会责任与品牌经营的共赢关系,担负相应的社会责任和法律责任,充分发挥平台的核心作用,除在技术层面提供"强管理"的工具和手段外,也要通过提供合适优质的数字娱乐内容,实现"堵"和"疏"的紧密结合。目前腾讯通过建设涵盖家长守护、师生互动、自我管理为一体的"全能型"互动平台,打通家长和孩子的间隔,而在很多短视频、直播应用中很少存在家长了解孩子"玩了什么"的信息。在这个过程中各平台可以在政府部门的引导下建立超大型的亲子守护平台,父母可以绑定孩子游戏、社交等账号,父母可以远程了解孩子查看了哪些内

---

① 参见王海明、任娟娟、黄少华《青少年网络行为特征及其与网络认知的相关性研究》,《兰州大学学报》2005年第4期。
② 参见2020年第三次修订《未成年人保护法》"未成年人的父母或其他监护人应当提高网络素养,规范自身使用网络行为,加强对未成年人使用网络行为的引导和监督"。
③ 参见焦风光《警惕"手机带娃"成为"流行病"》,《湖南日报》2018年8月6日第6版。
④ 参见王明忠、范翠英、周宗奎等《父母冲突影响青少年抑郁和社交焦虑——基于认知—情境理论和情绪安全感理论》,《心理学报》2014年第1期。

容，喜欢什么，进而提供父母与孩子沟通交流的话题，但在这个过程中需要注意未成年人的隐私保护，仅在某些限制性功能或敏感性信息才会有更多的提醒①。

（四）政府：抓落实提覆盖

政府应尽快补上法律法规短板，明确互联网企业开发、运营的法律责任，健全游戏、短视频等行业行政监管与司法维权的机制，用行政处罚、民事索赔、公益诉讼等措施促使行业自我规范，扭转国家引导下的内生动力不足的问题，切实将网络产业纳入法治化轨道，不断完善"青少年模式"在社交类、信息检索类等应用平台的普及。目前腾讯基于自身产品数量进行成长守护模式的推进，覆盖旗下 80 款游戏应用，虽然目前已经有 53 家 App 开启了"青少年模式"，但对庞大的应用市场而来说这是不够的，接下来政府应该在落实监管的同时加紧其他应用的普及。

（五）第三方：助力协同

行业组织和中消协需要加紧行业健康标准的制定，针对行业问题进行公开问责和曝光，履行监督互联网企业的社会法律责任。从推出防沉迷"三板斧"的背景不难看出，科技公司客观来说是基于舆论压力而被迫进行非法定责任下的自我完善，在此期间推出的防范机制既不是行业标准，也不是法律规定，更多是自身平台的一种实践经验，很难得到同行们的认可。因此需要一种"新的行业工会主义"，以应对知识经济中，尤其是在新媒体背景下出现的新问题和新挑战，联合其他机构组织参与其中，共同助力行业建设。如第三方支付平台需要积极配合未成年人防治工作，通过支付环节严格把关未成年人的消费行为。

（六）终端层面：手机系统围追堵截

重视互联网各环节主体的责任落实和协作，尤其是应用商店和

---

① 参见史奉楚《落实"青少年模式"需家长与平台协同配合》，《兵团日报》（汉）2020年11月10日第8版。

第十三章 多方较力下的平台责任:基于《王者荣耀》青年守护计划案例

终端设备需要承担相应的要求鼓励为用户提供技术软件保护未成年人个人信息和身心健康。目前青少年模式的打开方式主要为家长事前开启,然后交给未成年人,一旦未成年人绕过家长的监管,那么青少年模式对未成年人就丝毫没有作用。因此可以采取两种方式,一是学习苹果应用商店下载的指纹确认,避免未成年人私自下载可能不设限的应用;二是开放绿色软件过滤或者推出适用于未成年人的绿色手机,一旦使用或开启就会切换到适合未成年人的操作模式下,这种将孩子和大人区分开来的模式可能是对青少年模式的一种延伸。

二 内部治理:社会责任资本化与外部性治理的内部化

(一) 战略层面:社会责任纳入品牌建设

当前要实现青少年和电子游戏间完全隔离"不太现实",单从技术上在二者之间建立"防火墙"确实很有必要,"在青少年尚未形成系统价值观的情况下,需要家长配合和主导。"游戏平台需要一个专门的渠道和入口,可以让家长根据孩子的年龄选择适合的游戏,"现在很多孩子玩什么游戏家长并不清楚,下一步需要让家长有能力变被动为主动"。

随着互联网平台化发展的不断深入,平台运营主体开始在互联网内容治理中发挥关键性作用,且逐渐成为内容治理的着力点。从技术层面来看,游戏平台在技术研发和设计当中对于自身平台问题存在清楚认知,且掌握着重要的技术治理手段,目前腾讯通过"实名认证+疑似验证"进行技术创新,并正在探索"人脸识别技术"的进一步深化应用,这提醒其他企业抓紧技术深入挖掘智能算法潜力,通过媒介使用行为判断用户是否适龄,并创新年龄提醒方式;从品牌建设来看,社会责任的缺失可能引发社会舆论危机,进而对游戏企业的品牌建设和股价经济造成难以恢复的影响,因此平台需要把社会责任纳入公司战略制定和价值文化建设的突出位置,公司一把手负总责,抓稳社会责任建设,发挥平台主体作用。

（二）执行层面：流程治理体系建设

理性消费观念引导。培养科学理性的消费观念，需要把握好消费的尺度问题，在这个过程中离不开游戏平台的友善提醒，在这个过程中需要在游戏界面上进行文案的设计宣传，且在支付前进行友好式的消费提醒。

游戏机制尽量维持公平公正。目前来看现有的氪金产品已经脱离了优化游戏体验的初衷，各种道具、装扮等氪金项目已经严重影响了游戏公平公正的竞技环境，出现了"要么氪金，要么爆肝""要么氪金，要么退出"，畸形的消费现实倒逼部分玩家陷入持续充值的旋涡。游戏平台需要优化"氪金"项目的设计，在不影响游戏氛围的前提下进行有益的商业化探索，这样才能真正获得长久的经济利益以及持续发展的能力。

建立"事前—事中—事后"治理流程体系。目前各游戏平台纷纷实行实名认证等安全措施，但缺乏系统性、全流程、常态化的守护机制，因此需要通过技术手段、管理模式的安排进行全方位治理。事前阶段需要对登录注册采取严把关，切实履行游戏实名认证机制，协助父母提前对未成年人游戏行为做好合理规划；事中阶段需要对未成年人上网时间、消费额度等进行限制，通过技术手段智能判断分析用户身份，可采取"先体验后购买"的策略，预留消费体验时间，支付环节可采取"实名认证＋支付前人脸/指纹识别认证/语音认证"的双重验证模式；事后阶段建立未成年人消费申诉受理机制，并对疑似未成年人的非理性消费进行友好提醒与回访，切实加强与用户家长的沟通。

结　语

网络游戏的发展速度已经让我们无法回避它的存在，正如陈江所认为的"电子游戏是一个有问题的好东西"，需要更多元的视角去看待电子游戏，在技术发展面前，一味去"堵"并不现实，还需要往功能性上引导。由于与教育结合的功能游戏供给不足，让学校和家长的选择相对匮乏，这需要对游戏产业进行供给侧改革，未来能在老师、家长或教育专家的配合下,加大为青少年群体定制的游戏产品开发,或许能让孩子在有所得的前提下,将玩游戏的程度调整到可控范围内,充分发挥游戏的社会价值和文化价值,这不仅是一个长期且系统的过程,也是一个社会各利益相关者博弈构建的过程。

参考文献

一 文件资料

《社会信用体系建设规划纲要（2014—2020年）》，2014年。
《关于促进互联网金融健康发展的指导意见》，2015年。
《关于推动传统出版和新兴出版融合发展的指导意见》，2015年。
《国务院关于积极推进"互联网+"行动的指导意见》，2015年。
《互联网新闻信息服务单位约谈工作规定》，2015年。
《网络借贷信息中介机构业务活动管理暂行办法》，2015年。
《中共中央关于制定国民经济和社会发展第十三个五年规划的建议》，2015年。
《"十三五"国家信息化规划》，2016年。
《电子商务"十三五"发展规划》，2016年。
《公开募捐平台服务管理办法》，2016年。
《国务院关于加快推进"互联网+政务服务"工作的指导意见》，2016年。
《关于加强国家网络安全标准化工作的若干意见》，2016年。
《关于加强网络安全学科建设和人才培养的意见》，2016年。
《中华人民共和国国民经济和社会发展第十三个五年规划纲要》，2016年。
《互联网信息搜索服务管理规定》，2016年。
《互联网直播服务管理规定》，2016年。
《移动互联网应用程序信息服务管理规定》，2016年。

《关于促进移动互联网健康有序发展的意见》，2017年。

《国务院办公厅关于印发"互联网+政务服务"技术体系建设指南的通知》，2017年。

《国务院办公厅关于印发政府网站发展指引的通知》，2017年。

《国务院关于深化"互联网+先进制造业"发展工业互联网的指导意见》，2017年。

《推进互联网协议第六版（IPv6）规模部署行动计划》，2017年。

《国务院办公厅关于促进"互联网+医疗健康"发展的意见》，2018年。

《中国共产党十八大报告》。

《中国共产党十九大报告》。

二　中文著作

曹海敏等：《社会责任问题的研究》，北京交通大学出版社2009年版。

陈华：《走向文化自觉——中国网络媒体行业自律机制研究》，人民出版社2011年版。

陈华：《文化自觉之路：网络社会治理的实践与思考》，人民出版社2014年版。

邓正来主编：《布莱克维尔政治学百科全书》，中国政法大学出版社2002年版。

杜骏飞主编：《网络传播概论》，福建人民出版社2010年版。

段永朝：《互联网思想十讲北大讲义》，商务印书馆2014年版。

《辅导读本》编写组：《〈中共中央关于全面深化改革若干重大问题的决定〉（辅导读本）》，人民出版社2013年版。

高世楫、俞燕山编著：《基础设施产业的政府监管——制度设计和能力建设》，社会科学文献出版社2010年版。

公安部网络安全保卫局、国家网络与信息安全通报中心：《网络管理工作常用法律法规汇编》，中国人民公安大学出版社2012年版。

光耀华编著：《企业社会责任管理体系建立与实施》，中国标准出版社2009年版。

参考文献

郭庆光：《传播学教程》，中国人民大学出版社 2011 年版。

韩德强主编：《网络空间法律规制》，人民法院出版社 2015 年版。

何精华：《网络空间的政府治理》，上海社会科学院出版社 2006 年版。

胡正荣：《传播学总论》，北京广播学院出版社 1997 年版。

蒋志培主编：《网络与电子商务法》，法律出版社 2001 年版。

匡文波：《网络传播理论与技术》，中国人民大学出版社 2007 年版。

匡文波：《新媒体舆论：模型、实证、热点及展望》，中国人民大学出版社 2014 年版。

李步云主编：《网络经济与法律论坛》（第 1 卷），中国检察出版社 2002 年版。

李惠斌等主编：《社会资本与社会发展》，社会科学文献出版社 2000 年版。

李凌凌：《网络传播理论与实务》，郑州大学出版社 2004 年版。

李希光：《网络记者》，中国三峡出版社 2000 年版。

李艳主编：《网络法》，中国政法大学出版社 2008 年版。

刘海龙：《大众传播理论：范式与流派》，中国人民大学出版社 2008 年版。

刘红婴：《法律语言学》，北京大学出版社 2007 年版。

刘品新：《网络法学》，中国人民大学出版社 2009 年版。

刘少杰主编：《中国网络社会研究报告》，中国人民大学出版社 2015 年版。

刘毅：《网络舆情研究概论》，天津人民出版社 2007 年版。

刘玥：《网络法律热点问题》，知识产权出版社 2008 年版。

陆小华：《新媒体观：信息化生存时代的思维方式》，清华大学出版社 2008 年版。

闵大洪：《数字传媒概要》，复旦大学出版社 2003 年版。

彭兰：《中国网络媒体的第一个十年》，清华大学出版社 2005 年版。

彭兰主编：《中国新媒体传播学研究前沿》，中国人民大学出版社 2010 年版。

沈洪涛等：《公司社会责任思想起源与演变》，上海人民出版社2007年版。

石磊：《新媒体概论》，中国传媒大学出版社2009年版。

史南飞：《互联网公德原理》，湘潭大学出版社2008年版。

宋焕斌等：《舆情概论》，东北大学出版社2011年版。

孙国强：《网络组织理论与治理研究》，经济科学出版社2016年版。

孙铁成：《计算机与法律》，法律出版社1998年版。

谭天：《媒介平台论——新兴媒体的组织形态研究》，中国人民大学出版社2016年版。

唐守廉主编：《互联网及其治理》，北京邮电大学出版社2008年版。

唐子才、梁雄健：《互联网规制理论与实践》，北京邮电大学出版社2008年版。

汪玉凯、高新民主编：《互联网发展战略》，学习出版社2012年版。

王邦佐等：《政治学辞典》，上海辞书出版社2009年版。

王乐夫：《公共管理学原理、体系与实践》，中国人民大学出版社2007年版。

王永贵等：《意识形态领域新变化与坚持马克思主义指导地位研究》，人民出版社2015年版。

吴弘：《电子商务发展的法律研究》，上海交通大学出版社2006年版。

吴军：《智能时代：大数据与智能革命重新定义未来》，中信出版集团年版。

习近平：《在庆祝中国共产党成立95周年大会上的讲话》，人民出版社2016年版。

习近平：《在网络安全和信息化工作座谈会上的讲话》，人民出版社2016年版。

徐继华、冯启娜、陈贞汝：《智慧政府：大数据治国时代的来临》，中信出版社2014年版。

许榕生主编：《网络媒体》，五洲传播出版社1999年版。

于东智：《转轨经济中的上市公司治理》，中国人民大学出版社2002

年版。

岳泉等:《新媒介概论》,南京大学出版社2010年版。

张楚编:《网络法学》,高等教育出版社2003年版。

张显龙:《中国网络空间战略》,中国工信出版集团2015年版。

张英奎、孙军:《现代管理》,清华大学出版社、北京交通大学出版社2004年版。

郑西帆等编:《中国发展传播学》(共9卷),浙江大学出版社2009年版。

中共中央文献研究室:《十八大以来重要文献选编》,中央文献出版社2016年版。

中共中央文献研究室:《习近平关于科技创新论述摘编》,中央文献出版社2016年版。

中华全国新闻工作者协会:《新闻职业道德》,新华出版社1996年版。

中央网络安全和信息化领导小组办公室、国家互联网信息办公室政策法规司:《中国互联网法规汇编》,中国法制出版社2015年版。

钟瑛等:《中国新媒体社会责任研究报告》,社会科学文献出版社2014年、2015年、2016年、2017年版。

钟忠:《中国互联网治理问题研究》,金城出版社2010年版。

周鸿铎主编:《政治传播学概论》,中国纺织出版社2005年版。

三 译著

[美]阿尔文·托夫勒:《第三次浪潮》,黄明坚译,中信出版社2006年版。

[美]阿奇·B. 卡罗尔、安K. 巴克霍尔茨:《企业与社会——伦理与利益相关者管理》,黄煜平等译,机械工业出版社2004年版。

[美]埃莉诺·奥斯特诺姆:《公共事务的治理之道》,余逊达等译,上海译文出版社2012年版。

[英]安德鲁·查德威克:《互联网政治学:国家、公民与新传播技术》,任孟山译,华夏出版社2010年版。

[美] 巴兰·戴维斯：《大众传播理论：基础、延展与未来》，清华大学出版社2004年版。

[美] 博尔曼等：《商法：企业的法律、道德和国际环境》，张丹、林莹、李勇等译，清华大学出版社2004年版。

[美] 大卫·克罗图、威廉·霍伊尼斯：《运营媒体：在商业媒体与公共利益之间》，董关鹏、金城译，清华大学出版社2007年版。

[美] 戴维·伊斯顿：《政治生活的系统分析》，王浦劬等译，华夏出版社1999年版。

[美] 菲利普·帕特森等：《媒介伦理学：问题与案例》，李青藜译，中国人民大学出版社2006年版。

[英] 格雷姆·伯顿：《媒体与社会：批判的视角》，史安斌主译，清华大学出版社2007年版。

[美] 赫伯特甘斯：《什么在决定新闻》，石琳、李红涛译，北京大学出版社2009年版。

[美] 亨利·詹金斯：《融合文化：新媒体和旧媒体的冲突地带》，杜永明译，商务印书馆2012年版。

[英] 吉莉安·道尔：《理解传媒经济》，李颖译，清华大学出版社2004年版。

[美] 加布里埃尔·A. 阿尔蒙德、小G. 宾厄姆·鲍威尔：《比较政治学》，曹沛霖等译，上海译文出版社1987年版。

[美] 凯斯·桑斯坦：《网络共和国：网络社会中的民主问题》，黄维明译，上海人民出版社2003年版。

[丹] 克劳斯·布鲁延森：《媒介融合：网络传播、大众传播和人际传播的三重维》，刘君译，复旦大学出版社2012年版。

[美] 里克·莱文等：《互联网的本质》，江唐、丁康吉译，中信出版集团2016年版。

[美] 林文刚：《媒介环境学：思想沿革与多维视野》，何道宽译，北京大学出版社2007年版。

[美] 罗伯特·A. 达尔：《现代政治分析》，王沪宁译，上海译文出版

社 1987 年版。

［美］曼纽尔·卡斯特：《认同的力量》，曹荣湘译，社会科学文献出版社 2006 年版。

［美］曼纽尔·卡斯特：《网络社会的崛起》，夏铸九译，社会科学文献出版社 2006 年版。

［美］乔·萨托利：《民主新论》，冯克利、阎克文译，东方出版社 1998 年版。

［美］施拉姆：《传播学概论》，何道宽译，中国人民大学出版社 2010 年版。

［美］塔奇曼：《做新闻》，麻争旗等译，华夏出版社 2008 年版。

［英］维克托·迈尔-舍恩伯格、肯尼斯·库克耶：《大数据时代：生活、工作与思维的大变革》，盛杨燕、周涛译，浙江人民出版社 2012 年版。

［美］沃尔特·李普曼：《公众舆论》，阎克文、江红译，上海人民出版社 2006 年版。

［美］伊戈尔·安索夫：《战略管理》，邵冲译，机械工业出版社 2010 年版。

［英］约翰·基恩：《媒体与民主》，郄继红、刘士军译，社会科学文献出版社 1998 年版。

［美］约翰·克莱顿·托马斯：《公共决策中的公民参与：公共管理者的新技能与新策略》，孙柏瑛等译，中国人民大学出版社 2005 年版。

［美］约翰·奈斯比特：《大趋势》，梅艳译，姚琮校，中国社会科学出版社 1984 年版。

［美］约纳森·罗森诺：《网络法：关于因特网的法律》，张皋彤译，中国政法大学出版社 2003 年版。

［美］约书亚·梅罗维茨：《消失的地域：电子媒介对社会行为的影响》，肖志军译，清华大学出版社 2002 年版。

［美］詹姆斯·G. 马奇、约翰·P. 奥尔森：《重现发现制度：政治的

组织基础》，张伟译，生活·读书·新知三联书店 2011 年版。

四　期刊论文

包国强：《论报刊企业社会责任评价模型的设计》，《今传媒》2012 年第 4 期。

包国强等：《简论报刊社会责任评价模型》，《新闻传播》2012 年第 4 期。

程信和：《硬法、软法与经济法》，《甘肃社会科学》2007 年第 4 期。

杜志红：《传媒社会责任的缺失原因与实现路径》，《中国广播电视学刊》2006 年第 7 期。

方延明：《媒介公共性问题研究三题》，《扬州大学学报》（人文社会科学版）2004 年第 6 期。

冯臻、涂颖清：《新形势下新闻媒体的履行社会责任的动因及途径》，《重庆科技学院学报》（社会科学版）2012 年第 20 期。

郭全中：《报刊业转制改企的思路和难点》，《新闻实践》2011 年第 2 期。

韩晓芳：《新闻传播对经济发展的作用》，硕士学位论文，山西大学，2007 年。

黄群慧等：《国有企业如何建立全面社会责任管理体系》，《宁波大学学报》（人文科学版）2008 年第 4 期。

黄溶冰、王跃堂：《基于复杂适应系统的企业社会责任治理机制》，《软科学》2009 年第 9 期。

贾生华等：《企业社会责任：从单一视角到协同视角》，《浙江大学学报》（人文社会科学版）2007 年第 2 期。

江作苏：《公信力寓于履责尽责之中——社会需求我国出版单位实施"社会责任报告制度"》，《出版发行研究》2014 年第 1 期。

江作苏：《媒体建立社会责任报告制度势在必行》，《新闻战线》2014 年第 1 期。

蒋建国：《消费时代的大众传媒与物欲症传播》，《马克思主义研究》2010 年第 11 期。

参考文献

李长青：《基于经济伦理的企业责任》，《现代经济探论》2006年第10期。

李健：《传媒伦理论纲》，《西安政治学院学报》2007年第4期。

李敬坡：《论大众传媒的社会责任》，《军事记者》2008年第3期。

李侃：《电视媒体社会责任履行现状及强化对策研究》，硕士学位论文，湘潭大学，2013年。

李生校等：《转型与升级背景下的民营企业接班人选择及其实证研究》，《管理学报》2004年第2期。

李维安等：《中国传媒集团公司治理模式探析》，《天津社会科学》2003年第1期。

李伟阳等：《基于管理视角的企业社会责任演进与发展》，《首都经济贸易大学学报》2010年第5期。

李文冰：《全媒体背景下传媒和传媒人社会责任的缺失与重建》，《中国广播电视学刊》2012年第1期。

李玉萍等：《网络环境下的企业社会责任信息披露影响因素研究》，《软科学》2009年第23期。

廖丽等：《法律与标准的契合模式研究——基于硬法与软法的视角及中国实践》，《中国软科学》2013年第7期。

林建宗：《网络媒体社会责任缺失的原因及对策》，《商业文化》（学术版）2010年第8期。

林建宗：《网络媒体社会责任推进机制的构建》，《中国集体经济》2010年第18期。

林建宗：《网络媒体社会责任推进机制研究》，《科学决策》2010年第12期。

刘凡磊：《新闻媒体社会责任浅析》，《军事记者》2012年第11期。

刘光俊等：《完善公司治理结构的探索》，《商业研究》2004年第2期。

刘佳、闫弘宇：《"媒治"与文化体制改革的深化》，《中国科教创新导刊》2013年第29期。

刘佳等：《试论媒体在政治文化与法律文化传播中的责任》，《法制与社会》2008年第28期。

刘建民等：《社会责任与中国企业跨国经营战略》，《现代企业》2010年第6期。

刘彦文等：《公司外部治理机制对企业绩效的影响研究》，《上海管理科学》2012年第12期。

刘瑛华：《从SA8000看国际企业社会责任运动对我国的影响》，《管理世界》2006年第6期。

陆园园等：《基于复杂适应系统理论的企业创新网络研究》，《中国科技论坛》2007年第12期。

罗以澄、詹绪武：《大众媒介的社会责任和素养教育》，《武汉大学学报》（人文科学版）2005年第3期。

马文波等：《从媒介伦理的视角谈大众传播媒介的社会影响与社会责任》，《电影文学》2012年第20期。

毛洪涛、张正勇：《企业社会责任信息披露影响因素及经济后果研究述评》，《科学决策》2009年第8期。

乔占军：《社会资本与社会责任互动视角下网络媒体社会责任实现机制研究》，《经济论坛》2014年第9期。

秦前红、李少文：《网络公共空间治理的法治原理》，《现代法学》2014年第6期。

裘高宇：《我国企业社会责任的现状和原因分析》，《时代经贸》2007年第8期。

沈洪涛等：《我国企业社会责任报告鉴证的现状及评价》，《审计与经济研究》2010年第6期。

宋炯明：《当前中国新闻实践强调媒体的"社会责任"原因浅析》，《新闻记者》2012年第9期。

唐飞等：《企业社会责任管理体系：认同与行为》，《财经问题研究》2008年第5期。

陶文昭：《探索网络意识形态的有效治理方式》，《前线》2014年第1期。

王丹：《中国新闻媒体社会责任缺失的原因及对策研究》，《新闻研究导刊》2015年第6期。

王阳：《我国企业社会责任管理体系的构建》，《开发研究》2008年第4期。

武晓睿等：《浅析中国当代新闻传播的社会责任》，《现代营销》（学苑版）2012年第11期。

肖利花：《媒体社会责任概念维度的归纳性分析》，硕士学位论文，中南大学，2011年。

肖曜等：《传媒社会责任报告的意义与内容》，《新闻前哨》2014年第5期。

肖曜等：《媒体社会责任报告需解决的问题》，《新闻前哨》2014年第8期。

杨丹：《我国报刊社会责任治理的问题与对策》，《新闻前哨》2013年第1期。

杨海平、陈霄栋：《我国上市出版传媒企业社会责任报告编制构建研究》，《中国出版》2014年第10期。

杨洁：《基于PDCA循环的内部控制有效性综合评价》，《会计研究》2011年第4期。

杨现钦：《试论我国现阶段的新闻职业道德》，硕士学位论文，中央民族大学，2004年。

杨晓强：《论大众传媒社会责任的四大特征》，《新闻世界》2012年第10期。

杨幸芳：《当前中国新闻学理论研究中的两个问题——再论新闻定义及新闻媒体和政府之间的舆论监督关系》，《现代交际》2011年第2期。

杨允：《试论我国新闻职业道德建设的现状及对策》，《辽宁工学院学报》（社会科学版）2005年第2期。

尹良润：《中国报业产业转型与产业创新研究》，博士学位论文，武汉大学，2010年。

查英：《晚清以来中国传媒社会责任观演变历程研究》，硕士学位论文，南京大学，2012年。

展江：《社会生病媒体吃药，不公道——媒体道德与法治争议三题》，《采写编》2010年第12期。

张洪波等：《企业社会责任与利益相关者理论：基于整合视角的研究》，《科学与科学技术管理》2007年第3期。

郑保卫：《权力·责任·道德·法律——兼论新闻媒体的属性、职能及行为规范》，《国际新闻界》2005年第4期。

郑保卫：《网络媒体及其社会责任探讨》，《信息网络安全》2008年第4期。

郑瑜：《新媒体时代的传播自由与责任》，《当代传播》2010年第3期。

周蔚华等：《马克思主义新闻观与媒体社会责任》，《中国编辑》2015年第2期。

周志田等：《中国企业社会责任管理体系建设浅析》，《中国科技信息》2009年第10期。

朱虹：《媒体的社会责任和利益追求》，《传媒》2009年第12期。

朱辉宇：《传媒社会责任理论再思考》，《传媒》2010年第11期。

朱文莉等：《资本成本与企业社会责任信息披露》，《会计之友》2011年第2期。

五 网络资料

《国家工商行政管理局，新闻出版署关于报社，期刊社和出版社刊登，经营广告的几项规定》，中国记协网，http://news.xinhuanet.com/newmedia/2003-05/27/content_889223.htm，2003-5-27。

《2013中国媒体品牌影响力（软实力）排行榜》，排行榜，http://www.phbang.cn/entertainment/media/11583.html，2013-10-1。

《腾讯发布2011—2012年企业社会责任报告》，腾讯公益，http://gongyi.qq.com/a/20140424/017192.htm，2014-4-24。

《首批试点媒体社会责任报告正式发布》，中国记协网，http://news.xinhuanet.com/zgjx/2014-06/09/c_133393520.htm，2014-6-9。

《中国新闻奖简介》，中国记协网，http://news.xin-huanet.com/zgjx/

参考文献

2014-06/13/c_133404358.htm，2014-06-13。

《成都主流媒体社会责任评价体系出炉—成都全搜索新闻网》，网易新闻，http：//j.news.163.com/docs/10/2014111809/ABASEKJD9001EKJE.html，2014-11-18。

后　记

　　一带一路高质量发展，中资企业社会责任形象的构建，离不开互联网及其平台赋能。互联网作为人类科技生产力的重大突破，给人类社会发展带来了巨大冲击和变化。以互联网技术为支撑的网络媒体及其平台日新月异，发展迅猛，其社会责任治理，已是一个重大的社会课题，事关互联网行业健康发展，事关国家安全与治理，事关人民的生活福祉，事关高质量现代传播体系的构建，事关人类命运共同体的构建和实现，其中还有许多重要而复杂的问题有待继续艰难探讨，笔者对这一问题的研究将随着互联网的发展而继续深入。

　　本书最大的特色在于，首先，在国内率先总结提出了中国特色的媒体社会责任理论体系；其次，对网络媒体及其平台社会责任进行了全面调查和量化研究，使读者对其社会责任有一个清晰的画面；最后，本书以国家治理和人类命运共同体为观照，对网络媒体及其平台的地位和作用机制创新进行了深入研究，为一带一路中资企业社会责任形象构建赋能，并提出一系列对策。或许本书对该领域理论和实践发展有一定推动作用。

　　在项目研究和本书写作、出版过程中，要感谢所有支持本课题研究的领导和专家！特别要感谢我的博士导师武汉大学新闻学院原院长罗以澄教授及师兄新闻学院院长强月新教授等武大同门；我的博士后指导老师复旦大学李良荣教授及师兄新闻学院院长张涛甫教授与暨南大学党委书记林如鹏教授等复旦同门，感谢来自师门的强大支持和力

后 记

量。还有华中科技大学钟瑛教授、余红教授等；上海大学新闻学院院长严三九教授、郑涵教授、社科处处长曾军教授等；成都理工大学传艺学院院长刘翼教授、书记肖思和教授；华中师范大学中国社会信用研究院院长、湖北省检察院原副检察长许兴明教授；河北大学新闻传播学院白贵教授等良师益友、学者专家给予的无私帮助和指导！同时也要感谢我的朋友们和学生们，如上海大学、河北大学等校的同学参与大量的调查、分析工作，其中上海大学洪长辉副教授、于迎博士、华中科技大学黄诚老师、吉首大学王作剩老师等老师和上海大学研究生郭聪、梁敏亮，河北大学研究生李晴、崔田田，成都理工大学研究生胡文倩、倪霜、舒锦予、钱笑坤，浙江理工大学厉震安、金文慧，武汉轻工大学研究生陆慧等（以上皆为本人曾指导过的学生），还有华中师范大学研究生余召臣，大连海事大学研究生杨晓艺同学参与了调查、统计、资料整理和部分章节、报告的草拟及修改。华中科技大学黄诚老师作为课题组核心成员之一，在课题研究和本书的写作过程中，付出了极大心血。在此，对这些老师和同学的积极参与和付出表示衷心感谢。

本书不可避免参考和引用了诸方家和前人的成果，已做注释和文献，如有疏漏和不妥，在修订时将及时更正和补正。作为本领域的研究成果之一，还有诸多不足，敬请诸位专家、学者不吝赐教，批评指正，以共同推进该领域的深入研究，推动网络传播行业的健康发展。

谨记。

笔者于 2023 年 9 月 9 日　上海